Legende

- Achsenmächte Deutschland und Italien
- neutrale Staaten
- Staatsgrenzen von 1938
- Ost- und Westfront bei Kriegsende
- weitestes Vordringen der Achsenmächte November 1942

FINNLAND

Karelien
Petrosawodsk

Leningrad

Helsinki

Narva
Tallinn
Nowgorod

Estland

Jaroslawl

Mitte April 1944
Pskow

Moskau

Ende April 1942

Riga

Lettland

Wjasma
Kaluga
Rjasan

Polozk
Witebsk

Tula

Litauen
Kaunas

Orjol
Brjansk

Woronesh

Vilnius
Mogiljow
Minsk

Ende Dezember 1944
Suwalki
Grodno

Weißrussland

SOWJETUNION

Ostrogoschsk

Stalingrad

Belostok

Bobruisk

Gomel

Ende März 1943
Belgorod

Brest
Pinsk

Tschernigow

Charkow

Ende April 1942

Warschau

Kiew

Woroschilowgrad

Lublin

Shitomir

Ende Dezember 1943

Ende März 1943
Rostow am Don

Rowno

Lemberg
Krakau

Ukraine

Mitte April 1944

Stanislaw

Saporoshje

Tschernowitz

Bessarabien

Cherson

Asowsches Meer

Krasnodar

Ende Dezember 1944

Kischinjow

Transnistrien

Kertsch

Krim

Cluj

Sewastopol
Jalta

Suchumi

RUMÄNIEN

Schwarzes Meer

Bukarest

Belgrad
Serbien

BULGARIEN

Sofia

Skopje

Istanbul

Ankara

Tirana
ALBANIEN
Saloniki

TÜRKEI

Izmir

GRIECHEN-
LAND
Athen

Antalya

SYRIEN

Kreta Heraklion

0   100   200   300 km

Theo Sommer

1945

Die
Biographie
eines
Jahres

Rowohlt

1. Auflage April 2005
Copyright © 2005 by Rowohlt Verlag GmbH,
Reinbek bei Hamburg
Alle Rechte vorbehalten
Lektorat Frank Strickstrock
Karten auf Vorsatz und Innenteil: Peter Palm, Berlin
Satz aus der Garamond PostScript,
QuarkXPress 4.1, bei KCS GmbH,
Buchholz in der Nordheide
Druck und Bindung Clausen & Bosse, Leck
Printed in Germany
ISBN 3 498 06382 0

Den Enkeln

Inhalt

Einleitung

Das Jahr 1945 war eines jener Scharnierjahre, in denen sich die Weltgeschichte in den Angeln dreht und die Entwicklung eine neue Richtung nimmt. Adolf Hitlers Drittes Reich endete in Schutt und
Schande, das geschlagene, zerschlagene Deutschland wurde besetzt.
Im Fernen Osten beendeten die Atombomben von Hiroshima und
Nagasaki das gewaltige Ringen im Pazifik, an dessen Beginn der japanische Überfall auf den amerikanischen Flottenstützpunkt Pearl
Harbor gestanden hatte. Doch kaum war der Konflikt mit dem nationalsozialistischen Deutschland und dem militärfaschistischen Japan
zu Ende, brach die alliierte Kriegskoalition auseinander. An der Un-
vereinbarkeit der westlichen und der sowjetischen Vorstellungen über
Demokratie, Freiheit, Menschenrechte und Selbstbestimmung ent-
zündete sich die nächste Auseinandersetzung von welthistorischer
Bedeutung: der Kalte Krieg.

Ich war vierzehn Jahre alt, als die Wehrmacht am 8. Mai 1945 kapitulierte, fünfzehn Jahre, als drei Monate später die Atombombe
«Little Boy» die Stadt Hiroshima einäscherte. Wie viele meiner Alters-
genossen wurde ich noch zum Kriegsdienst herangezogen. Als Adolf-
Hitler-Schüler nietete ich frühmorgens eine Schicht lang Steuerungs-
elemente für Hitlers «Wunderwaffe», die V-2-Rakete, und genoss
nachmittags eine harsche Ausbildung zum Volkssturmmann durch
die Sonthofener Gebirgsjäger. Dann wurde ich Mitte April mit zwei
Kameraden in Sondermission nach Berlin entsandt, um dort die
Pläne für die «Werwolf»-Aktionen, eine Art Guerilla-Krieg, in Bayern
abzuholen; wir drei kamen aber nicht mehr bis in die bedrängte
Reichshauptstadt durch. Danach rückte ich mit zweihundert weiteren Adolf-Hitler-Schülern zur Verteidigung von Ulm aus, doch als
wir uns der Donau näherten, war die Stadt bereits gefallen. Mit zwei
Dutzend Mitschülern zog ich mich daraufhin in eine entlegene Alm-
hütte unterhalb des Großen Daumens im Allgäu zurück. Ich beer-
digte meine belgische Armeepistole, Kaliber 9 mm, in einer Keksdose.

9

Wir vergruben unsere Sturmgewehre und MGs, trennten uns den Volkssturmstreifen vom Ärmel und spielten vier Wochen lang Kinderlandverschickungslager. Ende Juni schlug ich mich nach Hause durch, arbeitete einen Sommer lang in einer Metallfabrik, die emaillierte Tombak-Abzeichen für die amerikanische Armee herstellte, und drückte dann vom Herbst an, nach gründlichster Durchleuchtung, wieder die Schulbank.

Dies ist indes kein Buch persönlicher Erinnerungen. Vielmehr ist es die – in den Einzelheiten belegbare – Geschichte des Jahres 1945, geschrieben von einem studierten Historiker und praktizierenden Journalisten. Es beschreibt, wie sich die Schlinge im Frühjahr um Deutschland unaufhaltsam zuzog. Es schildert das Drama des Untergangs, wie es sich unter den fünf Meter dicken Betondecken des Führerbunkers in Berlin vollendete, wo Hitler am 30. April Selbstmord beging; aber auch die Tragödien, die sich im erbarmungslosen Bombenkrieg der Alliierten vollzogen, bei der Besetzung Ostdeutschlands durch vergewaltigende Russen und bei der Vertreibung der Deutschen aus den Oder-Neiße-Gebieten, aus Böhmen und Mähren und dem Balkan. Zugleich spürt es den Absichten der Sieger nach, die in Jalta und Potsdam das künftige Schicksal Deutschlands zu bestimmen versuchten. Zeugnisse von Zeitgenossen beschwören die deprimierende Lage und die deprimierte Stimmung der Zeit herauf. Zwei Kapitel behandeln den pazifischen Krieg, den Einsatz der ersten beiden Atombomben und die Niederlage Japans.

Aus der zeitlichen Begrenzung der Darstellung auf das Jahr 1945 ergibt sich eine Schwierigkeit, die offen angesprochen werden muss. 1945 waren die Deutschen in erster Linie Opfer – Opfer eines brutalen Bombenkrieges, Opfer der nicht nur gewaltsamen, sondern gewalttätigen Besetzung im Osten, Opfer von Säuberungen, Entlassungen, Kriegsgefangenschaft und Internierung, von Zwangsarbeit, Hunger und Kälte. Die meisten Opfer waren unschuldig. Die Zumutungen, die Entbehrungen, die Demütigungen, die Grausamkeiten auch, denen sie sich damals ausgesetzt sahen, dürfen jedoch nicht in Vergessenheit geraten lassen, dass Deutsche Täter waren, ehe sie Opfer wurden. Das Nazi-Regime hatte den europäischen Kontinent seiner furchtbaren Herrschaft unterworfen, die eroberten Völker im Osten zu Untermenschen gestempelt, sechs Millionen Juden in seinen Vernichtungslagern ermordet. Zumeist waren es Deutsche, die das Schreckliche willig vollstreckten. Ihre Untaten im Krieg waren von einer Art, die keine Aufrechnung erlaubt.

Die Deutschen haben Furchtbares erlitten im Jahr 1945, ihre Opfer litten Unermessliches schon lange vorher. Wir dürfen nie vergessen, welche Gräuel, von uns verübt, den eigenen Leiden vorausgingen. Die Schilderung des Geschehens in diesem Werk darf daher nicht als aufrechnende Anklage missverstanden werden. Der alliierte Luftkrieg war ein moralisches Fiasko, doch kann er die Verwerflichkeit deutschen Tuns nicht rechtfertigen. In unseren zerbombten Städten haben wir damals geerntet, was unsere verbrecherische Führung in Guernica, in Warschau, Rotterdam und Coventry gesät hatte. Es ist ein Gebot der Ehrlichkeit, Ursache und Wirkung nicht zu verkehren. Beispielhaft ist in dieser Hinsicht die Einstellung derer, die in dem auf barbarische Art zerstörten Dresden die Frauenkirche wieder aufgebaut haben. Ein Altar trägt dort die Inschrift: «13. Februar 1945»; sie erinnert an den Tag der Zerstörung. Einem zweiten Altar jedoch ist das Datum «30. Januar 1933» eingemeißelt; diese Inschrift erinnert an den Tag von Hitlers Machtübernahme. An jenem Tag begann das ganze Unheil.

Aus der heutigen Warte dürfen die Deutschen sagen, dass sie trotz allem, was sie nach dem Kriege durchgemacht haben, noch verhältnismäßig glimpflich davongekommen sind. Deutschland wurde nicht so zerstückelt, wie es den Siegermächten ursprünglich vorschwebte. Weder ist es nach dem Entwurf des amerikanischen Präsidenten Franklin D. Roosevelt in fünf oder sieben Staaten zerschlagen worden, noch haben es die Alliierten in einen Nordstaat und einen süddeutsch-österreichisch-ungarischen Staatenbund nach Winston Churchills Vorstellungen aufgespalten. Die Zweiteilung Deutschlands, wie sie sich im Laufe des Kalten Krieges verfestigte, bis sie 1961 in der Berliner Mauer ihren in seiner Brutalität unübertrefflichen Ausdruck fand, war nicht mehr Teil eines punischen Straffriedens. Vielmehr ergab sie sich als Folge des Ost-West-Gegensatzes, der sich, beginnend 1945, von Jahr zu Jahr verschärfte. Die Grenze zwischen den beiden deutschen Staaten war die Grenze zwischen zwei Welten. Am Ende erwies sie sich als überwindbar.

Im Übrigen hatte selbst der Ost-West-Konflikt ein Gutes. Anstatt weiter verfemt und kleingehalten zu werden, rückten beiderlei Deutsche, die in der Bundesrepublik wie jene in der DDR, relativ rasch zu einer Art von Gastsiegern auf, die in ihren verschiedenen Staatensystemen tragende Rollen übernahmen. Ohne den Kalten Krieg hätte sich diese Mauserung vom Paria zum Partner schwerlich im selben Tempo vollzogen, hüben so wenig wie drüben.

Und noch in einem weiteren Betracht hatten die Deutschen Glück. Wäre die amerikanische Atombombe nicht erst am 16. Juli 1945 erfolgreich getestet worden, sondern vier oder sechs Monate früher, so wären die beiden ersten Exemplare ohne Zweifel auf deutsche Städte abgeworfen worden. Nicht Hiroshima und Nagasaki wären verbrannt und verstrahlt worden, sondern Berlin, vielleicht München, Bremen oder Hamburg – oder auch Dresden.

Ein Jahr ist allemal ein willkürlicher Zeitabschnitt. Geschichtliche Entwicklungen beginnen nicht am 1. Januar, noch hören sie am 31. Dezember auf. Sie haben Wurzeln, die in die Vergangenheit zurückgehen, und Auswirkungen, die in die Zukunft hineinreichen. Gelegentlich überschreitet meine Darstellung daher die Jahresgrenzen, teils nach hinten, teils nach vorn, um das Bild abzurunden.

Es war nicht mein Ehrgeiz, ein erschöpfendes Bild des Jahres 1945 zu zeichnen. Zwar sollte ein umfassendes Panorama entstehen, doch konnte ich manches zwangsläufig nur flüchtig behandeln. Auch war es weniger mein Ziel, im Einzelnen darzustellen, warum die Dinge so und nicht anders gekommen sind, als vielmehr Rankes Forderung an den Historiker zu erfüllen: nämlich der Frage nachzuspüren: «wie es eigentlich gewesen».

Es spiegelt sich in diesem Buch das Bild einer verworrenen Zeit – einer unseligen Zeit vielfältigen Scheiterns, Leidens und nur zart keimenden Hoffens. Im Rückblick erst zeigt sich, dass das Jahr 1945 auch eine Zeit der Läuterung, der Neuerung und der Grundlegung gewesen ist. In einem Flugblatt der Weißen Rose war den Deutschen vorhergesagt worden, es sei ihnen bestimmt, «auf ewig das von aller Welt gehasste und ausgestoßene Volk zu sein». Dass es anders gekommen ist, bleibt für immer das Verdienst jeder Frauen und Männer, die sich 1945 daranmachten, unserem Volk auf Schutt und Trümmern eine bessere Zukunft zu zimmern. Ohne sie wären wir nicht, was wir heute sind: eben nicht gehasst und ausgestoßen, sondern akzeptiert, anerkannt, geachtet.

Im Jahr 1945 schwebten die Deutschen zwischen Hunger und Furcht, die Hoffnung war erstorben. Doch arbeiteten sie sich zäh aus der Finsternis heraus. Vielleicht – bestimmt! – birgt dies auch eine Lehre für die Heutigen.

Hamburg, im März 2005   Theo Sommer

Waghalsige Klettertouren auf dem Dach des Reichstages, für den Militärfoto-
grafen Jewgeni Chaldej eigens noch einmal wiederholt: Der sowjetische
Soldat Meliton Kantarija pflanzt die Rote Fahne über Berlin auf.

Auftakt in der Kälte

Am Neujahrstag 1945 herrschte in Europa tiefster Winter. Der Kontinent lag unter einer dichten Schneedecke, scharfer Frost ließ den Menschen im Freien den Atem vor den Mündern gefrieren. In Moskau zeigte das Thermometer neun Grad unter null. Berlin meldete fünf Grad unter dem Gefrierpunkt; «herrliches Wetter über dem ganzen Reichsgebiet», vermerkte der Reichspropagandaminister Joseph Goebbels in seinem Tagebuch: «Es ist Schnee gefallen, über dem Sonnenschein liegt.» Selbst London verzeichnete ungewöhnliche Minustemperaturen. Auch in Washington herrschte bei 16 Grad Fahrenheit klare, klirrende Kälte. Über Tokio ging am Morgen leichter Regen nieder, danach klarte es auf: die Wetterwarte registrierte für den Neujahrstag minus ein bis plus sieben Grad. Auf der Marianen-Insel Tinian, von der aus sieben Monate später die Fliegende Superfestung «Enola Gay» mit der ersten Atombombe in Richtung Hiroshima abheben sollte, schwitzten die amerikanischen Arbeitskolonnen, die dort auf dem eingeebneten Korallenuntergrund den größten Flughafen der Welt anlegten, in der feuchten Tropenhitze.

Adolf Hitler, der fünfundfünfzigjährige «Führer und Reichskanzler», hatte Ende November 1944 sein ostpreußisches Hauptquartier «Wolfsschanze» verlassen. Nach einem kurzen Aufenthalt in Berlin hielt er sich seit dem 10. Dezember im Taunus-Befehlsstand «Adlerhorst» bei Bad Nauheim auf. Von dort aus dirigierte er noch einmal eine militärische Operation großen Stils: die Ardennen-Offensive. Das Unternehmen «Herbstnebel» war seine letzte Karte. Auf sie setzte er alles. «Wir werden durchkommen», erklärte er seinem Rüstungsminister Albert Speer. «Ein einziger Durchbruch an der Westfront! Sie werden sehen! Das führt zu einem Zusammenbruch und zur Panik bei den Amerikanern. Wir werden in der Mitte durchstoßen und Antwerpen nehmen. Damit haben sie ihren Nachschubhafen verloren. Und ein riesiger Kessel um die ganze englische Armee wird entstehen, mit Hunderttausenden von Gefangenen. Wie früher in Rußland!»[1] Nach dem Sieg im Westen gedachte er, mit geballten Kräften erneut den Kampf gegen die Sowjetunion aufzunehmen. Allen Zweiflern hielt er entgegen: «Mit der Kraft des Willens, der Beharrlichkeit und der Glaubensstärke läßt sich das schwerste Schicksal meistern.» Hitler war ein kranker Mann, fast schon ein Greis: früh ergraut, die Haut teigig, schwärzlich die tiefen Tränensäcke, gebeugt der Rücken. Bei dem Attentat vom 20. Juli 1944 war er nur leicht verletzt worden. Aber gesund war er schon lange nicht mehr. Ein schweres Nervenleiden und Schlaflosigkeit attestierte er sich selbst; «von Sorgen gesundheitlich erschüttert» sei er, räumte er vor seinen Generalen ein. Je tiefer er sich in seine Bunkerwelt vergrub, desto labiler wurde sein Gesundheitszustand. Seit August klagte er über ständige Kopfschmerzen; im September setzte ihn eine Gelbsucht wochenlang außer Gefecht; Zahnbeschwerden, Schwindelanfälle, Gleichgewichtsstörungen und Schweißausbrüche lösten einander ab; die Lage schlug ihm auf den Magen und auf die Stimmbänder. Immer deutlicher wurden die Symptome, die auf die Parkinson'sche Krankheit hinwiesen. Sein linker Arm zitterte, ein Bein zog er nach. Dauernd schluckte er Schlaf- und Colatabletten, Verdauungspräparate, Grippemittel und Vitaminkapseln, lutschte Eukalyptusbonbons oder ließ sich von seinem Leibarzt Professor Morell tägliche Spritzen verabreichen: Sulfonamide, Hormone, Traubenzucker, seit Stalingrad jeden zweiten Tag auch Antidepressiva.

«Ein Wrack, ein Nervenbündel, das seine Reaktionen nicht mehr verbergen konnte» – so erlebte ihn Speer.[2] Die Kommandeure, die Hitler am 11. und 12. Dezember in den «Herbstnebel»-Plan einweihte, waren erschüttert von seiner Erscheinung. General von Manteuffel beschrieb ihn betroffen als «eine gebeugte Gestalt mit blassem, aufgedunsenem Gesicht, im Stuhl zusammengesunken, mit zitternden Händen, den linken, zuckenden Arm nach Möglichkeit verbergend». Er selber überspielte seinen körperlichen Verfall, indem er zum Beispiel auf einer Gauleiter-Versammlung seinen eisernen Willen bekundete: «Wenn auch meine Hand zittert, und wenn selbst mein Kopf zittern sollte, mein Herz wird niemals zittern.»[3] Joseph Goebbels,

16

Reichsminister für Volksaufklärung und Propaganda, räumte in seinem Neujahrsartikel in «Das Reich» zwar ein, der Führer gehe leicht gebeugt, was vom vielen Studium der Karte komme, auch sei sein Haar ergraut. Doch sei es eine Lüge, wenn die Feinde Gerüchte über sein Kranksein ausstreuten: Er sei gesund, sein Auge strahle jugendlich.

Den Silvesterabend verbrachte Hitler in seinem Privatbunker. Wieder einmal zog er die feucht-fröhliche Runde seiner engsten Gefolgsleute stundenlang in seinen Bann, wie Speer berichtet. In zweiundzwanzigstündiger Autofahrt, immer wieder gezwungen, vor angreifenden Tiefliegern Deckung zu suchen, war der Rüstungsminister von Berlin hergeprescht. Zwei Stunden nach Mitternacht traf er im Führerbunker ein. Plastisch schildert er in seinen Erinnerungen die gespenstische Neujahrsszene im Taunus-Hauptquartier: «Ich kam nicht zu spät: Adjutanten, Ärzte, Sekretärinnen, Bormann – sie alle, außer der hohen Generalität des Führerhauptquartiers, waren bei Champagner um Hitler versammelt. In der vom Alkohol aufgelockerten, aber gleichwohl gedämpften Stimmung schien Hitler als der einzige, auch ohne stimulierendes Getränk, trunken und von einer chronischen Euphorie erfaßt. Obwohl der Beginn eines neuen Jahres die verzweiflungsvolle Lage des vergangenen nicht auslöschte, schien Erleichterung darüber zu herrschen, wenigstens auf dem Kalender neu beginnen zu können. Hitler machte für 1945 optimistische Prognosen: der gegenwärtige Tiefpunkt sei bald überwunden, am Ende würden wir siegreich sein. Die Runde nahm es schweigend auf. Nur Bormann stimmte Hitler begeistert zu. Nach über zwei Stunden … sah sich seine Gemeinde, darunter auch ich, trotz aller Skepsis in eine zunehmende Sorglosigkeit versetzt: er verfügte nach wie vor über seine magischen Fähigkeiten.»[4]

Bei Joseph Goebbels gab es am Silvesterabend in Berlin Kartoffelsuppe und eine zähe Gans, gespendet von Schlesiens Gauleiter Hanke. Es wurden ernste Gespräche geführt: An Soldaten fehle es, argumentierte Goebbels, nicht an Waffen, wie Speer immer behaupte. «Weil wir nicht genug Soldaten haben, müssen wir immer neue Rückzüge antreten.» Fünf vor zwölf füllte der Kammerdiener

Emil die Sektgläser und drehte das Radio auf höchste Lautstärke. Dann hörten die Gäste Heinrich George mit dem preußischen Bekenntnis von Clausewitz, das Deutschlandlied, von zarten Geigen gespielt, zwölf schwere Glockenschläge, danach das eherne Dröhnen der Rheinglocken. Frau Goebbels weinte. Die Gäste stießen an auf das neue Jahr, «das wohl endlich letzte dieses Krieges». Der Goebbels-Adlatus Wilfred von Oven hat die Stimmung geschildert: «Wir heben unsere Gläser und begrüßen uns mit leise gemurmelten Glückwünschen. Der Badenweiler Marsch klingt auf. Der Führer spricht. Es ist fünf Minuten nach zwölf.»[5]

In Wahrheit war es fünf Minuten vor zwölf.

Englands Kriegspremier Winston Churchill war erst zwei Tage vor dem Jahreswechsel aus Athen zurückgekehrt, wo er versucht hatte, im griechischen Bürgerkrieg eine den Westalliierten zuträgliche, den Kommunisten abträgliche Vermittlungslösung auszuhandeln. Erschöpft zog er sich nach dem anstrengenden Flug auf seinen dienstlichen Landsitz Chequers zurück. Eine Erkältung machte dem Siebzigjährigen zu schaffen. Glatteis hinderte ihn am Neujahrstag, nach London zu fahren.

Der zunehmende V-2-Beschuss bereitete Churchill Sorgen – «die V-2-Raketen fallen wie Herbstblätter auf London», notierte sein Privatsekretär John Colville. Immer offener misstraute der Premier Stalins Absichten in Osteuropa. Außerdem ärgerte er sich über eine Ansprache von Stafford Cripps, in der von brüderlichen Gefühlen für die Deutschen die Rede war: «Mit solchen Empfindungen kann man sich befreunden, wenn der Krieg erst einmal gewonnen ist, aber nicht jetzt, da eine große Schlacht tobt, in der die Hunnen kaltblütig gefangene Soldaten erschießen.» Hart setzte er seinem Minister für Flugzeugproduktion vor dem Unterhaus am 18. Januar die eigene Auffassung entgegen: «Das zumindest kann ich namens der Vereinten Nationen Deutschland sagen: Wenn ihr euch jetzt ergebt, wird nichts, das ihr noch durchzumachen habt, mit dem zu vergleichen sein, was ihr sonst im Jahr 1945 erdulden werdet. Der Friede, auch wenn er auf bedingungsloser Kapitulation basiert, wird Deutschland und Japan

18

Die Londoner Innenstadt nach Hunderten deutscher Luftangriffe: Straßenzüge liegen in Schutt und Asche, während St. Paul's Cathedral nahezu unversehrt blieb.

eine wesentliche, sofortige Wendung zum Besseren in allen Leiden
und Qualen bringen, die beiden jetzt bevorstehen. Wir, die Alliierten, sind keine Ungeheuer.» Dem dänischen Widerstand versicherte
er in einer Neujahrsbotschaft: «Ich kann Ihnen nicht versprechen, daß
das Ende nahe ist; aber ich kann sagen, daß das Nazi-Untier – *the Nazi
beast* – in die Ecke gedrängt ist und daß seine Vernichtung unvermeidlich ist. Die Wunden, die ihm die bewaffnete Macht der Großen Allianz zugefügt hat, sind tödlich … Laßt uns gemeinsam zum Sieg
marschieren.»

Der Kremlherr verbrachte den Silvesterabend in seiner Datscha
bei Kunzewo, 32 Kilometer von Moskau entfernt. Es war seine Ge-
wohnheit, dort Schallplatten zu hören, alte Filme zu betrachten, Rot-
wein vermischt mit Wodka zu genießen und Kaviar, Stör und schar-
fe Fleischgerichte zu schmausen – so hat Milovan Djilas die
nächtlichen Saturnalien des russischen Diktators geschildert.[6] An die-

sem Abend bestellte «Väterchen» zu deren Überraschung eine Hand voll Generale nach Kunzewo, dazu mehrere Politbüromitglieder und Volkskommissare, außerdem Palmiro Togliatti, den Generalsekretär der italienischen Kommunisten, und dessen Ehefrau – fünfundzwanzig Männer und eine Frau alles in allem. Auf sie wartete eine festlich geschmückte Tafel.

General Schtemenko hat die Feier beschrieben: «Stalin nahm seinen Platz oben am Tisch ein. Auf der rechten Seite stand wie immer ein mit Wasser gefüllter Krug. Es gab keine Bedienung. Jeder nahm sich selber, was er wollte. Schlag zwölf Uhr brachte Stalin einen kurzen Trinkspruch aus mit dem Wunsch nach der totalen Niederlage des Feindes im neuen Jahr. Er hob sein Glas auf die sowjetischen Streitkräfte und grüßte uns mit einem kräftigen ‹Prosit Neujahr, Genossen!›. Wir alle standen auf, tranken uns gegenseitig zu und wünschten das Ende des Krieges für das Jahr 1945 ... [Der alte Reitermarschall] Budjonny nahm seine Harmonika und begann zu spielen, meisterhaft, vorwiegend russische Volkslieder, aber dann auch Walzer und Polka. Danach legte Stalin Schallplatten auf, Budjonny tanzte den Birjinu, und als Soldatenlieder erklangen, sangen alle mit. Gegen drei Uhr löste sich die Gesellschaft auf.»[7]

Mag sein, dass Stalin an diesem Silvesterabend auch über seine Pläne für die großangelegte Offensive redete, die am zwölften Tag des neuen Jahres entfesselt werden sollte – ein Unternehmen, dem die bedrängten Westalliierten der erhofften Entlastung wegen ungeduldig entgegensahen. Möglicherweise höhnte er auch über die Dummheit der deutschen Führung («mehr Sturheit als Hirnschmalz») und die Torheit des Hitler'schen Ardennen-Vorstoßes, wie er dies Mitte Januar im Gespräch mit dem britischen Luftmarschall Arthur Tedder tat.

Die Moskauer feierten auf jeden Fall ihre Siege. Ein grandioses Feuerwerk erleuchtete um Mitternacht den Roten Platz. Längst war die Verdunkelung aufgehoben, deutsche Luftangriffe brauchte man, anders als 1941, nicht mehr zu befürchten.

Stalin war 65 Jahre alt und begann das Alter zu spüren. Er reiste ungern, selbst im eigenen Land. «Er wollte alles wissen, aber in Moskau bleiben», notierte Generaloberst Wolkogonow über ihn. Mit Hitler teilte Stalin die Neigung zum Einsiedlertum. Auch er wirkte immer fahl; den «Kremlteint» schrieb man in Moskau der langen Arbeit bis in die frühen Morgenstunden und den geselligen nächtlichen Runden zu.

In New York versammelten sich in der neblig-nieseligen Silvesternacht 750 000 Menschen rund um den Times Square. «*Let's have a good time*, stand ihnen deutlich ins Gesicht geschrieben», berichtete die «New York Times». «Aber da fast jede Familie im Land vom Krieg berührt war, und manche sehr bitter berührt, war der Kanonendonner an der Westfront unausgesprochen jedem präsent.» Schlag Mitternacht senkte sich am Fahnenmast über dem Times-Gebäude der zum ersten Mal seit 1941 wieder erleuchtete Globus, und in riesigen Ziffern blitzte die Zahl «1945» auf. Danach zuckte die Botschaft über die Leuchtschrift-Laufzeile: «*The New Year is here. Let us make it a year of victory*» –«Das neue Jahr ist da. Machen wir's zum Jahr des Sieges!»[8]

Franklin Delano Roosevelt, als Präsident der Vereinigten Staaten eben zum vierten Mal wieder gewählt, war von schwerer Krankheit gezeichnet. Seit Jahrzehnten litt er an den Folgen einer Kinderlähmung. Seitdem trug er bei öffentlichen Auftritten orthopädische Beinstützen; sonst bewegte sich der Einundsechzigjährige im Rollstuhl. Reden hielt er fast nur noch im Sitzen. In den vorangegangenen Monaten war er mehr und mehr verfallen. «Er war nun wahrhaftig ein Krüppel», urteilte sein langjähriger Mitarbeiter Robert Sherwood. Zwar war er – obwohl behindert, obendrein herzkrank und ständig anfällig für Infektionen – nach Sherwoods Zeugnis «geistig-seelisch der gesündeste Mensch, den ich je erlebt habe», ohne jede psychische Verbiegung durch Hemmungen, Komplexe oder Phobien. «Alt und dünn, wie geschrumpft», fand ihn jedoch Lord Moran, Churchills Leibarzt. «Ich gebe ihm nur noch wenige Monate.»[9]

Zwischen den Jahren arbeitete Roosevelt an seiner *State-of-the-Union*-Botschaft, die er am 6. Januar seiner Hinfälligkeit wegen nicht mehr selber vortrug, sondern verlesen ließ. «Wir haben ein Jahr hinter uns, in dem wir insgesamt wesentliche Fortschritte in Richtung

Sieg gemacht haben, obwohl es mit einem Rückschlag für unsere Waffen endete, als die Deutschen einen heftigen Gegenangriff unternahmen ... Seitdem sind wir wieder zur Offensive übergegangen und haben die Deutschen auf der ganzen Linie zum Rückzug gezwungen ... Wir dürfen aber nie den Fehler machen, die Deutschen für geschlagen zu halten, ehe der letzte Nazi die Waffen gestreckt hat.»[10]

«Sehr enttäuschend geht das Jahr zu Ende», vertraute in Dresden Victor Klemperer seinem Tagebuch an. «Bis in den Herbst hinein habe ich, hat wohl alle Welt für sicher gehalten, daß der Krieg vor Jahresschluss fertig sei. Jetzt ist das allgemeine Gefühl, und auch meines: vielleicht in ein paar Monaten, vielleicht in zwei Jahren.»[11]

Die vier Staatsmänner, die das Schicksal der Welt in ihren Händen hielten, gingen mit gemischten Gefühlen in das neue Jahr. Die Führer der Anti-Hitler-Koalition waren siegesgewiss, aber enttäuscht, dass sie den Sieg nicht schon Weihnachten 1944 in Berlin hatten feiern können. General Dwight D. Eisenhower, der alliierte Oberkommandierende, hatte mit dem britischen Feldmarschall Bernard Montgomery um fünf Pfund gewettet, dass Deutschland im Dezember kapitulieren werde; «Monty» hatte hingegen auf das Frühjahr 1945 gesetzt. Stalin dachte, der Krieg werde nicht vor dem Sommer enden; er erwartete den «Zusammenbruch» des Reiches als Folge einer Hungersnot, die ausbrechen werde, sobald die Rote Armee die deutschen Kornkammern im Osten überrollt habe. Hitler indes bramarbasierte: «Auch im kommenden Jahr wird es gelingen, die feindlichen Angriffsunternehmungen abzuwehren und sie am Ende durch Gegenhiebe zu brechen.»

Hitler, Stalin, Churchill, Roosevelt – alle vier werden sich in dieser Silvesternacht über ihre Generalstabskarten gebeugt haben, um die neuesten Berichte ihrer Oberkommandos zu studieren.

Noch stand die Wehrmacht zu Jahresbeginn 1945 tief in Feindesland. Sie hielt Warschau besetzt und das eingeschlossene Kurland, wo 26 deutsche Divisionen in der Falle saßen, Oberitalien und die Romagna, Prag und die Slowakei. Allerdings war der Rückzug bereits auf breiter Front in vollem Gange. Rumänien mit seinen Erdölfeldern war im August an die Rote Armee verloren gegangen, Bulgarien im September. Aus Griechenland mussten sich die Deutschen Mitte Oktober 1944 zurückziehen, aus Belgrad wenig später. Tiefer und tiefer drangen die Russen ins Baltikum ein. In Budapest tobte an Silvester bereits ein verbissener Häuserkampf. Und auch im Westen wankte die deutsche Verteidigungsfront. Nordfrankreich war schon seit August befreit, Brüssel und Antwerpen fielen im September, ganz Belgien, Luxemburg und ein Teil Hollands befanden sich in alliierter Hand. Ende November zogen amerikanische Truppen in Straßburg ein. Von der Schelde-Mündung bis zum Oberlauf des Rheins gab es nun eine durchgehende Frontlinie.

Seit der Invasion in der Normandie am 6. Juni hatten sich die Westalliierten bis an die Reichsgrenze herangekämpft und sie am 12. September bei Monschau überschritten. Als erste deutsche Großstadt fiel am 21. Oktober die alte Kaiserstadt Aachen, obwohl der «Führer und Reichskanzler» Adolf Hitler befohlen hatte, sie um jeden Preis zu halten. Im Vormonat waren in Ostpreußen auch die Russen auf Reichsgebiet vorgedrungen, aber noch einmal zurückgeworfen worden. Ihr brutales Vorgehen gegen die Zivilbevölkerung von Gumbinnen und Nemmersdorf, zumal gegen die Frauen, gab der Nazi-Propaganda allerdings reichlich Anlass und Nahrung für ihre stereotypen Hetzparolen über die «jüdisch-bolschewistischen Horden». Es war nicht länger zu übersehen: Der Krieg kehrte heim nach Deutschland.

Im Mündungsfeuer der Geschütze, die an allen Fronten auf die Wehrmacht gerichtet waren, kündigte sich jene «Morgenröte der Befreiung» an, die Winston Churchill und Franklin Roosevelt den europäischen Völkern versprochen hatten, die – weiterhin bangend, doch zunehmend Hoffnung schöpfend – sich noch immer stöhnend unter Hitlers Schaftstiefeln wanden.

In unmittelbarer Nachbarschaft Aachens, im Hürtgenwald, brach dann Anfang November eine erbitterte Schlacht los. Dabei kamen in den nächsten Wochen 15000 deutsche Soldaten ums Leben und fast 50000 amerikanische GIs, so viele wie zweieinhalb Jahrzehnte später im ganzen Vietnamkrieg. «Todesfabrik» – so nannte der als Kriegsberichterstatter eingesetzte Schriftsteller (und spätere Nobelpreisträger für Literatur) Ernest Hemingway den Hürtgenwald.

Am 16. Dezember trat die Wehrmacht in den Ardennen zum Gegenangriff an. Das Unternehmen «Herbstnebel» begann. Es sollte einen Keil zwischen die alliierten Verbände treiben, sie durch einen Vorstoß nach Antwerpen von ihrem Nachschub abschneiden, schließlich sie umfassen und vernichten. Habe er auf diese Weise die strategische Initiative wiedergewonnen, so redete Hitler sich und seinen Generalen Anfang Dezember im «Adlerhorst» ein, könne das Ostheer gegen die Russen vorgehen. Dann werde die «Allianz aus den größten Extremen, die überhaupt auf der Erde denkbar sind: ultrakapitalistische Staaten auf der einen Seite und ultrabolschewistische auf der anderen» zerbersten. «Wenn hier noch ein paar ganz schwere Schläge erfolgen, so kann es jeden Augenblick passieren, daß diese künstlich aufrechterhaltene gemeinsame Front mit einem riesigen Donnerschlag zusammenfällt.»[12]

Die Ardennenoffensive überraschte die Alliierten. Sorgenvoll schrieb Hemingway an seinen Bruder: «Eine völlig neue Entwicklung. Das könnte uns um alles bringen. Sie schaffen immer mehr Panzer heran.» In der Tat setzte Hitler 600 Panzer, 1600 Artilleriegeschütze und rund 200 000 Mann gegen 80 000 US-Soldaten und 400 Panzer an. Die in der Schnee-Eifel eingeschlossenen amerikanischen Verbände kapitulierten schon am ersten Tag. Binnen kurzer Zeit machten die Deutschen 25 000 Gefangene und schossen 350 gegnerische Panzer ab. Verlustreich kämpften sich die 6. SS-Panzerarmee, die 5. Panzerarmee und die 6. Armee 60 Kilometer in Richtung Maas voran. Ihre Geländegewinne entlockten dem amerikanischen Haudegen, General George S. Patton, den sorgenvollen Kommentar: «Noch können wir alles verlieren.» Aber schon nach zehn Tagen büßte «Herbstnebel» den entscheidenden Angriffsschwung ein. Die deutsche Stoßkraft verebbte. Nachschub kam nicht mehr durch. Vor Lüttich schon ging den Panzern der Sprit aus. Hitler hatte leichtfertigerweise damit gerechnet, die angreifenden Verbände könnten sich aus eroberten amerikanischen Treibstofflagern versorgen, doch so weit gelangten sie nie.

Es war Hitler bewusst, dass der «Herbstnebel»-Angriff seine letzte Chance barg. «Gelingt er nicht», sagte er zu seinem Rüstungsminister Speer, «sehe ich keine Möglichkeit mehr zu einer günstigen Beendigung des Krieges.» Aber in seiner Neujahrsansprache markierte er noch einmal den starken Mann: «Die Welt muß wissen, daß dieser Staat niemals kapitulieren wird, daß das Deutsche Reich wie alle großen Staaten der Vergangenheit auf seinem Wege Rückschlägen ausgesetzt sein mag, daß es aber nie diesen Weg verlassen wird. Man muß wissen, daß die heutige Staatsführung die Sorgen und Leiden mit ihrem Volk teilt, aber niemals vor Sorgen und Leid kapitulieren wird.» Deutschland werde den Krieg nicht verlieren, «sondern es muß ihn gewinnen». Und angesichts der Kriegsverwüstungen im eigenen Land verstieg sich Hitler zu dem wohlfeilen Versprechen: «Der nationalsozialistische Staat wird mit seiner Energie und Tatkraft alles das, was heute der Zerstörung verfällt, in wenigen Jahren neu errichten. Unsere Städte werden in ihrem äußeren Bild gewaltiger und schöner sein als je zuvor.»[13]

In einem Tagesbefehl an die Wehrmacht beschwor Hitler zugleich den Allmächtigen, «der unser Volk in seinem bisherigen Lebenskampf geleitet und nach Verdienst gewogen, belohnt oder verurteilt hat». Das Jahr 1945 rief er zum «Jahr einer geschichtlichen Wende» aus. Weder durch Waffengewalt noch durch die Zeit könne das deutsche Volk niedergezwungen werden. Der «Führer» gab sich überzeugt, «daß am Ende dieses Ringens ein glorreicher, in unserer Geschichte einmaliger Sieg stehen wird».

Drei Tage nach Neujahr beraumte Hitler eine große Lagebesprechung mit Feldmarschall Keitel, Reichsleiter Bormann und Reichspropagandaminister Goebbels an. «Die irrealen Hoffnungen wurden weiter belebt», vermerkte Albert Speer. «Nun sollte eine ‹Levéé en masse› die Wende bringen. Aber es handelte sich nur um inhaltsloses Gerede. Mit der Ardennen-Offensive war der Krieg zu Ende. Was folgte, war nur noch die von einem wirren und ohnmächtigen Widerstand verzögerte Besetzung des Landes.»[14]

Ein deutscher Obergefreiter im Mai kurz vor der Kapitulation vor dem brennenden Reichstag in Berlin.

Die Schlinge zieht sich zu

In den Ardennen hatte Hitler alles auf eine Karte gesetzt und verloren. Am 5. Januar machten ihm Generalfeldmarschall von Kleist und dessen Generalstabschef Model im «Adlerhorst» klar, dass die Offensive gescheitert war. Er befahl den Rückzug seiner exponierten Panzerdivisionen aus dem Frontvorsprung, den sie sich mühsam erkämpft hatten, jene «Beule», die der Schlacht ihren englischen Namen gab: «*Battle of the Bulge*». Am 16. Januar war die Front wieder begradigt. Der Wehrmachtsbericht räumte ein, dass «die Initiative in den Angriffsräumen an den Gegner übergegangen» war. Auch Entsatzangriffe hatten nichts bewirkt, weder ein Vorstoß bei Weißenburg («Nordwind») noch das Unternehmen «Bodenplatte», bei dem Hitler am 1. Januar 900 Flugzeuge der Luftwaffe gegen die Flugplätze in Holland und Belgien starten ließ, um zu verhindern, dass das deutsche Hinterland von den alliierten Bomberflotten allmählich in eine Trümmerwüste verwandelt wurde, in der kaum noch normale Verkehrsbewegungen möglich waren. Vier Wochen nach dem Beginn des Unternehmens «Herbstnebel» standen die Soldaten der Wehrmacht wieder an der Linie, von der aus sie ihren Angriff vorgetragen hatten.

Die Kriegshistoriker sind sich darin einig, dass die Ardennenschlacht, «Hitlers letztes Spiel», außerordentlich kurzsichtig war, mehr noch: ein grober strategischer Fehler. Zwar verloren die Amerikaner rund 19 000 Mann; 15 000 Mann gerieten in Gefangenschaft. Die deutschen Verluste waren jedoch viel höher. Das Westheer verlor 100 000 Mann, dazu 800 Panzer und an die 1000 Flugzeuge. Wo die Amerikaner immer neue Divisionen heranführen konnten, alle voll ausgerüstet und in Kriegsstärke, ließen sich die Verluste an Menschen und Material auf deutscher Seite nicht mehr wettmachen. Hitler hatte seine letzten Reserven aufgeboten. Speers Rüstungsindustrie, von den alliierten Luftschlägen zunehmend pulverisiert, konnte nicht mehr Schritt halten mit den Ausfällen. Hitler war um seine letzte Hoffnung betrogen. Es war ihm nicht gelungen, das Blatt zu wenden.

Bald schon war offenkundig, dass der «Führer» auf die verkehrte Karte gesetzt hatte. Für die Westfront ließ er im November und Dezember 2299 Panzer und Sturmgeschütze bereitstellen, außerdem neunzehn neue Divisionen, für die Ostfront aber nur 921 Panzer und fünf Divisionen – und dies in einem Augenblick, da Stalin eine gewaltige Streitmacht für das letzte Gefecht aufstellte. Die Entscheidung für die Ardennenoffensive erleichterte es der Roten Armee, ungehindert voranzukommen, wo immer Stalin sich zum Vorstoß entschloss, von Polen aus über Schlesien in Richtung Berlin oder von Ostungarn aus in Richtung Wien. Die Westalliierten wurden in ihrem Vormarsch nach Deutschland nur kurz aufgehalten, die Rhein-Überquerung war ohnehin erst für März geplant. Die leichtfertige Opferung der Luftwaffe jedoch – fast 300 Maschinen allein beim Unternehmen «Bodenplatte» – führte zu einer bedenklichen Entblößung der Heimatfront. Immer wehrloser war das Reichsgebiet nun den englischen und amerikanischen Bomberflotten ausgesetzt.

Am 15. Januar verließ Adolf Hitler mit seinem Gefolge den Befehlsstand im Taunus und begab sich zurück nach Berlin. «Trotz allem Gerede von Geheimwaffen, die doch noch den Sieg bringen würden, spürte er, daß der Endkampf nahte, und war entschlossen, persönlich auf dem Schlachtfeld anwesend zu sein», schreibt John Keegan in seiner Geschichte des Zweiten Weltkriegs.[1] Die Reichskanzlei verließ Hitler danach nur noch zweimal; das erste Mal am 25. Februar, um in Prenzlau seiner Generalität eine Standpauke zu halten; das zweite Mal am 15. März, um in Freienwalde die Generale und Stabsoffiziere der 9. Armee zu beschwören, den russischen Ansturm zu brechen und die Oderfront zu halten, damit Zeit bleibe, die fürchterlichen neuen Waffen fertig zu stellen, welche die Wende bringen würden. Im Februar flüchtete er sich vor den unablässigen Fliegerangriffen ganz in den Führerbunker seiner Neuen Reichskanzlei. Immer tiefer versank er fortan in einer düsteren, realitätsentrückten Wahnwelt. In den Ardennen hatte er noch vorhandene Divisionen eingesetzt. Wohl waren manche nur rasch zusammengestoppelte Volksgrenadierdivisionen, bestehend aus alten Männern und sechzehnjährigen Angehörigen des Jahrgangs 1928, die unter dem Motto «Fronthilfe und Kriegseinsatz» angehalten worden waren, sich freiwillig zu melden. Es gab diese Verbände jedoch. Von nun an aber operierte Hitler vor allen Dingen mit Phantomdivisionen und Geisterarmeen. Die fehlenden Kräfte ersetzte er durch Illusionen. Dem Sturm, der im Westen wie im Osten bald nach seiner Rückkehr in die Reichshauptstadt losbrach, konnte er damit nicht trotzen.

Der Sturm brach zuerst an der Ostfront los. Dort hatte Stalin in den vorangegangenen Monaten eine riesige Angriffsarmee aufmarschieren lassen. Als Stratege setzte er auf Masse: nicht bloß auf Macht, sondern auf Übermacht. Seine Vorliebe für alles Große war in Moskau sprichwörtlich. Er liebte Planspiele, an denen hundert oder mehr Divisionen beteiligt waren, Zehntausende von Geschützen, Tausende von Panzern und Flugzeugen. Überdies griff er gern tiefgestaffelt auf breitester, sich über 500 bis 700 Kilometer erstreckender Front an. In solchen Dimensionen war auch die Offensive angelegt, die auf das Herz des Dritten Reiches zielte: Berlin.

Im August waren die Russen an der ostpreußischen Grenze stehen geblieben. Zugleich hatten sie östlich der Weichsel vor der polnischen Hauptstadt Halt gemacht und abgewartet, bis die Deutschen Anfang Oktober den Warschauer Aufstand niedergeschlagen hatten. «Es war ihr Wunsch», urteilte Winston Churchill, «die nichtkommunistischen Polen vollständig vernichtet zu sehen, gleichzeitig aber wollten sie den Anschein erwecken, sie kämen zu deren Rettung. ... Als die Russen drei Monate später in die Stadt einzogen, fanden sie wenig mehr als zertrümmerte Straßen und unbegrabene Tote.»[2]

Im November 1944 segnete Stalin den Angriffsplan des sowjetischen Generalstabs ab. Nach den Vorstellungen der Stawka sollte die deutsche Kriegsmaschine binnen 45 Tagen zerschmettert werden. Der Plan sah vor, dass Marschall Konjew mit seiner 1. Ukrainischen Front in Richtung Breslau vorrückte, während Marschall Schukow mit der 1. Weißrussischen Front entlang der Linie Warschau–Berlin vorstieß. Gemeinsam verfügten die beiden Heerführer an der 550 Kilometer langen Front zwischen Memel und den Karpaten über die größte

Streitmacht, die je in einem Krieg bereitgestellt wurde: 2,25 Millionen Mann, 163 Infanteriedivisionen mit 32 000 Geschützen, 6500 Panzern und 4700 Flugzeugen – ein Drittel der sowjetischen Infanterie und die Hälfte aller Panzer der Roten Armee. Ihnen standen auf der deutschen Seite in der Heeresgruppe Mitte und der Heeresgruppe A nur 71 Divisionen gegenüber, alle unter ihrer Sollstärke, insgesamt keine 750 000 Mann, dazu 1800 Panzer und 800 Flugzeuge. Ihnen gesellte sich Ende Januar die Heeresgruppe Weichsel hinzu, die indes fast ausschließlich aus Einheiten des vier Monate zuvor aufgestellten Volkssturms bestand: ein Heer von Sechzehnjährigen und Sechzigjährigen, schlecht ausgebildet und mangelhaft ausgerüstet, die erste von Hitlers Phantom-Armeen.

Die Rote Armee war dank der inzwischen in großem Stil angelaufenen Hilfslieferungen der Vereinigten Staaten bestens für eine Materialschlacht gerüstet. In 1200 Eisenbahnzügen und 22 000 amerikanischen Allrad-Dreiachsern wurden über eine Million Tonnen Nachschub allein an Schukows Frontabschnitt geschafft. Fast die gleiche Menge wurde hinter Konjews Front gelagert. Demgegenüber hatten die Deutschen im Gefolge des alliierten Luftkrieges ernsthafte Nachschubschwierigkeiten. Die Rüstungsproduktion stockte, der Schienen- und Straßenverkehr kam im Bombenhagel von Monat zu Monat mehr zum Erliegen.

Vergebens hatte Albert Speer Hitler gewarnt. Vergebens auch hatte Generalstabschef Guderian den Führer mehrmals bestürmt, die Ardennen-Offensive früher abzubrechen. Im Osten seien Verstärkungen angesichts des überwältigenden russischen Aufmarsches an der Weichsel dringend vonnöten. Doch erst am 9. Januar gab Hitler nach. Zu spät: Am 12. Januar schlugen die Russen los.

Konjew eröffnete den Angriff an diesem Tag mit einem Trommelfeuer, das die Erde zum Beben und die deutsche Verteidigung ins Wanken brachte. Auf jedem Frontkilometer waren 300 Geschütze in Stellung gegangen. Sie erzielten eine durchschlagende Wirkung. Am Abend schon waren die sowjetischen Panzereinheiten dreißig Kilometer weit vorgedrungen. Krakau und dahinter Breslau mit dem schlesischen Industrierevier gerieten in Gefahr. Die dortigen Rüstungsfabriken waren von entscheidender Wichtigkeit, weil sie außerhalb der Reichweite der westlichen Bomberflotten lagen. Am 22. Januar überquerte Konjews Armeegruppe bei Steinau die Oder. Fünf Tage später stieß sie auf das Vernichtungslager Auschwitz, das – Schlachthaus der SS und Golgatha für über eine Million dort ermordete Juden – in alle Ewigkeit als Inbegriff menschlicher Bestialität fortleben wird, als Symbol des Holocaust und als Schandmal deutscher Ruchlosigkeit.

Auschwitz war bis 1939 ein armseliges Städtchen von 14000 Einwohnern, die Hälfte Polen, die Hälfte Juden, dazu 61 Volksdeutsche. Es gab dort seit k.u.k.-Zeiten ein Lager für 12000 Saisonarbeiter, die im nahen Preußen jährlich wiederkehrend Arbeit und Auskommen suchten. Diese «Sachsengänger» waren damals in 22 gemauerten Häuserblöcken und 90 Holzbaracken untergebracht. Die Nazis machten daraus 1940 ihr siebtes Konzentrationslager, zunächst für polnische politische Gefangene, später vornehmlich für Juden, aber auch für Zigeuner, wie die Sinti und Roma damals noch bezeichnet wurden. Im Mai 1942 begann dort der systematische Massenmord. Nirgendwo wurden mehr Menschen getötet als in Auschwitz. Von den insgesamt fünf bis sechs Millionen ermordeten Juden sind 1,1 bis 1,5 Millionen in dem dortigen Lagerkomplex umgebracht worden. Die meisten endeten in den Gaskammern.

Bis zum Spätjahr 1944 wurden immer neue Transporte in das Vernichtungslager geschafft. Die ersten Nachrichten über die Auschwitzer Mordmaschine drangen schon 1942 ins Ausland. Seit April 1944 lagen den Alliierten detaillierte Luftaufnahmen vor, die Menschen auf dem Weg von der Rampe in die Gaskammern zeigten. Von Italien aus hätten amerikanische Bomber Auschwitz durchaus erreichen können, mehrmals griffen sie ja auch die nahe gelegenen Fabriken der IG-Farben und die Produktionsstätte von synthetischem Erdöl an. Im Juni 1944 schon drängten in England wie in Amerika die Sprecher der jüdischen Gemeinde ihre Regierungen, die Gaskammern, Krematorien und Gleisanlagen bombardieren zu lassen, dazu am besten zwanzig Bahnstationen entlang der nach Auschwitz führenden Bahnstrecke. Churchill war zwar dafür, aber da man tagsüber auf Sicht hätte fliegen müssen, kam die Royal Air Force für den Einsatz nicht in Frage. Für Angriffe bei Tage waren die Amerikaner zuständig. John McCloy – damals Staatssekretär im US-Kriegsministerium, später amerikanischer Hochkommissar im Bonn der Adenauer-Zeit – lehnte dieses Ansinnen jedoch ab. Ein Bombardement wäre von «zweifelhafter Wirkung» und würde bloß die Luftwaffen der Alliierten von der vordringlichen Aufgabe abhalten, kriegswichtige Industrieziele anzugreifen. «Am besten war den Leuten zu helfen, indem wir so schnell wie möglich den Krieg gewannen», erläuterte McCloy im Rückblick seine Beweggründe.

Je näher die Front rückte, desto hektischer versuchte die SS, die Spuren ihres Menschheitsverbrechens zu verwischen. Im Herbst 1944 wurden die Vernichtungsaktionen eingestellt, die Tötungsanlagen demontiert, die Verbrennungsöfen der Krematorien abgebrochen. Fieberhaft machte sich die SS daran, die Zeugnisse des Massenmordes zu beseitigen. In Heizkesseln und offenen Feuerstellen wurden Akten – Karteien, Totenscheine, Listen – verbrannt, die Überreste der Krematorien am 20. Januar gesprengt. Als die Rote Armee auf Krakau vorstieß, die deutschen Truppen einkesselte, das oberschlesische Industrierevier besetzte und südlich Breslau an die Oder vordrang, wurden das Stammlager Auschwitz und die Nebenlager – darunter das berüchtigte Birkenau – geräumt. Die Insassen sollten in die Konzentrationslager des Altreichs gebracht werden. Am 17. Januar begann die Evakuierung der letzten 58 000 Häftlinge. Wenige nur wurden in Güterwagen abtransportiert, die meisten in der eisigen Winterkälte auf die Straßen Schlesiens gejagt. Tausende starben auf diesem Todesmarsch. Wer schwächelte, strauchelte oder zu fliehen versuchte, wurde von den SS-Wachen erschossen. «Sie schossen wie auf streunende Hunde», erinnerte sich ein Überlebender. «Wir haben das Blut auf dem weißen Schnee gesehen und sind weitergelaufen.» Viele erfroren oder verhungerten unterwegs. Nur 43 000 überlebten, 15 000 kamen um.

Bis zuletzt wurden im Lager noch per Genickschuss Exekutionen

Nach der Befreiung des Konzentrationslagers Auschwitz durch die Rote Armee wurden überlebende Kinder von Betreuerinnen aus dem Lager gebracht. Diese Aufnahme wurde für die Militärberichterstatter gestellt.

vorgenommen. Erst in der Nacht vom 25. auf den 26. Januar sprengte die SS die letzte Mordanlage. Am Nachmittag des nächsten Tages – es war Samstag, der 27. Januar 1945 – befreiten Soldaten der 60. Armee der 1. Ukrainischen Front Auschwitz und seine Nebenlager. Sie mussten sich buchstäblich an die Mordstätte herankämpfen. Über 200 Männer fielen, zwei davon unmittelbar am Lagertor, über dem sich die zynische Inschrift wölbte: «Arbeit macht frei». Die Rotarmisten fanden noch etwa 7000 Häftlinge am Leben. Dabei machten sie auch grausame Funde. In den Worten der Historikerin Sybille Steinbacher: «Sie stießen auf mindestens 600 Leichen [von Männern und Frauen, die in den letzten Tagen erschossen worden waren]. In den Magazinen fanden die Befreier rund 370 000 Herrenanzüge, 837 000 Damenmäntel und -kleider, Unmengen an Kinderkleidung, ungefähr 44 000 Paar Schuhe, 14 000 Teppiche, außerdem Prothesen, Zahnbürsten, Hausrat und in der einstigen Lederfabrik nahe dem Stammlager

33

7,7 Tonnen transportfertig verpacktes menschliches Haar, das, wie berechnet wurde, von etwa 140 000 Frauen stammen musste.»[3] Auschwitz war das erste der Konzentrationslager, das die vorrückenden alliierten Truppen befreiten. Vierhundert solcher Lager gab es, größere und kleinere; in ihnen waren seit dem Anlaufen der systematischen Vernichtungsaktion 1941/42 Menschen umgebracht worden, vergast, erschlagen, erschossen, mit Phenolspritzen getötet. Juden vor allem, aber auch Zigeuner, Homosexuelle, Kommunisten, überhaupt Andersdenkende – darunter auch deutsche Oppositionelle, die ersten Opfer. Anfang Januar 1945 zählten die KZ 724 000 Häftlinge. Viele starben noch während der letzten Kriegsmonate auf den berüchtigten Todesmärschen, ehe sich die SS-Wachen aus dem Staub machten.

Amerikanische Truppen befreiten am 13. April Buchenwald auf dem Ettersberg bei Weimar, am 15. April Bergen-Belsen in der Lüneburger Heide, am 29. April Dachau bei München, am 5. Mai das österreichische Mauthausen. Überall boten sich ihnen Bilder des Grauens. In Buchenwald, wo schon eine Gruppe von Häftlingen die Kontrolle übernommen hatte, lag Imre Kertesz, der spätere Träger des Nobelpreises für Literatur, halb verhungert auf einem Strohsack. In Bergen-Belsen wurden 60 000 Menschen befreit, lebende Leichname, fast die Hälfte starben binnen weniger Wochen. Tausende von Toten lagen unbestattet auf dem Gelände, meist Opfer der Typhus-Epidemie, der im März auch Anne Frank zum Opfer gefallen war. In Dachau erlebten 60 000 Häftlinge ihre Befreiung; auch dort hatte der Typhus viele hinweggerafft. Im überfüllten KZ Mauthausen herrschten fürchterliche Zustände; der Hunger trieb manche Häftlinge zum Kannibalismus.

Auschwitz, Maidanek, Groß-Rosen, Treblinka, Buchenwald, Sachsenhausen, Dachau, Neuengamme, Ravensbrück, Sobibor, Theresienstadt, Stutthof und all die weniger bekannten, oft schon vergessenen KZ-Orte – sie werden dem deutschen Namen übel anhaften bis ins siebte Glied.

Zwei Tage nach Konjew, am 14. Januar, war auch Marschall

Schukow zur Offensive angetreten. Wiederum begann sie mit einer Artillerie-Barrage von vernichtender Wucht. Aus dem Weichselbrückenkopf südlich von Warschau stieß die 1. Weißrussische Front zugleich nach Norden in Richtung polnische Hauptstadt und nach Westen vor. Warschau war rasch eingekreist und fiel am 17. Januar. Als die deutsche Garnison sich ergab, lag die Stadt schon über hundert Kilometer hinter den russischen Linien. Die Angreifer hatten die hartnäckigen Widerstandsnester umgangen und waren schnell so weit wie möglich nach Westen vorgestoßen. Ende Januar erreichte Schukow ebenfalls die Oder. Von seinem Brückenkopf bei Küstrin waren es nur noch achtzig Kilometer nach Berlin.

Unterdessen stieß die Rote Armee zur Flankensicherung des Vorstoßes in Mittelabschnitt auch im Norden Richtung Danzig und im Süden Richtung Budapest vor. Die 2. Weißrussische Front unter dem Kommando des Marschalls Rokossowskij kam rasant voran. Sie hatte am 14. Januar vom Fluss Narew aus angegriffen, war in einem gelungenen Umfassungsmanöver den Verteidigern Ostpreußens in den Rücken gefallen und hatte, die Landverbindung zwischen dem Reich und der Armeegruppe Nord trennend, dreißig deutsche Divisionen im Raum Danzig–Königsberg eingekesselt. Am 21. Januar nahm sie Tannenberg, 1914 der Schauplatz von Hindenburgs Sieg über die Armee des Zaren. Die Gebeine des «Helden von Tannenberg» waren gerade noch rechtzeitig von deutschen Truppen exhumiert und nach Westen geschafft worden. Das mächtige, einst von Hitler eingeweihte Denkmal hatten die Soldaten gesprengt.

Auch Budapest – umkämpft seit Oktober, im November in einer sechzehntägigen Schlacht weithin in Trümmer gelegt, zu Jahresbeginn schon eingeschlossen – stand Ende Januar kurz vor dem Fall. Hitler hatte noch Panzerverstärkung befohlen, um die Stadt zu entsetzen; in dieser Absicht schickte er die 6. SS-Panzerarmee nach der verlorenen Ardennenschlacht in die pannonische Tiefebene und zog das IV. Panzerkorps von der Heeresgruppe Mitte ab. Seinem Gegenangriff, der am 18. Januar begann, ging jedoch bald die Luft aus. Die Verteidiger Budapests, die zuletzt aus der Kanalisation heraus kämpften, mussten sich am 13. Februar ergeben. In der sechsmonatigen Schlacht waren nach Angaben der Stawka 50 000 deutsche und ungarische Soldaten gefallen, 138 000 in Gefangenschaft geraten. Die sowjetischen Verluste dürften kaum geringer gewesen sein.

Indessen ging der Vormarsch der Roten Armee nicht so glatt wie erwartet, und der Preis für das Vorankommen war hoch, der Aderlass gewaltig. Ende Januar betrug die durchschnittliche Divisionsstärke an Konjews und Schukows Fronten nur noch 4000 Mann. Die langen Nachschublinien machten den Russen zu schaffen. Hitler gebot im Osten immer noch über fast drei Millionen Mann, wenngleich diese zum Teil eingekesselt waren, und sie kämpften mit dem Mut der Verzweiflung. Auch hatte er die wichtigsten Städte zu Festungen erklärt: Königsberg, Insterburg, Thorn, Kolberg, Stettin, Küstrin, Breslau. Sie hielten die Angreifer auf. Als größere Widerstandsinseln im Rücken der Sowjettruppen behaupteten sich Küstrin bis 29. März, Königsberg bis Mitte April, Breslau bis einen Tag vor Kriegsende. Eine große Zahl deutscher Soldaten schlug sich nach Westen durch.

Die Nazi-Propagandamaschine lief derweil auf vollen Touren. Am 30. Januar wurde in La Rochelle an der Atlantikküste Veit Harlans Spielfilm «Kolberg» uraufgeführt. Er erinnerte an den Widerstand der pommerschen Küstenstadt gegen die Franzosen im Jahre 1806. Der Bürger Johann Nettelbeck hatte die Bürger damals in flammenden Reden zum Widerstand bis zum letzten Mann aufgerufen – mit dem Erfolg, dass die überraschten Franzosen ihre Belagerung abbrachen und abzogen. Die Botschaft war klar: «Durchhalten!», hieß die Parole. Dennoch war das Ende jetzt nur noch eine Frage der Zeit.

Hatte sich in Auschwitz die ganze moralische Verworfenheit des Nazi-Regimes und seiner willigen Vollstrecker vor den Augen der schockierten und empörten Weltöffentlichkeit enthüllt, so lieferten die Schreckensvorgänge, die sich bei der Besetzung Ostpreußens abspielten, den Beweis, dass Grausamkeit, Brutalität und Menschenverachtung nicht nur in Deutschland Macht über den Einzelnen gewinnen konnten – was die Unmenschlichkeit der Regime anbelangt, so standen der Hitlerismus und der Stalinismus einander sowieso in nichts nach. Unmenschlichkeit ist keine Frage der Nationalität, sondern der Bestialisierung durch ideologische Verblendung, mörderischen Rassenstolz oder religiösen Fanatismus. Auch aus Hass und Rachsucht ist sie zu motivieren, wenn der dünne Firnis der Zivilisation erst einmal abgeschrammt ist.

Das Eindringen der Roten Armee in Ostpreußen löste helle Panik aus. Eine wilde Flucht begann, oft mitten in der Nacht. «Es war», schreibt John Keegan, «als wäre das unterdrückte Wissen um die Dinge, die die Wehrmacht im Osten angerichtet hatte, plötzlich an die Oberfläche gedrungen, hätte alle Bevölkerungsschichten in namenlosen Schrecken versetzt und sie in dem verzweifelten Bestreben, den anrückenden Kolonnen der Roten Armee zu entkommen, auf die verschneiten Straßen getrieben.»[4]

Marion Gräfin Dönhoff gehörte dazu. Die Geschichte ihrer Flucht ist inzwischen Legende. Im Januar 1945 hielt sie sich in Quittainen auf, dem Dönhoff'schen Besitz im südlichen Ostpreußen. Den Anblick von durchziehenden Flüchtlingen war man dort seit dem vorigen Sommer gewöhnt: weißrussische Bauern erst, dann Litauer und Memelländer; vierhundert hatten auf dem Gut einstweiligen Unterschlupf gefunden. Nun aber mussten sich die Einheimischen selber einreihen in den großen Treck. Sie habe immer gewusst, dass Ostpreußen eines Tages verloren sein würde, schrieb Marion Dönhoff nach dem Krieg. Bei jedem Haus, jeder Scheune, die gebaut wurde, pflegten die Geschwister zueinander zu sagen: «Die Russen werden sich freuen.» Seit Monaten ahnte sie, dass der endgültige Abschied unmittelbar bevorstand. Jetzt war es so weit.

Die Gräfin gab ihren Leuten Anweisung, was sie auf ihre Fluchtwagen laden sollten. Sie selbst packte, was ihr unentbehrlich schien, in einen Rucksack: «etwas Kleidung und ein paar Photographien und Papiere; eine Satteltasche mit Waschsachen, Verbandszeug und mein altes spanisches Kruzifix». Mit der Köchin und den beiden Sekretärinnen nahm sie ein letztes Abendessen ein. «Wer weiß, wann man wieder etwas zu essen bekommen würde», sagten sich die vier Frauen. «Dann standen wir auf, ließen Speisen und Silber auf dem Tisch zurück und gingen zum letzten Mal durch die Haustür, ohne sie zu verschließen. Es war Mitternacht. Draußen hatte sich inzwischen der Treck formiert.»[5]

Es herrschte bittere Kälte, 20 Grad minus, als die junge Gräfin ihren Fuchswallach Alarich bestieg und im Mondlicht losritt. Sie hatte viel Glück: Sie schaffte es, binnen sechs Wochen – immer auf Alarich – im Westen anzukommen. Viele schafften es nicht. Aber alle hatten die gleichen verstörenden Erlebnisse wie sie, die Jahre später bewegend davon schrieb.

Wagen, Pferde, Menschen. Rufe: «Alles raus, die Russen sind nur drei Kilometer entfernt.» Orkanartiger Wind. Schnee-Einsamkeit. Allenthalben auf den vereisten Straßen Elend und Chaos. Und Berichte über die Scheußlichkeiten, die den Zurückgebliebenen widerfahren waren: über nackte Frauen, die in gekreuzigter Stellung ans Scheunentor genagelt worden waren, über vergewaltigte zwölfjährige Mädchen, über Erschlagene, die mit zerrissenen Kleidern in den Straßen, auf den Dunghaufen lagen.

Ostpreußen: Flüchtlingstrecks auf dem Frischen Haff Anfang Februar 1945.

Nichts davon war erfunden, alles furchtbare Wirklichkeit. Der britische Historiker John Erickson, kein Feind der Roten Armee, hat die schrecklichen Ereignisse genau so beschrieben: «Tempo, Wut und Grausamkeit charakterisierten den Vormarsch. Dörfer und kleine Ortschaften brannten, während sowjetische Soldaten nach Belieben vergewaltigten und atavistische Rache übten, sobald sie auf Häuser und Wohnungen stießen, die mit Insignien oder Symbolen des Nazismus geschmückt waren ... Irgendein Nazi-Porträt genügte als Anlass, um eine ganze Familie zwischen Tischen, Stühlen und Küchengeschirr niederzumähen. Lange Kolonnen von Flüchtlingen, von befreiten alliierten Kriegsgefangenen und von Zwangsarbeitern, die die Sklavenarbeit auf Bauernhöfen und in Fabriken endlich hinter sich hatten, waren zu Fuß oder auf Bauernwagen unterwegs. Dabei sind etliche von ihnen einfach niederkartätscht oder von den dampfwalzenhaft vorwärtsstürmenden riesigen sowjetischen Panzerkolonnen mit aufgesessener Sturminfanterie auf den T-34 zu einem blutigen Brei aus Menschen und Pferden zermalmt worden. Vergewaltigte Frauen wurden mit den Händen an die Bauernwagen genagelt, auf denen ihre Familien saßen. Unter dem niedrigen Januarhimmel und im düsteren Licht des Spätwinters kauerten Familien in Straßengräben, machten sich Väter bereit, die eigenen Kinder zu erschießen, oder warteten wimmernd darauf, daß vorüberging, was ihnen wie der Zorn Gottes erschien.»[6]

Ähnliches ist tausendfach bezeugt und, wissenschaftlich beglaubigt, vor Jahrzehnten schon veröffentlicht worden; es ist keineswegs so, als ob jetzt erst darüber geredet würde oder geredet werden dürfte.

Ein Beispiel aus Groß-Nappern: «Russen, nichts als Russen ... Überfahrenes, zerquetschtes Vieh, Zivilisten mit eingeschlagenen Köpfen neben ausgeplünderten, umgestürzten Trecks, tote deutsche Soldaten ... Endlich ein heiles, offenbar noch bewohntes Haus. Aber als wir eintreten, bietet sich uns ein Bild unvorstellbaren Grauens: verstreutes und verschüttetes Essen, Tote sitzen auf dem Sofa, hängen über Stühlen, liegen in den Betten ... Die langen Nächte sind angefüllt mit Schießereien und ständiger Menschenjagd. Oft hört man das Schreien von Frauen, das Weinen von Mädchen.»[7]

Ein weiteres Beispiel, der Bericht eines Oberleutnants aus Elbing: «Aus Trunz berichtet ein Flüchtling eidesstattlich von den Greueltaten, besonders der mongolischen Truppenteile. Er berichtet [über die Frau des Lehrers H. und die Gemeindeschwester], die beiden Frauen seien grausam mißhandelt worden und hätten schließlich Gift genommen, um weiteren Qualen zu entgehen … Immer neue Protokolle über russische Ausschreitungen gegen wehrlose Zivilbevölkerung. Es ist die nackte Faust des Satans, die nach unseren Kehlen greift.»[8]

Ob Ilja Ehrenburg, der Star-Kolumnist des Kremls, ausdrücklich zu solchen Gräueltaten aufgerufen hat, ist bis heute umstritten. «Tötet, tötet!», wird ein angeblich von ihm stammender Aufruf zitiert. «Es gibt nichts, was an den Deutschen unschuldig ist, an den Lebenden nicht und nicht an den Ungeborenen! Folgt der Weisung des Genossen Stalin und zerstampft für immer das faschistische Tier in der Höhle. Brecht mit Gewalt den Rassenhochmut der germanischen Frauen. Nehmt sie als rechtmäßige Beute. Tötet, ihr tapferen, vorwärtsstürmenden Rotarmisten!»[9]

«Uhri, Uhri!» – das mochte noch hingehen. Aber das «Frau, komm!» war gefürchtet. Es bedeutete Vergewaltigung, oft den Tod. Vergewaltigung, berichtet Alexander Solschenizyn, war nicht befohlen, aber erlaubt; dies galt als «Kampfauszeichnung». Wo obendrein Alkohol ins Spiel kam, waren die Soldaten nicht mehr zu halten; das Alter der Frauen spielte keine Rolle. Auch durften sie Plünder-Beute nach Hause schicken. Mord und Totschlag, planloser Brutalität wurde freier Lauf gelassen.

Der Germanist Lew Kopelew, der die Deutschen zum Kommunismus bekehren sollte, versuchte, den Orgien der Gewalt Einhalt zu gebieten, wurde verhaftet und in ein Lager verbannt – «bourgeoiser Humanismus» war sein Verbrechen. Solschenizyn hat ihn als Rubin im «Ersten Kreis der Hölle» verewigt. Später wurde er einer der engsten Freunde Marion Dönhoffs. Hautnah erlebte er damals in Ostpreußen das Wüten seiner Kameraden. Einmal kam er durch ein brennendes Dorf und fragte einen Rotarmisten: «Hat es hier Kämpfe gegeben?» – «Kämpfe? Wieso? Die sind doch abgehauen, ehe wir kamen. Das Feuer haben unsere gemacht.» – «Warum das denn?» – «Ach, weiß der Henker, warum. Einfach nur so zum Spaß. Es heißt eben: Hier ist Deutschland. Also: Schlagt alles kaputt, verbrennt alles! Übt Rache!»

In seinem Monumentalroman «Archipel Gulag» erinnerte sich Solschenizyn später: «Ja! Nach drei Wochen Krieg in Deutschland wußten wir Bescheid: Waren die Mädchen Deutsche – jeder hätte sie vergewaltigen, danach erschießen dürfen.» Im kasachischen Straflager verfasste er den Gedichtzyklus «Ostpreußische Nächte». Eines der Gedichte lautete: «Kleinkoslau, Großkoslau / Jedes Dorf in hellen Flammen! / Alles brennt! Es brennen Ställe / brüllt das eingeschlossene Vieh / Tja, Ihr Guten / seid ja Deutsche.» Ein anderes Gedicht wagte Solschenizyn erst nach seiner Entlassung aus dem kasachischen Straflager niederzuschreiben. Es erzählt von dem Grauen, das über Ostpreußen kam: «Zweiundzwanzig, Göringstraße, / Noch kein Brand, doch wüst, geplündert. / Durch die Wand – gedämpft – ein Stöhnen / Lebend finde ich noch die Mutter. / Waren's viele auf der Matratze? / Kompanie? Ein Zug? / Was macht es! / Tochter, Kind noch, gleich getötet. / Alles schlicht nach der Parole: / Nichts vergessen! Nichts verzeihen! / Blut für Blut! – und Zahn für Zahn. / Wer noch Jungfrau, wird zum Weibe, / und die Weiber – Leichen bald. / Schon vernebelt, Augen blutig / bittet: ‹Töte mich, Soldat!›»

Auch wenn Ehrenburg den ihm zugeschriebenen Aufruf nie so formuliert haben sollte – es gibt genug authentische, fast genauso rachsüchtige und blutrünstige Texte aus seiner Feder. Ohne Zweifel jedoch hat die sowjetische Heeresführung mit ihren aufwiegelnden Appellen viel dazu beigetragen, dass die Deutschen im russisch besetzten Gebiet zum Freiwild wurden. Wie anders sollten wohl die Rotarmisten den Appell von Generaloberst Rybalko verstehen, dessen Tochter die Deutschen verschleppt hatten: «Die lang erwartete Stunde der Rache ist gekommen! Wir alle haben persönliche Gründe zur Rache: meine Tochter, eure Schwestern, unser Mütterchen Rußland, die Zerstörung unseres Landes!» Und wie anders sollte ein russischer Muschik, der auf dem Vormarsch gesehen hatte, wie die Wehrmacht in seiner Heimat gehaust hatte, den Aufruf Schukows verstehen? «Die große Stunde hat geschlagen!», hieß es da. «Die Zeit ist gekommen, dem Feind den letzten und entscheidenden Schlag zu versetzen ... Die Zeit ist gekommen, mit den deutschen faschistischen Schurken abzurechnen. Groß und brennend ist unser Haß! Wir haben den Schmerz und das Leid nicht vergessen, die unseren Menschen von Hitlers Kannibalen angetan worden sind. Wir haben unsere niedergebrannten Städte und Dörfer nicht vergessen. Wir erinnern uns unserer Brüder und Schwestern, unserer Mütter und Väter, unserer Frauen und Kinder, die von den Deutschen zu Tode gefoltert wurden. Wir werden alle rächen, die in des Teufels Feueröfen verbrannt wurden, alle rächen, die in den Gaskammern erstickt sind, die Ermordeten und Gemarterten rächen. Wir werden brutale Rache nehmen für alles.»[10]

So geschah es. Die Vergeltung traf Schuldige und Unschuldige in gleicher Weise. «Schließlich griff», mit den Worten des Historikers Erickson, «das sowjetische Oberkommando ein und versuchte, die militärische Disziplin wiederherzustellen. Es befahl die Einhaltung von ‹Verhaltensnormen› gegenüber der feindlichen Bevölkerung. Doch die haßerfüllte Sprache der Plakate am Straßenrand stachelte die Truppe auf. Dazu kamen noch die an die Häuserwände geschmierten Hetzparolen, die verkündeten, daß man sich hier und auf dem Gebiet, das noch vor den Soldaten liege, in der Höhle der faschistischen Bestie befinde. So wurden sie auf ihrem Marsch immer wieder aufgehetzt.»[11] Auch wurden ihnen Fotos gezeigt, auf denen zu sehen war, «wie deutsche Soldaten auf viehische Art russische Frauen und Mädchen ermordet haben».

Mag sein, dass es der Aufstachelung gar nicht bedurfte. Die Rotarmisten hatten auf ihrem Vormarsch so viel an Schändlichem und Empörendem gesehen, das die Deutschen ihrer Heimat angetan hatten, dass das Verlangen nach Rache auch ohne Befehl von oben gewachsen sein mochte. Es ist ja eine alte Erfahrung: Ein Atavismus löst fortzeugend den nächsten Atavismus aus, die Untaten der einen bergen den Keim zu den Untaten der anderen. Die Geschichte kennt unzählige Beispiele dafür, wie auf diese Weise aus Soldaten Soldateska geworden ist. Vielleicht reicht zur Erklärung schon die Einsicht, die Wolfgang Borchert, der Dichter von «Draußen vor der Tür», in seinem Gedicht «Brief aus Rußland» formulierte: «Man wird tierisch. Das macht die eisenhaltige Luft.»

Binnen weniger Wochen endete damals ein Dreivierteljahrtausend deutscher Ostsiedlung. «700 Jahre ausgelöscht», schrieb Gräfin Dönhoff lakonisch. Zwei Millionen Ostpreußen verließen fluchtartig ihre Häuser, Dörfer und Städte. In endlosen Trecks zogen sie über vereiste Straßen westwärts oder Richtung Ostseeküste, mit Pferdefuhrwerken, Schlitten und Leiterwagen; manche schoben auch Kinderwagen, beladen mit dem Notwendigsten. Fast eine Million Menschen flohen über das dünne Eis des Frischen Haffs und suchten in Danzig Zuflucht. Viele kamen durch. Viele sind am Wegesrand gestorben, verdorben.

Eine Abiturientin aus Lyck hat ihre bitteren Erlebnisse auf der Flucht beschrieben, das Leid, den Hunger, die Entbehrungen. Sie erzählt von Säuglingen, die vor Hunger starben, und von Menschen, die sich in offenen Loren an einen überfüllten Güterzug anhängten und erfroren. Und sie schildert das Grauen der Haff-Überquerung:

«Das Eis war brüchig. Stellenweise mußten wir uns mühsam durch 25 Zentimeter hohes Wasser hindurchschleppen. Mit Stöcken tasteten wir ständig die Fläche vor uns ab. Zahllose Bombentrichter zwangen uns zu Umwegen. Häufig rutschte man aus und glaubte sich bereits verloren. Die Kleider, völlig durchnäßt, ließen nur schwerfällige Bewegungen zu. Aber die Todesangst vertrieb die Frostschauer, die über den Körper jagten. Ich sah Frauen Übermenschliches leisten. Als Treckführerinnen fanden sie instinktiv den sichersten Weg für ihren Wagen. Überall auf der Eisfläche lag verstreuter Hausrat herum. Verwundete krochen mit bittenden Gebärden zu uns heran, schleppten sich an Stöcken dahin, wurden auf kleinen Schlitten von Kameraden weitergeschoben. Sechs Stunden dauerte unser Weg durch dieses Tal des Todes. Dann hatten wir, zu Tode ermattet, die Frische Nehrung erreicht. In einem winzigen Hühnerstall sanken wir in einen flüchtigen Schlaf. Am nächsten Tag liefen wir in Richtung Danzig weiter. Unterwegs sahen wir grauenvolle Szenen. Mütter warfen ihre Kinder im Wahnsinn ins Meer. Menschen hängten sich auf. Andere stürzten sich auf verendete Pferde, schnitten sich Fleisch heraus, brieten die Stücke über offenem Feuer. Frauen wurden im Wagen entbunden.»[12]

Die deutsche Kriegsmarine bedeckte sich inmitten des Schreckens ganz unkriegerisch mit Ruhm. Nicht in der Skagerrak-Schlacht von 1916, nicht im U-Boot-Krieg der vierziger Jahre auf dem Atlantik, nicht in der heroischen Irrfahrt des Schlachtschiffs «Bismarck» im Jahr 1941 erlebte sie ihre größte Stunde, sondern in Wahrheit damals in Ostpreußen. Während der letzten Kriegsmonate evakuierte sie, bedrängt, unter Beschuss, mit Materialknappheit kämpfend, rund 1,5 Millionen Flüchtlinge und eine halbe Million Soldaten, meist Verwundete, aus den Häfen Königsberg, Pillau, Danzig, Gotenhafen (Gdingen) und Hela. Ihrer Seerettungsaktion, organisiert von den örtlichen Dienststellen im Widerspruch zur Weisung der Marineleitung, dass Militärtransporten auf See Vorrang vor Flüchtlingstransporten einzuräumen sei, ist es zu verdanken, dass so viele aus dem eingekesselten Ostpreußen entkommen konnten.

Überhaupt, wie der Historiker Andreas Hillgruber formuliert hat, wuchsen manche Unbekannte damals in der hereinbrechenden Katastrophe über sich hinaus: «Zu denken ist an einige Führer von Trecks, an Geistliche, Ärzte, französische, auch polnische Kriegsgefangene, die mit den Deutschen nach Westen strebten, nicht zuletzt auch an die deutschen Soldaten, die die Seebrückenköpfe … so lange wie möglich zu halten entschlossen waren, um der Bevölkerung die Rettung über See zu ermöglichen, und die dann selber vielfach aus den ganz schmal gewordenen Brückenköpfen nicht mehr gerettet werden konnten.»

Inmitten des allgemeinen Chaos verdichtete sich die Tragödie immer wieder einmal zur Katastrophe – so am 30. Januar. An diesem Tag

Die «Wilhelm Gustloff», hier im Hafen von Stettin während des Krieges, in dem sie als Lazarett- und Wohnschiff eingesetzt wurde

ereignete sich das größte Schiffsunglück der Geschichte. Bei der Versenkung der «Wilhelm Gustloff» fanden sieben- bis achtmal mehr Menschen den Tod als beim Untergang der «Titanic».

Die «Wilhelm Gustloff» war 1937 bei Blohm & Voß in Hamburg vom Stapel gelaufen und im Beisein Hitlers auf den Namen des aus Schwerin stammenden, 1936 von dem jüdischen Attentäter David Frankfurter erschossenen Schweizer Naziführers Gustloff getauft worden. Als Ferienschiff der Organisation «Kraft durch Freude» bescherte sie bis zum Krieg 65 000 Urlaubern vierundvierzig Traumschiff-Reisen nach Madeira und ins Mittelmeer. Während des Krieges lag sie als Lazarett- und Wohnschiff der U-Boot-Waffe in Gdingen (das damals Gotenhafen hieß und heute Gdynia heißt). Mit ihren 24 484 Bruttoregistertonnen war sie für 417 Besatzungsmitglieder und 1483 Passagiere ausgelegt.

Als die Flüchtlingsströme aus Ostpreußen anbrandeten, nahm die «Wilhelm Gustloff» Tausende auf – 6600 nach der offiziellen Passagierliste, aber nach glaubwürdigen Aussagen weit mehr: achttausend, zehntausend, vielleicht sogar zwölftausend; Verwundete, Marinehelferinnen, vor allem aber Flüchtlinge, die Hälfte davon Kinder. Gegen Mittag an diesem 30. Januar – zufällig Gustloffs fünfzigstem Geburtstag – legte sie ab und stach mit Ziel Kiel oder Flensburg in See. Um 21.08 Uhr wurde sie querab von Stolpemünde von drei Torpedos des sowjetischen U-Bootes «S 13» getroffen, das unter dem Kommando des Korvettenkapitäns Alexander Marinesco fuhr. Bei Außentemperaturen von minus 18 Grad ertranken Tausende in den eisigen Fluten, nur etwa 1200 konnten gerettet werden.

Die entsetzlichen Geschehnisse rund um den Untergang der «Wilhelm Gustloff» haben den Stoff für eine Reihe Sachbücher und Fernsehfilme abgegeben. Vor allem jedoch haben sie ihren Niederschlag in der historischen Novelle «Im Krebsgang» von Günter Grass gefunden. Ebenso bewegend waren drei ähnliche Vorfälle in den nächsten Monaten. Der erste ereignete sich in der Bucht von Swinemünde, wo die «S 13» des Korvettenkapitäns Marinesco neun Tage nach der «Gustloff» die «Steuben» mit 4300 Flüchtlingen an Bord versenkte; nur 600 konnten sich retten. Am 16. April wurde dann die «Goya» getroffen und versank mit 7000 Menschen. Tragischer noch war das dritte Vorkommnis dieser Art: die Versenkung der «Cap Arcona» und der «Thielbeck» Anfang Mai. Sie hatten 7000 Häftlinge aus dem Hamburger Konzentrationslager Neuengamme an Bord, darunter etliche aus dem evakuierten Auschwitz. Die Westalliierten, die von der menschlichen Fracht der beiden Schiffe nichts ahnten, bombardierten sie in der Lübecker Bucht. Beide Schiffe sanken. Auf die Häftlinge, die im Wasser trieben, soll nach dem Untergang von Minensuchbooten aus geschossen worden sein, die zur Rettung der Wachmannschaften und der beiden Schiffsbesatzungen eingesetzt worden waren. Nur wenige überlebten.

Die Leiden Ostpreußens gaben einen Vorgeschmack dessen, was demnächst dem übrigen deutschen Osten, was zumal der Reichshauptstadt in den ersten Wochen nach der Besetzung blühte. Bald setzten sich auch in Westpreußen die ersten Flüchtlingstrecks in Bewegung, ebenso Trecks aus Posen und Thorn, aus Bromberg und aus dem «Warthegau», den von Deutschland besetzten westlichen Gebieten Polens. Solange die Züge noch fuhren, kamen viele auch mit der Bahn. Lothar Loewe, der spätere Fernsehmann, Jahrgang 1929, musste damals in Landsberg an der Warthe Bahnhofsdienst tun. Jahrzehnte später erinnerte er sich jener Zeit: «Die ersten erfrorenen Babys wurden ausgeladen, Verwundete, Versprengte, Marodeure, Wehrmachtsleute in Uniform, abgerissen, zerfetzt, zerlumpt, wie ich sie in meinem Leben noch nicht gesehen hatte. Und mit fürchterlichen Hiobsnachrichten.» Dann wurde aber auch Landsberg schon evakuiert. Am Abend des 30. Januar fand sich der junge Loewe in einem Bahnhofswartesaal in Frankfurt an der Oder wieder und hörte Hitlers Ansprache zum zwölften Jahrestag der Machtübernahme.

Es war die letzte Rede, mit der Hitler an die Öffentlichkeit trat. «Das grauenhafte Schicksal, das sich heute im Osten abspielt, wird mit äußersten Anstrengungen von uns am Ende trotz allen Rückschlägen doch abgewehrt und gemeistert werden … Es ist unser unabänderlicher Wille, in diesem Kampf der Errettung unseres Volkes … vor nichts zurückzuschrecken. Was immer auch unsere Gegner ersinnen mögen, was immer sie deutschen Städten, den deutschen Landschaften und vor allem unseren Menschen an Leid zufügen, es verblaßt gegenüber dem unkorrigierbaren Jammer und Unglück, das uns treffen müßte, wenn jemals die plutokratisch-bolschewistische Verschwörung Sieger bliebe. Es ist aber am zwölften Jahrestag der Machtübernahme erst recht notwendig, in sich den heiligen Entschluß zu erhärten, die Waffen zu führen – so lange, bis am Ende der Sieg unsere Anstrengungen krönt.»

In der Nacht noch fuhr Loewe mit seiner Mutter nach Berlin weiter. Da waren die Russen schon in Landsberg, und am 31. Januar erreichten sie auch Frankfurt an der Oder. Der Ring begann sich zu schließen. Die Armeen Schukows und Konjews standen an der Oder und sammelten sich dort zum Ansturm auf Berlin. Zugleich nahmen die Westalliierten, eine kurze Atempause nach der Ardennenschlacht beendend, ihren Vormarsch wieder auf. Im Januar bereinigten sie die beiden deutschen Frontvorsprünge, das Roermond-Dreieck bei Aachen und die Kolmar-Beule bei Straßburg. Am Ende der ersten Märzwoche trennte nur noch der Rhein Eisenhowers vorrückende Armeen vom Reichsgebiet.

Noch wurde die Schlinge nicht zugezogen, aber der Knoten war geschürzt, der dem Deutschen Reich die Luft abschnüren sollte.

Während die Russen in den von ihnen besetzten Gebieten marodierten, plünderten und vergewaltigten, vergewaltigten Amerikaner und Engländer das unbesetzte Deutschland aus der Luft. Vom Januar bis zur Kapitulation im Mai schickte allein das britische Bomber Command seine Maschinen auf 78 880 Feindflüge; Bomber Command und die U.S. Air Force warfen zusammen in den letzten vier Kriegsmonaten 370 000 Tonnen Brand- und Sprengbomben über dem Reichsgebiet ab. Die Gesamtzahl im Krieg war 678 000 Tonnen für die Royal Air Force, 684 000 Tonnen für die U.S. Air Force. Von der Luftwaffe des Reichsmarschalls Hermann Göring, der einst geprahlt hatte, er wolle Maier heißen, wenn auch nur ein einziger feindlicher Bomber in den deutschen Luftraum eindringe, war nicht mehr viel zu sehen. Der Himmel gehörte den «Fliegenden Festungen» der Amerikaner und den Lancasters der Briten. Riesige Verbände von achthundert, tausend, zwölfhundert Maschinen konnten so gut wie unbehelligt einfliegen. Das Wetter war ausnehmend gut, was die Einflüge erleichterte. Und wenn es auch nicht ohne Verluste abging, Amerikas Produktionskraft machte sie umgehend wett. Allein 1944 wurden 35 000 Bomber und 38 000 Jäger produziert. Das dumpfe Dröhnen der Geschwader, die hoch über den Köpfen ihre weißen Kondensstreifen ins Blau malten, klingt vielen Älteren noch heute grausam in den Ohren.

Von Jahresbeginn bis Anfang Mai 1945 forderte der Bombenkrieg in ganz Deutschland im Durchschnitt täglich tausend Todesopfer; insgesamt 130 000. Annähernd ein Drittel davon kam am 13. Februar bei den Angriffen auf das von Flüchtlingen verstopfte Dresden ums Leben, wo mehrere überfüllte Flüchtlingszüge im Hauptbahnhof standen und die Durchgangsstraßen samt den Elbwiesen von Trecks verstopft waren. Bis heute ist die Zahl der Getöteten in Dresden umstritten; die Schätzungen reichen von 35 000 bis zu behaupteten 130 000 (eine Historikerkommission soll die Frage jetzt klären – wenn sie denn überhaupt noch zu klären ist).[13]

Der amerikanische Schriftsteller Kurt Vonnegut war einer von 28000 Kriegsgefangenen, die den Angriff auf Dresden miterlebten. Später hat er seine Erlebnisse in dem Roman «Slaughterhouse Five» verarbeitet. Einem Interviewer erzählte er: «Wir lebten in einem Schlachthaus, einer netten neuen Betonblock-Scheune für die Schweine. Sie brachten Bettgestelle und Strohsäcke in die Scheune, und wir gingen jeden Morgen zur Arbeit in eine Malzsirup-Fabrik. Der Sirup war für Schwangere. Die verdammten Sirenen heulten los, und wir hörten, wie irgendeine andere Stadt es abbekam, *wumm-a-wumm-wumm-bumm*. Wir dachten nie, dass auch wir etwas abbekommen würden. Es gab nur wenige Luftschutzräume in der Stadt und keine Rüstungsindustrie, nur Zigarettenfabriken, Krankenhäuser, Klarinettenfabriken. Dann gingen am 13. Februar plötzlich die Sirenen los, Wir sind zwei Stockwerke in die Tiefe gegangen, in einen riesigen Kühlraum, in dem die geschlachteten Tiere hingen. Als wir wieder nach oben kamen, war die Stadt weg. Der Angriff hörte sich gar nicht so fürchterlich an. *Wumm*. Sie haben die Stadt erst einmal mit Sprengbomben eingedeckt, dann streuten sie Brandbomben. Sie haben die ganze verdammte Stadt niedergebrannt. Danach sind wir jeden Tag in die Stadt marschiert und haben in Kellern und Schutzräumen die Leichen ausgegraben, als Hygiene-Maßnahme. Wenn wir in einen typischen Luftschutzraum kamen, meist ganz gewöhnliche Keller, sah es dort aus wie in einem Straßenbahnwagen voller Leute, die alle zur gleichen Zeit einen Herzinfarkt hatten, Leute, die einfach auf ihren Stühlen saßen, alle tot. Ein Feuersturm ist eine erstaunliche Sache. Er wird angefacht von den Wirbelwinden, die in seiner Mitte toben, *and there is not a damn thing to breathe* – der Feuersturm raubt einem buchstäblich den Atem. Wir haben die Toten herausgeholt. Sie wurden auf Wagen geladen und in Parks und auf andere freie Flächen gebracht, die nicht voller Schutt waren. Die Deutschen entzündeten Scheiterhaufen und verbrannten die Leichen, damit sie nicht zu stinken anfingen und Seuchen verbreiteten.»[14]

Als Chefkommentator der «American Broadcasting Station in Europe» hat sich Golo Mann damals zur Zerstörung der Stadt Dresden geäußert, die er, reichlich kühn, «den Mittelpunkt des deutschen Verteidigungssystems, des deutschen Nachschubs westlich von Schlesien» nannte: «Dresden ist zur Frontstadt geworden, genau wie Berlin, genau wie Köln. Und genau wie diese Städte muß es behandelt werden. Das ist sehr schlimm für die Einwohner von Dresden. Es hat ja an Warnungen nicht gefehlt. Kein Mensch hat Freude an diesen furchtbaren Ereignissen. Aber wer ist schuld daran? Adolf Hitler … Denn von diesem Untergang in Blut und Feuer hat er ja immer geträumt. Er nannte es die ‹Götterdämmerung›, das ‹große Zusammenkrachen der alten Welt›, nur daß er glaubte, er könnte ganz Europa und England mit hineinreißen: ‹Brach Etzels Haus in Glut zusammen / Als er die Nibelungen zwang / So soll Europa ste-

Leichen in den Trümmern Dresdens.

hen in Flammen / Bei der Germanen Untergang› (Felix Dahn). Nun hat er es, aber … Deutschland allein steht in Flammen, Deutschland allein muß jetzt büßen für den Wahnsinn eines dumpfen, selbstsüchtigen Menschenfeindes.»[15]

Tief in seinem Inneren war Mann allerdings entsetzt über das brutale Bombardement; in seinen «Erinnerungen» nannte er Dresden die «ohne jeden Sinn ermordete Stadt». Im Übrigen spricht es für die Intuition des Thomas-Mann-Sohnes, dass er Hitlers krankhaften Götterdämmerungswahn und sein Untergangsverlangen hellsichtig erkannte. Zufall oder nicht, Reichsleiter Martin Bormann schrieb wenige Tage nach der Zerstörung Dresdens aus dem Führerbunker an seine Frau, er fühle sich an den «weiland ollen Etzel» erinnert.

Wenn man sich im Rückblick auch immer wieder sagen muss, dass schließlich Hitler den Luftkrieg gegen die Zivilbevölkerung initiiert hatte, als er seine Ankündigung «Wir werden ihre Städte ausradieren!» wahr machte und die Wohnviertel von Warschau, Rotterdam und zwei Dutzend britischen Städten bombardieren ließ, darunter das zum Inbegriff des Bombenterrors gewordene Coventry – Massaker bleibt dennoch Massaker. Eine nach der anderen versanken nun die deutschen Städte, viele von ihnen seit Jahren schon Zielscheibe massiver Attacken, vollends in Schutt und Asche: Kassel, Nürnberg und Magdeburg im Januar; im Februar Gießen, Hildesheim, Paderborn, Pforzheim, Dortmund, Duisburg, Essen, Danzig; im März Würzburg, Mainz, Düsseldorf, Chemnitz, Soest; im April Halberstadt und Kiel – die Liste ließe sich verlängern. Das geschundene Hamburg, bereits 1943 schwer in Mitleidenschaft gezogen, musste im April die letzten von insgesamt 213 Luftangriffen über sich ergehen lassen; dabei wurde noch kurz vor dem Ende die Universität zerstört. Das Potsdam der Preußenkönige – das Potsdam auch Schlüters, Schinkels und Knobelsdorffs – fiel am 14. April dem allerletzten Großangriff des Bomber Command zum Opfer. Und ohne Unterlass regneten die Bomben auf Berlin herab, mit über vierhundert Attacken die meistangegriffene Stadt im ganzen Krieg, wo über die Hälfte aller Gebäude zerstört war. In jenen Monaten ging in den heimgesuchten Städten das alte Deutschland unter – das Land der Fachwerk-fronten, der Renaissance-Fassaden, der Barock-Bauten und des preußischen Klassizismus.

Die Zerstörung überstieg bei weitem das Maß des Angezeigten und strategisch Gebotenen. Kriegswichtige Industrien auszuschalten und Verkehrsknotenpunkte lahm zu legen, ist eines, Wohnviertel in Trümmergräber zu verwandeln etwas anderes: reiner Terror. Ende März klagte Sir Arthur Harris, der Chef des Bomber Command, dass ihm die Ziele ausgingen. Churchill jedoch hatten schon früher Zweifel angewandelt, als er Luftaufnahmen der zerstörten Städte sah. Es sei zu überprüfen, ob deutsche Städte nur bombardiert werden sollen, um den Terror zu verstärken. «Sind wir Tiere?», fragte er. «Gehen wir damit nicht zu weit?» Aber erst Mitte April beendeten die Alliierten den strategischen Luftkrieg. Der Angriff vom 25. April, bei dem 318 Lancasters Hitlers Berghof auf dem Obersalzberg in Trümmer legten, war bloß noch eine Art symbolisches Ausrufungszeichen hinter dem Luftterror der zurückliegenden Monate; schließlich hatte Hitler selber am 24. Februar erklärt, er bedaure, dass der Berghof bisher verschont geblieben sei.

Eine einzige Rechtfertigung gab es allenfalls für die flächendeckenden Bombenangriffe: dass sie nämlich dazu beitrügen, die auf der Vormarschroute der Briten, Amerikaner, Kanadier und Franzosen liegenden deutschen Städte «weichzuklopfen». Anfang März waren am Westufer des Rheins acht alliierte Armeen aufmarschiert. Sie überschritten am 7. März bei Remagen den Rhein und errichteten dort einen Brückenkopf; ein zweiter folgte vierzehn Tage darauf bei Oppenheim. Von dort aus entfaltete sich nun der Vormarsch der Alliierten: gen Norden in Richtung Hamburg, das am 3. Mai kapitulierte; gen Süden in Richtung Prag, dem sich Pattons 3. Armee Anfang Mai bis auf 50 Kilometer näherte. In der Mitte aber kesselten die 9. und die 1. U.S. Army 350000 deutsche Soldaten im Ruhrgebiet ein. Deren Oberbefehlshaber, Feldmarschall Walter Model, kapitulierte am 17. April und nahm sich danach das Leben. Am 11. April stießen die Amerikaner bei Magdeburg an die Elbe, am 19. April besetzten sie

Leipzig, am 25. April reichten sie auf den Trümmern der Elbbrücke bei Torgau den Russen die Hände. «*Yanks Meet Reds*», meldete die US-Armeezeitung «Stars and Stripes».

An der Ostfront waren am 16. April Schukows und Konjews Armeen zum Angriff angetreten. Die Endschlacht hatte damit begonnen, und sie wurde eine der blutigsten Schlachten des ganzen Krieges. Die beiden Marschälle wetteiferten um die Siegestrophäe Berlin. Wem würde die Ehre zufallen, die Reichshauptstadt zu erobern? Stalin hatte sie ursprünglich Schukow zugedacht, doch später ließ er, geschickt die Rivalität der beiden Heerführer nutzend, die Frage offen. Zugriff sollte nun derjenige haben, der zuerst die deutsche Front durchbräche. Hauptsache, die Amerikaner und Briten erreichten Berlin nicht vor den Russen.

Die Eröffnung der Endschlacht war so gespenstisch wie theatralisch. Wiederum begann der Angriff beider Fronten mit massiven Artillerieschlägen. Schukow hatte sich etwas Besonderes einfallen lassen: Den Feuerzauber der Kanonen begleitete er mit einem Scheinwerfer-Lichtspiel. Joachim Fest hat die Szene einprägsam geschildert: «Um drei Uhr stiegen ein paar Leuchtkugeln in den Nachthimmel und tauchten den Brückenkopf bei Küstrin in bengalisches Rot. Nach einem Augenblick beklemmender Stille brach der Donner los, der die Oderniederungen weit hinaus über Frankfurt erbeben ließ ... Überall ... schossen gewaltige Feuersäulen hoch und bildeten eine Wand aus Blitzen, aufgespritzten Erdbrocken und herumfliegenden Trümmern. Ganze Wälder gingen in Flammen auf ... Nach einer halben Stunde setzte der Höllenlärm unvermittelt aus, und für Sekunden fiel eine atemnehmende, nur vom Prasseln des Feuers und den heulenden Winden belebte Stille ein. Dann flammte über den sowjetischen Linien der Lichtstrahl eines Scheinwerfers senkrecht gegen den Himmel und gab das Einsatzzeichen für hundertdreiundvierzig, im Abstand von zweihundert Metern aufgestellte und flach über das Gefechtsfeld gerichtete Scheinwerfer. Die blendenden Lichtbahnen enthüllten eine tief zerpflügte Landschaft und brachen sich erst einige Kilometer weiter an den Seelower Höhen, die das operative Tagesziel waren.»

«Der Gegner ist auf dem kürzesten Weg nach Berlin zu zerschlagen», hatte Schukow in seinem Tagesbefehl angeordnet. «Die Hauptstadt des faschistischen Deutschland ist einzunehmen und über ihr das Banner des Sieges zu hissen!» Doch liefen die Dinge nicht ganz nach Plan. 40 000 Geschütze feuerten 1,2 Millionen Schuss ab, was der Ladung von 2450 Güterwagen oder 98 000 Tonnen Metall entsprach. Schukows Feuerorkan ging indes zum guten Teil ins Leere. Ahnend, was kommt, hatte der Befehlshaber der Heeresgruppe Weichsel, Generaloberst Gotthard Heinrici, die deutschen Verteidigungslinien zurücknehmen lassen. Auch blendete das Scheinwerferlicht die Angreifer mehr als die Verteidiger, weil die Wand aus Rauch, Pulverdampf und Staub, die das Artilleriefeuer gebildet hatte, das Licht reflektierte. Heinricis eilends zusammengewürfelte und weit unterlegene Verbände brauchten bloß mit allen Rohren draufzuhalten, als die in dem unwegsamen, moorigen Gelände vorwärts stürmende Infanterie und die mit ihr heranpreschenden Panzer-Rudel aus dem Dunst auftauchten. Die von hinten angestrahlten Rotarmisten und Panzer boten hervorragende Ziele. Die Leichen der Angreifer türmten sich zu Bergen. Als der Morgen graute, war der Angriff abgeschlagen. Die Wracks von 361 abgeschossenen Panzern blockierten die Straßen. Schukow war nicht zum Durchbruch gekommen, ja noch nicht einmal zu einem Einbruch.

Im Wettlauf nach Berlin hatte sich Schukow den schwierigsten Durchbruchsabschnitt ausgesucht: die Seelower Höhen, die Hitler als «Wellenbrecher» gegen die heranbrandende «rote Flut» ausgemacht hatte. Entlang der Reichsstraße 1 wollte der Sowjetmarschall auf dem kürzesten und direktesten Weg in Richtung Berlin vorrücken. Wenn er zunächst scheiterte, so nicht nur, um es mit Clausewitz zu sagen, «durch das Schwert des Verteidigers», sondern durch die Kraft «seiner eigenen Anstrengungen».

Den Auftakt der Offensive beobachtete der ehrgeizige Marschall im Gefechtsstand von General Tschuijkow (der Jahre später mit der

Behauptung Aufsehen erregte, Berlin hätte schon im Februar genommen werden können). Begeistert reagierte Schukow auf die Wirkung des Feuerschlages. Doch dann musste er erleben, dass sein Angriff stecken blieb. Dies war umso enttäuschender, als sein Erzrivale Konjew den Durchbruch an der Lausitzer Neiße geschafft und bereits die Spree überquert hatte. Und jetzt drängte Konjew seine Kommandeure: «Nur vorwärts muß das Streben gehen. Unsere Truppen müssen als erste in Berlin sein.» Für die eifersüchtelnde Rivalität der Marschälle zahlte die Rote Armee einen hohen Blutzoll.

Die Abwehr des sowjetischen Frontalangriffs gegen Seelow war der letzte Erfolg der Wehrmacht im Zweiten Weltkrieg. Lange hielt er ohnehin nicht vor. Die Deutschen hatten keine operativen und strategischen Reserven mehr. Schukows Armee war den Verteidigern – im Wesentlichen der 9. Armee unter General Busse – an Zahl um das Siebenfache überlegen (908 000 Mann gegenüber knapp 130 000). Schukow konnte 3155 Panzer ins Feld führen, alle zehn Meter einen, sechsmal mehr als die Verteidiger. Seine Überlegenheit bei Artillerie und Flakgeschützen belief sich auf das Elffache (17 824 gegenüber 1602 – 300 Rohre pro Frontkilometer). Dazu kamen noch 1500 der gefürchteten Stalinorgeln. Bei den Flugzeugen waren die Russen den Deutschen sogar vierzehnfach überlegen (4188 gegenüber 300). Und der russische Oberbefehlshaber warf nun rücksichtslos seine letzten Reserven an die Front. Am 19. April durchstieß er dann den deutschen Verteidigungsring. Der Durchbruch bei Seelow kostete nach der offiziellen sowjetischen Statistik 33 000 Rotarmisten das Leben; Fachhistoriker schätzten die Verluste jedoch auf das Doppelte. Auf deutscher Seite fielen in dieser Schlacht 12 000 Mann.

Der Weg war frei für den Sturm auf Berlin. Von nun an ging es Schlag auf Schlag.

Am 20. April – «Führers Geburtstag» – standen Schukows Truppen zehn Kilometer vom Ostrand der Stadt. Am 25. April vereinigten sich die 1. Weißrussische und die 1. Ukrainische Front, die im Norden und Süden an Berlin vorbeigestoßen waren, und schlossen in der Nähe von Brandenburg den Einkreisungsring um die Reichshauptstadt; am 28. April drangen die Russen bis zum Anhalter Bahnhof und zum Tiergarten vor. Am 29. April kämpfen sie sich im Osten bis zum Lustgarten durch, im Norden bis an die Weidendammer Brücke, im Süden an den Potsdamer Platz und auf der Westseite im Tiergarten bis auf wenige hundert Meter vor die Reichskanzlei. Tag und Nacht tobte der Häuserkampf im Zentrum.

Der sechzehnjährige Lothar Loewe, mit seiner Mutter glücklich aus Landsberg in Berlin angelangt, bemerkte rasch, dass er vom Regen in die Traufe gekommen war. Ende April wurde er zur Verteidigung Berlins herangezogen. Er gehörte nicht zu denen, die der Führer am 20. April tätschelte. Zwischen Kantstraße, Kurfürstendamm und Gedächtniskirche erlebte er sein Kriegsende. «In der Sophie-Charlotten-Straße waren drei Panzer durchgebrochen. Ich schoß da aus dem Keller einen ab, aus dem Kellerloch. Der Panzer flog buchstäblich in die Luft, das war ein formidabler Anblick. Die Russen zogen sich zurück. Der Einbruch war beseitigt. Das machten wir ein paarmal am Tag.»

Nicht mehr lange. Am 1. Mai wurde Loewe am Kurfürstendamm verwundet: Granatsplitter in der Lunge. «Berlin brannte, ein Flammenmeer, fürchterliche Rauchschwaden.» Bei einem Ausbruchsversuch wurde er von sowjetischen Soldaten gefangen genommen. «Ich hatte den Eindruck, sie wollten uns erschießen. Dann kamen sie plötzlich und nahmen uns nur die Uhren ab und die Ringe. Aber ich fand mich plötzlich wieder mit zwei Schachteln Zigaretten, die ich vorher nicht hatte.» Im Sammellager versorgte ihn eine Ärztin. «Zweitens kriegten wir etwas zu essen von diesen ‹bolschewistischen Untermenschen›. So ein Muschik hatte sicher Mitleid mit mir ... Ich hatte weder Kochgeschirr noch Löffel, nichts außer meiner Pistole, und die hatte ich weggeworfen. Da gab der mir sein Kochgeschirr und seinen Löffel. Der ‹bolschewistische Untermensch›, der mich, den ‹Herrenmenschen›, aus seinem Kochgeschirr und mit seinem Löffel essen ließ!»

Aber Loewe hatte auch die finstere Seite der Besatzung erlebt: «Schlimm waren die Nächte, wenn die Frauen von den Russen, die schon in den anliegenden Straßenzügen waren, vergewaltigt wurden.

Da war ein schreckliches Geschrei natürlich. Da spielten sich schreckliche Szenen ab.»

Ersparen wir uns die Beschreibung dieser Orgien von Gewalt. Wissenschaftler haben das Thema aufgearbeitet. Nach Birgit Beck sind zwischen April und Juni etwa 110 000 deutsche Frauen von Rotarmisten vergewaltigt worden, junge und alte, Mädchen und Kinder, fast die Hälfte mehrfach.[16] Zu Hunderten brachten sich die Geschändeten um. Es gibt unzählige Berichte von Betroffenen und von Zeitzeugen. Zum Beispiel, unverdächtig, die Aufzeichnungen von Lally Horstmann, der Frau eines geschassten Diplomaten, von Margret Boveri oder Ruth Andreas Friedrich; aber auch, umstritten, doch von einleuchtender Plausibilität, das jüngst erst auf Deutsch veröffentlichte Tagebuch einer Anonyma. Sie alle erzählen von Hämmern und Pochen der Sieger an den Türen; vom Flüstern der Erschrockenen und den Schreien, dem Wimmern der Erniedrigten; von grassierender Syphilis und der Abtreibung unerwünschter Kinder – und von Angst, erbärmlicher Angst. Dazu kamen die Herzlosigkeit, Zerstörungswut und Mordlust der Sieger im Siegesrausch, im Blutrausch oder einfach im Rausch. Louis Adlon, der greise Besitzer des Nobelhotels am Pariser Platz, war nur einer von vielen, die entfesselte oder – in seinem Falle – betrunkene Rotarmisten erschossen.

An alledem ist nicht zu deuteln. Winston Churchill, in seiner magistralen Geschichte des Zweiten Weltkrieges, machte keinen Hehl daraus: «Ich fürchte, daß sich beim russischen Marsch quer durch Deutschland bis zur Elbe entsetzliche Dinge abgespielt haben.»[17]

Am Morgen des 30. April riss schweres Artilleriefeuer die Bewohner des Führerbunkers aus dem Schlaf. Den ganzen Tag wurde um die Ruine des 1933 ausgebrannten Reichstags heftig gekämpft. Zimmer um Zimmer brachen die Angreifer den letzten Widerstand. «Erst am Abend», meldete General Perewjorkin, «als die Sonne zu sinken begann und die mit ihrem rötlichen Strahl den ganzen Horizont beleuchtete, hißten zwei unserer Soldaten die Fahne des Sieges auf der ausgebrannten Kuppel.» Die beiden hießen Michail Jegorow und

Meliton Kantarija. Die ersten ihrer Kameraden ritzten ihre – heute wieder zu sehenden – Namen in die Korridorwände des Gebäudes. Aber in den verwinkelten Kellergewölben wurde noch bis in die Mittagsstunden des 2. Mai hinein gekämpft, zuletzt Mann gegen Mann. Als den Verteidigern die Munition ausging, griffen sie zu Spaten und Gewehrkolben. Die sowjetischen Soldaten machten ihnen mit Flammenwerfern den Garaus. Das Ringen um Berlin war zu Ende.

Am späten Abend gab Josef Stalin die Eroberung der Stadt bekannt: «Die Truppen der 1. Weißrussischen Front unter dem Kommando von Marschall der Sowjetunion Schukow haben mit Unterstützung der Truppen der 1. Ukrainischen Front unter dem Kommando von Marschall der Sowjetunion Konjew nach hartnäckigen Straßenkämpfen die Zerschlagung der Berliner Verbände der deutschen Truppen abgeschlossen und heute, am 2. Mai, die Hauptstadt Deutschlands, Berlin – das Zentrum des deutschen Imperialismus und Herd der deutschen Aggression – vollständig eingenommen. Die Berliner Garnison, die die Stadt verteidigt hatte, angeführt vom Kommandanten von Berlin, General der Artillerie Weidling und seinem Stab, hat heute, um 15.00 Uhr, den Widerstand eingestellt, die Waffen niedergelegt und sich gefangengegeben. Am 2. Mai, 21.00 Uhr, wurden über 70 000 deutsche Soldaten und Offiziere von unseren Truppen in der Stadt Berlin gefangengenommen.»[18]

Stalin schloss seinen Tagesbefehl mit den Sätzen: «Ewiger Ruhm den im Kampf für die Freiheit und Unabhängigkeit unseres Vaterlandes gefallenen Helden! Tod den deutschen Aggressoren!»

Der gefallenen Sowjethelden gab es viele im Kampf um Berlin: 102 000 Mann. Von den Verteidigern bezahlten 125 000 die Endschlacht um Deutschland mit ihrem Leben. Der Urheber der Aggression, Adolf Hitler, war in dem Augenblick, in dem der Kremlherrscher seinen Tagesbefehl diktierte, schon tot.

In seinem Bunkerverlies hatte sich der Führer am 30. April gegen halb vier Uhr nachmittags erschossen. Unter fortdauerndem Artilleriefeuer, inmitten von lodernden Flammen, umherfliegenden Trümmerstücken und aufgehäuftem Unrat übergossen Otto Günsche, Hitlers persönlicher Adjutant, und sein Fahrer Erich Kempa die Leiche am Gartenausgang des Bunkers mit Benzin und steckten sie in Brand. Zur gleichen Zeit, da zwei Tage später im Reichstag die letzten Kämpfe erstarben, wurden die sterblichen Überreste Adolf Hitlers ein weiteres Mal mit Benzin übergossen und angezündet. Einzelne Ascheflocken verwehten im Wind.

Der Gartenausgang des verlassenen Führerbunkers in der Neuen Reichskanzlei nach Kriegsende.

Der Untergang

Adolf Hitler verbrachte ein Gutteil der Kriegszeit in spartanisch eingerichteten, engen und beengenden, düsteren Bunkern: in der «Wolfsschanze» bei Rastenburg, im «Werwolf» nördlich von Winniza in der Ukraine, im «Adlerhorst» bei Bad Nauheim. Das ostpreußische Führerhauptquartier hatte er Anfang November 1944 geräumt. Aus dem Taunus-Befehlsstand kehrte er am 15. Januar 1945 nach Berlin zurück. Im Führersonderzug, in dem er der Katastrophe entgegenrollte, wurde gewitzelt, Berlin sei sehr praktisch als Hauptquartier: Man könne bald schon von der Ostfront zur Westfront mit der S-Bahn fahren. Noch konnte Hitler darüber lachen.[1] Bis zu seinem Ende hatte er noch 105 Tage vor sich.

Zum ersten Mal seit Kriegsbeginn befand sich das Hauptquartier in Berlin. Dort war mittlerweile im Park der Reichskanzlei, sechzehn Meter unter die Erdoberfläche reichend, der neue Führerbunker fertig gestellt worden. Eigentlich war er nur als Luftschutzraum bei Fliegerangriffen gedacht. Aber als die englischen und amerikanischen Bombergeschwader Tag für Tag kamen und Brandbomben Hitlers Wohnräume in der Alten Reichskanzlei unbewohnbar machten, zog er im Februar ganz in das katakombenhafte Kellerquartier. Er gab an, dass die ständigen Fliegerangriffe seinen Schlaf störten, im Bunker könne er wenigstens schlafen. Fortan richtete er sein Leben unterirdisch ein. Unter fünf Meter dicken Betondecken vollendete sich so das Drama des Dritten Reiches.

In den sechzig Jahren, die seitdem vergangen sind, ist der Ablauf des letzten Aktes vielfach geschildert worden. Den Anfang machte der britische Historiker Hugh Trevor-Roper schon 1946. Autoren wie Erich Kuby, Cornelius Ryan und John Toland nahmen sich in den sechziger Jahren des Themas an. Seitdem haben mehr als ein Dutzend Hitler-Biographien, außerdem zahlreiche Memoiren-Werke und persönliche Aufzeichnungen das Bild der letzten fünfundsiebzig Tage im Führerbunker mit einer Fülle von Einzelheiten angereichert.

Zuletzt hat im Jahr 2002 Joachim Fest, der Verfasser der monumentalen ersten deutschen Hitler-Biographie, in seinem Bestseller «Der Untergang» den wahrscheinlichen Hergang des Geschehens packend und plausibel geschildert. Auf seiner Darstellung und auf den Lebenserinnerungen von Traudl Junge, der ehemaligen Sekretärin Hitlers, ebenfalls 2002 unter dem Titel «Bis zur letzten Stunde» erschienen, basiert Bernd Eichingers Film «Der Untergang». Nach seiner Premiere im Herbst 2004 lockte er fünf Millionen Zuschauer in die deutschen Kinos. Wer den «Untergang» gesehen und Bruno Ganz bewundert hat in seiner Glanzrolle als alternder, polternder, körperlich verfallender, in abstrusen Wahnideen, Anfällen ohnmächtiger Rachsucht und Ausbrüchen nihilistischer Zerstörungswut verfangener Adolf Hitler, der wird nicht umhinkönnen zu sagen: So könnte es gewesen sein; ja: So ist es wohl gewesen. Ganz genau und über jeden Zweifel erhaben werden wir es im letzten Detail freilich nie wissen.

Der Ort der Handlung, der Führerbunker zwischen dem Außenministerium, der Alten und der Neuen Reichskanzlei, ist oft beschrieben worden. Ein Labyrinth von Gängen und Treppenaufgängen, zwanzig winzige Räume, spärlich eingerichtet, ein paar alte Möbel und Gemälde aus Hitlers Wohnung nur im Korridor. Der Führer bewohnte zwei kleine Zimmer, daran anstoßend hatte seine Lebensgefährtin Eva Braun ihren Schlafraum. In seinem Arbeits- und Wohnzimmer, drei mal vier Meter groß, stand gegenüber dem Schreibtisch ein Sofa mit blau-weiß gemustertem Bezug, darüber prangte das Stillleben eines Niederländers. Über dem Schreibtisch hing ein Porträt Friedrichs des Großen von Anton Graff; davor fanden mit knapper Not ein kleiner viereckiger Tisch und drei Sessel Platz. Nackte Glühbirnen erleuchteten die Räume, deren Wände weiß waren und kalkigkalt wirkten. Die Luft war stickig trotz der Dieselgeneratoren, die den Bunker mit Licht, Heizung und Frischluft versorgten. Oft stank es nach Öl. Die Räume hatten etwas Höhlenhaftes, Beklemmendes. Die Enge, das fahle Licht, die schweren Betondecken drückten fühlbar aufs Gemüt; den Reichspropagandaminister Goebbels versetzten sie in «desolate Stimmung».

Zuweilen saß Hitler, geistesabwesend vor sich hin starrend, vor dem Gemälde des Alten Fritz. Öfters zitierte er dessen Worte: «Wer das letzte Bataillon in die Schlacht wirft, wird Sieger sein!» Und er klammerte sich an die Hoffnung, es werde ihn eine unvermutete Wende der Dinge ebenso erretten wie einst, im Siebenjährigen Krieg, der Tod der Zarin Elisabeth den Preußenkönig vor der drohenden Niederlage bewahrte. Hatte Friedrich nicht 1761, als der Krieg verloren schien, seiner Umgebung verkündet, er werde Gift nehmen, wenn sich nicht vor dem 15. Februar ein Ausweg eröffne? Goebbels tröstete seinen Führer, indem er ihm aus Thomas Carlyles «Geschichte Friedrich des Großen» vorlas: «Tapferer König, warte noch eine kleine Weile, und dann sind die Tage Deines Leidens vorüber. Schon steht hinter den Wolken die Sonne Deines Glücks und wird sich Dir bald zeigen.» Tatsächlich starb Elisabeth, eine unerbittliche Feindin Friedrichs, am 12. Februar 1761. Auf den Thron folgte ihr Peter III., der in einem plötzlichen *renversement des alliances* Waffenstillstand und sogar ein Bündnis mit Friedrich schloss.

Hitler hatte Tränen in den Augen, als er die Passage vorgelesen bekam. Bei einem Besuch im Hauptquartier des Generals Busse erzählte Goebbels davon. Bissig fragte ein Offizier: «Und welche Zarin sollte diesmal wohl sterben?» Goebbels gab ausweichend zurück: «Das Schicksal birgt viele Möglichkeiten.»

Als am 12. April der amerikanische Präsident Roosevelt im Kurort Palm Springs im Bundesstaat Georgia einem Hirnschlag erlag, bildeten sich die Bunkerinsassen einige Stunden lang ein, der Vorsehung habe es gefallen, das «Mirakel von Brandenburg» zu wiederholen. «Dies ist der Wendepunkt!», rief Goebbels aus. Dann ließ er sich telefonisch mit Hitler verbinden: «Mein Führer, ich gratuliere, Roosevelt ist tot. Und das Horoskop sagt uns, dass die zweite Aprilhälfte die Wende bringen wird!»[2] Roosevelts Nachfolger Harry Truman werde eine gemäßigtere Politik verfolgen. Manch einer hörte «die Flügel des Engels der Geschichte durch das Zimmer rauschen». Erregt, fast entrückt, hielt Hitler den rasch zusammengerufenen Generalen, Ministern und Funktionären die Meldung vor: «Hier, Sie haben es nicht glauben wollen!» Doch ehe noch der Abend dämmerte, war der Überschwang schon wieder verflogen. «Vielleicht hat uns das Schicksal zum Narren gehalten», räumte Goebbels gegenüber seinem Stab ein. «Vielleicht haben wir unsere Küken gezählt, bevor sie geschlüpft waren.» Die im Bunker aufgekeimte Zuversicht, einen Lidschlag lang fast schon wieder zur Siegesgewissheit verdichtet, verflog so rasch, wie sie aufgeflammt war.

In Hitler allerdings war die Hoffnung noch nicht ganz erstorben. Sie flackerte immer wieder auf. Als in der Berliner Innenstadt schon gekämpft wurde, sagte er in einer der letzten Lagebesprechungen: «Die Schlacht hat hier einen Höhepunkt erreicht. Wenn es wirklich stimmt, daß in San Francisco unter den Alliierten Differenzen entstehen – und sie werden entstehen –, dann kann eine Wende nur eintreten, wenn ich dem kommunistischen Koloß an einer Stelle einen Schlag versetze. Dann kommen die anderen vielleicht doch zu der Überzeugung, daß es nur einer sein kann, der dem bolschewistischen Koloß Einhalt zu gebieten in der Lage ist, und das bin ich und die Partei und der heutige deutsche Staat.»[3] Erst als amerikanische und russische Soldaten sich am 25. April bei Torgau die Hände reichten, anstatt aufeinander zu schießen, zerschlug sich endgültig die Hoffnung auf ein baldiges Zerwürfnis in der «perversen Allianz», wie Goebbels unzählige Male sich mokierte. Noch war den Alliierten der Kampf gegen Nazi-Deutschland das Wichtigste. Wohl klafften ihre Zielvorstellungen auseinander, die Entzweiung mochte sich untergründig auch schon anbahnen, doch fürs Erste hielt der Kitt der Gemeinsamkeit. Das Wunder hatte sich nicht eingestellt.

Eine Zeit lang noch setzten viele ihre Hoffnung auf sagenhafte «Wunderwaffen». Von ihnen versprach Hitler sich die Wende. «Unsere neuen Flugzeuge kommen jetzt in Serien heraus», hatte er schon im Taunus-Hauptquartier geschwärmt. «Dann werden sich die Alliierten überlegen, das Reichsgebiet zu überfliegen.» Da dachte er an die neuen Strahlflugzeuge, die Me 262. Indessen wurde deren Produktion wegen des alliierten Bomben-Krieges von Tag zu Tag schwieriger, nur wenige hundert kamen überhaupt noch zum Einsatz. Vage wurde auch über andere Wunderwaffen gewispert.

Himmlers Zentralorgan «Das Schwarze Korps» hatte Ende Dezember 1944 in seinem Neujahrs-Leitartikel geheimnisvoll geraunt: «Von Avranches bis Aachen hat der Gegner alle Chancen der militärischen Initiative in der Hand ... Tag und Nacht steigen die Bombengeschwader auf, zersprengen die Verkehrsnetze, zerschlagen Gas- und Wasserwerke, aber Tag und Nacht wirft sich auch ein immer riesiger werdender Schatten über die Generalstabskarten ... Der Schatten heißt neue Waffen der Deutschen, ... heißt, daß aus den Schächten der Erde in immer dichterer Folge die Vergeltungswaffen ihren zerstörenden Flug antreten, unerkannt in ihren Produktions- und Abschußbasen.» Auch der Reichspropagandaminister schwärmte in den höchsten Tönen von den neuen Waffen. Bei ihrem Anblick habe ihm das Herz stillgestanden. Vermutlich spielte er auf die V-2-Rakete an, die erste ballistische Rakete, die seit September 1944 gegen England eingesetzt wurde. Im März jedoch gingen die letzten Gebiete verloren, von denen aus britisches Territorium erreicht werden konnte. Damit platzte die Wunderwaffen-Illusion. Wenn dann bis in die letzten Tage hinein Gerüchte über «Todesstrahlen» als kriegsentscheidende Erfindung durch die Reichskanzlei waberten, so bezeugt dies lediglich die tief verwurzelte Neigung des Menschen, sich in aussichtsloser Situation selbst an den schmächtigsten Strohhalm zu klammern. Man sucht gern außerhalb der Wirklichkeit nach Zeichen der Hoffnung.

Als auch die Hoffnung auf die Wunderwaffen zunichte war, schlug in der Irrwelt des Führers die Stunde der Phantasmagorien. Je weiter die sowjetischen Truppen sich aus den Randbezirken Berlins ans Zentrum Berlins herankämpften und je erbitterter die Kämpfe wurden, desto tiefer verrannte er sich in Ideen ohne jeden Realitätsbezug. Der Russe werde in Berlin ausbluten, argumentierte er, zumal er sich mit der Viermillionenstadt «eine kolossale Last» aufgebürdet habe. Wenn sich in Berlin ein harter Verteidigungskern bilde, zöge dies unwiderstehlich die Rote Armee an; dies gestatte anderen deutschen Truppen, die Bolschewisten von außen anzugreifen.

Aber wo waren überhaupt diese anderen deutschen Truppen? Hitler verlegte sich darauf, Geisterdivisionen in Marsch zu setzen, die es in schlagkräftigem Zustand gar nicht gab: erst die Armee Wenck, dann die Gruppe Steiner. Generalleutnant Wenck sollte von Westen in die russischen Linien einbrechen, Fühlung mit der Festung Berlin aufnehmen und sie entsetzen. Doch misslang ihm schon die Aufstellung seiner Streitmacht, und die zusammengestoppelten Verbände, mit denen er vorstieß, blieben kläglich beim Schmielowsee im Südwesten Berlins stecken.

Auch Steiner brachte nicht das gewünschte Ergebnis. Der SS-Obergruppenführer sollte einen Großangriff gegen die an die Stadtgrenze vorgerückten Sowjets führen, doch seine Einheiten – so es sie überhaupt gab – waren weder kampfgewohnt noch für Erdkämpfe ausgebildet oder dafür ausgerüstet. «Bis jetzt soll Steiner nur mit einem Offizier in Schönwalde eingetroffen sein», notierte der Stabschef der Luftwaffe, General Karl Koller. «Heeresteile für den Angriff unbekannt.» Der Steiner-Angriff fand nie statt, weil seine Voraussetzungen lediglich in Hitlers Einbildung bestanden.

Als General Heinrici zusammen mit Generaloberst Alfred Jodl, dem Chef des Wehrmachtsführungsstabes, in Steiners Gefechtsstand erschien, stellte der SS-Obergruppenführer als Erstes die Frage: «Hat einer von Ihnen meine Truppen gesehen?» Keiner hatte. Damit ging Hitlers Angriffsbefehl mit dem an Steiner gerichteten Schlusssatz gänzlich ins Leere: «Von dem Erfolg Ihres Auftrags hängt das Schicksal der Reichshauptstadt ab!» Heinrici beharrte: «Sie müssen angreifen, Steiner, Ihrem Führer zuliebe.» Aufbrausend entgegnete Steiner: «Es ist doch auch Ihr Führer!»[4] Kurz danach wurde er von General Holste abgelöst.

Hektisch telefonierte Hitler den ganzen folgenden Tag mit den noch erreichbaren Stäben; die Nachrichtenverbindungen funktionierten nicht mehr einwandfrei. Er erkundigte sich, warum die «Strahler» – die neuen Düsenjäger Me 262 – aus Prag nicht eingriffen. Er ordnete an, jeden verfügbaren Luftwaffensoldaten zwischen Berlin und Hamburg heranzuziehen. Wütend ließ Hitler einen Funkspruch an das Oberkommando der Wehrmacht absenden: «Es ist mir sofort zu melden: 1. Wo sind die Spitzen von Wenck? Wann greifen sie weiter an? Wo ist die 9. Armee? Wohin bricht die 9. Armee durch? Wo sind die Spitzen von Holste?»

Die Antwort von Generalfeldmarschall Keitel und Generaloberst Alfred Jodl traf morgens um drei Uhr ein. Sie fiel ernüchternd aus: «1.) Spitze Wenck liegt südlich Schmielow fest. 2.) 12. Armee kann daher Angriff auf Berlin nicht fortsetzen. 3.) 9. Armee mit Masse eingeschlossen. 4.) Korps Holste [ursprünglich die Gruppe Steiner] in die Abwehr gedrängt.»

Die Lage war, in einem Wort, aussichtslos.

Zwei Wochen zuvor war Illusion noch Trumpf gewesen. Am 15. April hatte Hitler in einem Aufruf an das Ostheer die Parole ausgegeben: «Berlin bleibt deutsch, Wien wird wieder deutsch, und Europa wird niemals russisch!» Danach hatte er verfügt, die unbesetzten Gebiete in einen «Nordraum» unter Großadmiral Karl Dönitz und einen «Südraum» unter Generalfeldmarschall Albert Kesselring aufzuteilen. Die Nachricht machte am 20. April die Runde, als sich in den Festsälen der Neuen Reichskanzlei die Granden des Nazi-Regimes versammelten, um den Geburtstag des Führers zu feiern, seinen sechsundfünfzigsten. Die Gratulanten rühmten das «militärische Genie» Hitlers, Goebbels verstieg sich dazu, die beiden «Führungsräume» als Flügel einer strategischen Zange zu beschreiben, die den Alliierten «ein zweites Cannae» bereiten werde.

Bei dem Geburtstagsempfang in den bombenbeschädigten Räumen, wo die Gemälde abgehängt, die Teppiche eingerollt und die Möbel weggeräumt waren, huldigten seine Getreuen ein letztes Mal ihrem Führer: neben Goebbels der Reichsmarschall Göring, der Reichsführer-SS Heinrich Himmler, Rüstungsminister Albert Speer, Reichsarbeitsführer Robert Ley, Außenminister Joachim von Ribbentrop, Reichsleiter Martin Bormann, Großadmiral Dönitz, Generalfeldmarschall Keitel, Generaloberst Jodl. Alle drückten sie dem Führer die Hand, gelobten ihm Treue und bestürmten ihn, das belagerte Berlin zu verlassen. Auch Eva Braun war dabei, die langjährige

Lebensgefährtin Hitlers, die ein paar Tage zuvor «überraschend und ungerufen», wie Speer berichtet, im Bunker Quartier bezogen hatte. «Jeder wußte, warum sie gekommen war. Mit ihrer Anwesenheit zog bildlich und real ein Todesbote in den Bunker ein.»

Je mehr Hitlers Wille zum Überleben, seine Fähigkeit zu überleben erlosch, desto stärker wuchs in ihm die Entschlossenheit, die Tür hinter sich mit solcher Kraft zuzuschlagen, dass rund um ihn alles einstürzte. Anfangs machte er noch zynische Bemerkungen zum Bombenkrieg: «Was hat das schon alles zu sagen, Speer. Für unseren neuen Bebauungsplan hätten Sie allein in Berlin 80 000 Häuser einreißen müssen. Leider haben die Engländer diese Arbeiten nicht nach Ihren Plänen durchgeführt, aber immerhin ist ein Anfang gemacht.» Doch mehr und mehr berauschte er sich an Untergangsvisionen.

Der Nero-Befehl vom 19. März sah vor: «Alle militärischen Verkehrs-, Nachrichten-, Industrie- und Versorgungsanlagen sowie Sachwerte innerhalb des Reiches, die sich der Feind für die Fortsetzung seines Kampfes irgendwie sofort oder in absehbarer Zeit zunutze machen kann, sind zu zerstören.» Der Vernichtungsbefehl galt für Kanalisationssysteme, Kabel- und Sendeanlagen, ja sogar für Lebensmittellager, Opernhäuser und Kunstdenkmäler. Die Städte sollten in Brand gesetzt werden. Auch wenn Albert Speer alles daransetzte, die Vernichtungsaktionen zu stoppen, so ging doch vieles auf Grund dieser sinnlosen Weisung noch in den letzten Kriegswochen verloren. Hitler beharrte darauf: «Wir hinterlassen den Amerikanern, Engländern und Russen nur eine Wüste.»

Immer tiefer setzte sich in ihm die Vorstellung fest, das deutsche Volk sei es nicht wert, zu überleben. «Wenn der Krieg verlorengeht, wird auch das Volk verloren sein. Es ist nicht notwendig, auf die Grundlagen zu seinem primitivsten Weiterleben Rücksicht zu nehmen. Im Gegenteil sei es besser, selbst diese Dinge zu zerstören. Denn das Volk hätte sich als das schwächere erwiesen, und dem stärkeren Ostvolk gehöre dann ausschließlich die Zukunft. Was nach diesem Kampf übrigbleibt, seien ohnehin nur die Minderwertigen, denn die Guten seien gefallen.»[5]

Dem deutschen Volk werde er, eiskalt, keine Träne nachweinen, hatte er schon früher bekundet. Es habe sich der historischen Aufgabe nicht als würdig erwiesen, den Sinn der Geschichte wiederherzustellen. Seine engsten Gefolgsleute hieben in dieselbe Kerbe. Außenminister Joachim von Ribbentrop polterte: «Wenn man uns Nationalsozialisten besiegt und zum Abtreten zwingt, werden wir die Tür zuschmettern, daß der Erdball davon widerhallen wird.» Goebbels aber, als er seine letzte Mitarbeiterversammlung verließ, drehte sich im Filmsaal seines zerbombten Ministeriums noch einmal um und schrie: «Wenn wir abtreten, soll der Erdkreis erzittern!»

«Wir können untergehen», sagte Hitler, «aber wir werden eine Welt mitnehmen.»[6] Serienweise entließ er Generale. Standgerichte exekutierten jeden, der auch nur leiseste Zweifel am Sieg laut werden ließ. Auch seine Gegner aus dem Widerstandskreis des 20. Juli, soweit sie noch am Leben waren, wurden eiligst hingerichtet. Am 2. Februar starben Carl Goerdeler, Johannes Popitz und Pater Alfred Delp in Ploetzensee am Fleischerhaken. Am 9. April, dem Tag, an dem Königsberg fiel, wurden im KZ Flossenbürg Pastor Dietrich Bonhoeffer und Admiral Wilhelm Canaris, im KZ Sachsenhausen Hans von Dohnanyi hingerichtet.

Innerhalb und außerhalb des Bunkers längte sich der Schatten des nahenden Endes über dem Regime, über dem Land.

Am Abend vor seinem Geburtstag hatte Hitler gefragt, ob es nicht besser sei, dass er Berlin aufgebe und selber im «Südraum» die Führung übernehme. Goebbels redete es ihm aus: Er sei es seinem historischen Rang schuldig, sein Leben nicht in seinem «Sommerhaus» zu beschließen, allein in Berlin lasse sich noch ein «moralischer Welterfolg» erzielen. In fast gleichlautenden Worten riet ihm auch Speer zu bleiben. [7]

Das Argument kam Hitlers immerwährendem Bedürfnis nach einer grandiosen Kulisse für all sein Handeln entgegen. Am nächsten Morgen teilte er mit, über Nacht sei er mit sich ins Reine gekommen. Er bleibe in der Hauptstadt. «Ich werde nicht kämpfen. Die Gefahr ist zu groß, daß ich verwundet werde und lebend in die Hände der

Russen falle. Ich möchte auch nicht haben, daß meine Feinde mit meinem Körper Schindluder treiben. Ich habe angeordnet, daß ich verbrannt werde. Fräulein Braun will mit mir aus dem Leben gehen, und [die Schäferhündin] Blondi werde ich vorher erschießen.» Ohne Erregung setzte er hinzu: «Glauben Sie mir, Speer, es fällt mir leicht, mein Leben zu beenden. Ein kurzer Moment, und ich bin von allem befreit, von diesem qualvollen Dasein erlöst.»[8]

Damit war das beherrschende Thema der nächsten Tage – besser: der letzten Tage angeschlagen: wie man sich schmerzlos, aber wirksam vom Leben zum Tode befördert. «Während wir mechanisch unsere Mahlzeiten nahmen, ohne zu merken, was wir aßen, sprachen wir davon, wie man gründlich und sicher sterben könne», erinnerte sich Traudl Junge. «Am besten ist es, sich in den Mund zu schießen», zitiert sie Hitler. «Dann platzt der Schädel, man merkt überhaupt nichts. Der Tod tritt sofort ein.» Eva Braun erklärte, sie nehme Gift, sie wolle «eine schöne Leiche» sein. Nach dem Essen gab Hitler jeder der Sekretärinnen eine Giftampulle; zehn Stück davon hatte er von Himmler bekommen.[9]

Weggehen? «Ich käme mir vor wie ein Lamapriester, der eine leere Gebetsmühle betätigt», sagte er seinen Sekretärinnen. «Ich muß in Berlin die Entscheidung herbeiführen – oder untergehen!» Und vor Gratulanten räsonierte er: «Wie soll ich die Truppen zum entscheidenden Kampf um Berlin bewegen, wenn ich mich im gleichen Augenblick in Sicherheit bringe?» Allen anderen aber stellte er frei, sich aus der Hauptstadt abzusetzen. Die meisten zögerten nicht lange. In endlosen Lastwagenkolonnen machten sie sich auf und davon, Hermann Göring unruhig-drängelnd an der Spitze.

Goebbels war einer der wenigen, die blieben. Am Abend vorher hatte er über den Großdeutschen Rundfunk seine traditionelle Geburtstagsrede auf Hitler gehalten. «Deutschland ist noch immer das Land der Treue», versicherte er schwülstig. «Niemals wird die Geschichte über diese Zeit berichten können, daß ein Volk seinen Führer oder daß ein Führer sein Volk verließ. Das aber ist der Sieg!» Hitler sei der «Kern des Widerstandes gegen den Weltzerfall». Zwar wusste Goebbels: Es war vorbei. Dem kriegsmüden Volk aber gaukelte er aufs Neue vor, bald werde sich alles zum Guten wenden: «Die dunkelste Stunde ist immer vor Sonnenaufgang!»

In einer kurzen Lagebesprechung nach der Gratulationscour ordnete Hitler an, die Spitzen der sowjetischen Verbände, die an den äußeren Verteidigungsring vorgestoßen waren, mit einem Gewaltschlag zurückzuwerfen. Dann begab er sich nach oben ins Freie. In dem von Granaten umgepflügten Gartengelände war ein kleines Häufchen von Gratulanten angetreten: abgekämpfte SS-Leute, Wehrmacht-Soldaten und eine Abordnung von Hitlerjungen, fünfzehn oder sechzehn Jahre alt, Angehörige einer «Panzer-Vernichtungseinheit».

Vor dem Ausgang des Führerbunkers reichte Hitler den zur Geburtstagsgratulation angetretenen Soldaten müde die Hand, tätschelte einige der Hitlerjungen und zeichnete den einen oder anderen mit dem Eisernen Kreuz aus. Aus der Ferne hörte man das Grollen der Front. Die Westalliierten aber feierten den Geburtstag mit einem weiteren, von tausend Maschinen ausgeführten Bombenangriff auf Berlin.

Am 22. April rückte das Grollen näher, es schoss und donnerte den ganzen Tag. Nachmittags schlossen sich die Türen hinter dem Konferenzzimmer im Bunker. Es wurde eine dramatische fünfstündige Sitzung. Steinernen Gesichts nahm der Führer die Meldung entgegen, dass den Sowjets auch im Norden der Oderfront der Durchbruch gelungen sei, dass der Gegner im Süden Zossen genommen habe, im Osten bis Karlhorst gekommen war und am nördlichen Stadtrand bei Pankow stand. Dann erkundigte er sich nach der Steiner-Offensive. Als er hörte, dass sie überhaupt nicht stattgefunden hatte, brach es aus ihm heraus. Er schrie, tobte, Tränen liefen ihm über die Wangen, mit der Faust schlug er, außer sich vor Zorn, in die offene Hand, taumelnd lief er in dem schmalen Raum hin und her, sein Körper zuckte spasmodisch.

Hitlers Kampfwille war erloschen, sein Lebenswille auch. «Es ist endgültig vorbei», sagte er zu Keitel, zu seiner Sekretärin, zu Eva Braun. Sein ausstrahlender Wille verebbte zusehends. Zuweilen tobte er, schrie und schluchzte, dann wieder verfiel er in Apathie; bald lief er purpurrot an, bald wurde er kalkweiß. Auf Speer wirkte er «geradezu wesenlos», bloß noch «schattenhaft». Er machte sich keine Illusionen mehr. In einer der letzten Lagebesprechungen sagte er, ungewohnt realistisch: «Was heißt: Kämpfen? Da ist nicht mehr viel zu kämpfen.» In kalter Gelassenheit sah er nun dem Tod entgegen: «Einmal muß man doch den ganzen Zinnober zurücklassen.»[10]

Die Atmosphäre im Bunker wurde unheimlich. «Wie in einem Sargkasten» fühlte sich der Bunkertelefonist. Hitler erging sich in Ausbrüchen des Misstrauens gegenüber allen. Der Generalität warf er Feigheit vor, auf seinen Grabstein müsse man die Worte schreiben: «Ein Opfer seiner Generale». Über den Reichsführer-SS brach er den Stab, als er von Himmlers Bemühungen erfuhr, mit Hilfe des schwedischen Diplomaten Graf Folke Bernadotte über eine Separat-Kapitulation im Westen zu verhandeln. Hermann Göring, seinem designierten Nachfolger, entzog er alle Ämter und Rechte, als der Reichsmarschall von Berchtesgaden aus anfragte, ob es an der Zeit sei, die Nachfolgeregelung in Kraft zu setzen.

Den Generalobersten Ritter von Greim ernannte Hitler zum neuen Oberbefehlshaber der Luftwaffe. Er beorderte Greim in die umzingelte Stadt, in der fast eine halbe Million Sowjetsoldaten, unterstützt von 12 700 Geschützen, 21 000 Raketenwerfern und 1500 Panzern, sich zum letzten Sturm rüsteten. Hanna Reitsch, die kühne Pilotin und blindgläubige Hitler-Verehrerin, flog den frisch gebackenen Luftwaffenchef in die Trümmerwüste Berlin und brachte ihn ein paar Tage später in einer Arado 96 auch wieder aus der sterbenden Stadt heraus – nach Plön, zu Großadmiral Karl Dönitz, der nun an der Stelle Görings die Nachfolge antreten sollte. Einer der Aufträge, die Greim zu überbringen hatte, lautete, Dönitz solle alles Erforderliche unternehmen, um Himmler seiner verdienten Strafe zuzuführen.

Albert Speer, der zum Abschiednehmen nach Berlin geflogen war, erlebte Hitler ein letztes Mal: als zitternden Greis, der von seinem bevorstehenden Tod sprach und darüber, was mit seiner Leiche geschehen solle. Zuvor führte Speer ein ruhiges Gespräch mit Eva Braun.

Sie beeindruckte ihn. «Sie war die einzige im Bunker, die eine menschliche Überlegung anstellte», schilderte er die Begegnung. «Ich bin gekommen», sagte sie, «um hier Schluß zu machen.» Dann fragte sie: «Warum müssen noch so viele Menschen fallen? Es ist doch alles umsonst.»[11]

Der Diener brachte eine Flasche Moët et Chandon, Konfekt und Kuchen (von dem Hitler in den letzten Monaten große Mengen zu vertilgen pflegte; als «kuchenverschlingende menschliche Ruine» ist er einem der Bunkerbewohner in Erinnerung geblieben). Morgens um drei verabschiedete sich Speer von Hitler. Er zeigte keinerlei Regung. «Seine Worte kamen so kalt wie seine Hand: ‹Also Sie fahren? Gut. Auf Wiedersehen.›»

Von der heutigen Straße des 17. Juni, wo zwischen Brandenburger Tor und Siegessäule eine Landebahn angelegt war, startete Speer mitten in der Nacht in Richtung Westen. «In und um Berlin», bemerkte er, «sahen wir zahlreiche große Brände, aufblitzende Geschütze, Leuchtkugeln, die aussahen wie Glühwürmchen.»[12]

Erschießen wolle er sich, wenn es so weit sei, hatte Hitler seiner Umgebung oft genug erklärt. Jetzt war es so weit: Zeit, Schluss zu machen.

In dieser Stunde wischte er beiseite, worauf er stets beharrt hatte: dass er als Führer keine enge Bindung an einen anderen Menschen eingehen dürfe. Er heiratete Eva Braun – «jenes Mädchen, ... das nach langen Jahren treuer Freundschaft aus freiem Willen in die schon fast belagerte Stadt hereinkam, um ihr Schicksal mit dem meinen zu teilen»; das einzige Wesen außer der Schäferhündin Blondi, das ihm bis zuletzt die Treue gehalten habe. Im Kartenzimmer des Bunkers musste ein Standesbeamter, rasch in einem Panzerfahrzeug herbeigeschafft, die beiden trauen. Goebbels und Bormann fungierten als Trauzeugen. In den Privaträumen nebenan tranken die Sekretärinnen und Adjutanten anschließend einen Schluck auf das frisch getraute Paar. Resigniert eröffnete Hitler seinen Hochzeitsgästen dabei, die Idee des Nationalsozialismus sei erledigt und werde nie wieder aufleben; dem Tod sehe er als Befreiung entgegen. Dann ging er in einen Nebenraum und diktierte Traudl Junge sein politisches Testament, dazu ein persönliches Vermächtnis.

Das politische Testament strotzte von Ausfällen gegen die Juden und ihre Helfer. Aus freien Stücken, bemerkte er, wähle er den Tod. Unter keinen Umständen wolle er den «Feinden in die Hände fallen, die zur Belustigung ihrer verhetzten Massen ein neues, von Juden inszeniertes Schauspiel benötigen». Die «Führung der Nation und die Gefolgschaft» verpflichtete er in letzten Satz «zur peinlichen Einhaltung der Rassengesetze und zum unbarmherzigen Widerstand gegen den Weltvergifter aller Völker, das internationale Judentum». In einem gesonderten Teil verstieß er Göring und Himmler aus allen Ämtern. Staatsoberhaupt und Oberbefehlshaber der Wehrmacht solle, so verfügte er, Großadmiral Dönitz werden, Goebbels Reichskanzler, Bormann Parteiminister.

Das persönliche Testament begründete noch einmal seinen Entschluss zur Heirat «vor Beendigung dieser irdischen Laufbahn». Zu Eva Braun hieß es: «Sie geht auf Ihren Wunsch als meine Gattin mit mir in den Tod. Er wird uns das ersetzen, was meine Arbeit im Dienst meines Volkes uns beiden raubte». Auch auf das Motiv für den Doppelselbstmord ging er ein: «Ich selbst und meine Gattin wählen, um der Schande des Absetzens oder der Kapitulation zu entgehen, den Tod. Es ist unser Wille, sofort an der Stelle verbrannt zu werden, an der ich den größten Teil meiner täglichen Arbeit im Laufe eines zwölfjährigen Dienstes an meinem Volk geleistet habe.»

Die beiden Schriftstücke wurden um vier Uhr in der Frühe des 29. April unterzeichnet. Gegen Mittag kam die Nachricht vom Ende des Achsenfreundes Benito Mussolini und seiner Geliebten Clara Petacci, die am Comer See von Partisanen erschossen, nach Mailand gebracht und dort an eine Tankstelle kopfüber öffentlich aufgehängt worden waren; eine aufgebrachte Menschenmenge schlug, bespuckte und steinigte die Leichen. Hitler beschleunigte nun die Anstalten für sein eigenes Ende. Die Schäferhündin Blondi ließ er dann doch nicht erschießen, sondern lieber vergiften; damit wollte er auch die Wirkung der Zyankali-Kapseln erproben. Um von dem Hund Abschied zu nehmen, ging er kurz zum Bunkerausgang. Danach kam er nicht mehr nach oben. In seiner letzten Lagebesprechung am 30. April gab er «den Verteidigern der Reichshauptstadt» sein Einverständnis zum Ausbruch. Sie sollten Anschluss an die noch kämpfenden Truppen suchen oder den Kampf in den Wäldern fortsetzen.

Nach der Lagebesprechung ordnete Hitler an, aus dem Garagentrakt Benzin zu beschaffen. Gegen vierzehn Uhr nahm er mit seinen Sekretärinnen und der Diätköchin eine letzte Mahlzeit ein – «Gastmahl des Todes unter der Maske heiterer Gelassenheit und Gefaßtheit», hat Traudl Junge die Szene beschrieben. Im Korridor verabschiedete sich Hitler dann, gebeugter denn je, von seinem Gefolge. Jedem reichte er die Hand. Mit Eva Braun verschwand er schließlich in seinem Zimmer. Hinter ihnen schloss sich die schwere Eisentür. Gegen halb vier hörten einige der Anwesenden einen Schuss. «Herr Reichsleiter, es ist passiert!», meldete der Kammerdiener Linge.

Als Martin Bormann in das Zimmer ging, fand er Hitler tot auf dem Sofa, ein Loch in der rechten Schläfe, eine Walther-765-Millimeter-Pistole lag vor ihm auf dem Boden. Neben ihm saß seine tote Frau, die Beine angezogen, die Lippen bläulich verfärbt, die unbenutzte Pistole im Schoß. Es roch nach Pulverqualm und Bittermandeln. Sie hatte eine Zyankali-Kapsel verschluckt. Unmittelbar danach wurden die beiden Leichen nach oben vor den Bunkerausgang getragen, mit mehreren Kanistern Benzin übergossen und verbrannt.

Am nächsten Tag verbreitete der Großdeutsche Rundfunk die letzte Lüge des Reichs-Propagandaministers für Volksaufklärung: «Der Führer Adolf Hitler ist heute nachmittag auf seinem Befehlsstand in der Reichskanzlei, bis zum letzten Atemzuge gegen den Bolschewismus kämpfend, für Deutschland gefallen.» Um die Zeit, als diese Meldung verlesen wurde, brachte Magda Goebbels ihre sechs Kinder um, indem sie ihnen erst ein Schlafmittel verabreichte und ihnen dann Gift in den Mund träufelte. «Die Welt, die nach dem Führer und dem Nationalsozialismus kommt, ist nicht wert, darin zu leben», hatte sie kurz zuvor ihrem Sohn aus erster Ehe geschrieben. «Deshalb habe ich die Kinder lieber mitgenommen. Sie sind zu schade für das nach uns kommende Leben, und ein gnädiger Gott wird mich verstehen, wenn ich selbst ihnen die Erlösung gebe.» Grau im Gesicht kam sie nach der Tat zu ihrem Mann: «Es ist vollbracht.»[13]

Nicht lange danach ging Joseph Goebbels Arm in Arm mit seiner Frau zum Bunkerausgang. Kurz darauf waren von oben zwei Schüsse zu hören. Ordonnanzen überschütteten die Toten mit vier Kanistern Benzin und zündeten sie an. Daraufhin unternahm die restliche Bunkerbesatzung, in mehrere Gruppen aufgeteilt, einen Ausbruchsversuch.

Das Spiel war zu Ende. Der Rest war Abwicklung.

In einer Runkfunkansprache aus Flensburg wiederholte das neue Staatsoberhaupt die Goebbels-Lüge über das Ende Hitlers. Großadmiral Dönitz hatte sich in den zurückliegenden Wochen mit mehreren Appellen als unbedingter Durchhalte-Kämpfer gezeigt. «Kühn, hart und treu stehen», forderte er. «Ein Hundsfott, wer nicht so handelt.» Alle Gedanken an eine Kapitulation wies er weit von sich. «Siegen oder fallen», war seine Losung.[14] Aber nachdem ihn in der Nacht vom 30. April zum 1. Mai Bormanns Telegramm über die neue Nachfolgeregelung und, bald darauf, die Nachricht von Hitlers Tod erreicht hatte, besann er sich eines Besseren. «Schluß machen, Heldenkampf ist genug gekämpft, keine unnötigen Blutopfer mehr, keine sinnlosen Zerstörungen mehr», lautete nun die Devise.[15] Um Soldaten und Zivilisten vor dem Bolschewismus zu retten, sollte der Kampf im Osten fortgesetzt werden. Damit wollte er möglichst vielen Deutschen die Chance geben, auf die westliche Seite jenes «eisernen Vorhangs» zu gelangen, den Goebbels im Februar schon in einem Leitartikel seines Wochenblattes «Das Reich» beschworen hatte. In den noch unbesetzten Teilen Deutschlands – im wesentlichen Schleswig-Holstein und Bayern – und an den anderen Westfronten sollte jedoch eine Serie von Teilkapitulationen die Kämpfe beenden.

Das Rumpfkabinett der Reichsregierung, das sich provisorisch im Landratsamt Eutin einquartiert hatte, wich nach Flensburg aus, als die Briten die Elbe nach Norden überschritten. In der Marinesportschule Mürwik saß dann bis zum 23. Mai die Geschäftsführende

Reichsregierung, die Dönitz am 5. Mai einsetzte. Tags zuvor hatte er auf britisches Verlangen die Einstellung des U-Boot-Krieges befohlen, in dem die Kriegsmarine 782 Boote und 27000 von knapp 40000 U-Boot-Fahrern verloren hatte. Sein «unpolitisches Fachkabinett» bestand zum größten Teil aus altbekannten Figuren der vorangegangenen Regierung, darunter viele hohe SS-Ränge. Nur Himmler löste er auf dem Posten des Innenministers ab, und anstelle von Joachim von Ribbentrop ernannte er Johann Schwerin von Krosigk zum Außenminister. Ungefähr 350 Leute standen ihm in Mürwik als Regierungspersonal zur Verfügung, zwei Drittel davon Angehörige der Sicherheitsdienste. Unterkunft fanden die meisten auf dem zum Wohnschiff umgebauten Passagierdampfer «Patria», der im Flensburger Marinestützpunkt vor Anker lag. Ironie der Geschichte: Ausgerechnet ein Schiff namens «Patria» beherbergte den versprengten Rest dessen, was vom deutschen Vaterland an Obrigkeit übrig geblieben war.

Viel zu tun blieb der Regierung Dönitz außer Kapitulieren nicht. Die Alliierten nahmen die von Dönitz genehmigten regionalen Teilkapitulationen gern an: für Italien am 2. Mai, für Norddeutschland, Holland und Dänemark am 3. Mai, für Norwegen am 8. Mai, in München für Bayern, Böhmen und die Ostmark, wie Österreich im Nazi-Sprachgebrauch hieß, am 5. Mai. Der Kurland-Kessel ergab sich am 9. Mai, desgleichen die Besatzung von Dünkirchen, La Rochelle und Rochefort, den letzten «Führerfestungen» in Westeuropa. Die Kanalinseln und St. Nazaire folgten am 10. Mai. Tags darauf streckten als Letzte die Garnisonen Helgolands und der ägäischen Inseln die Waffen. Aber mit Teilkapitulationen gab sich Eisenhower nicht zufrieden. Als Oberkommandierender bestand er auf sofortiger, gleichzeitiger und bedingungsloser Gesamtkapitulation an allen Fronten – *unconditional surrender* war seit der Casablanca-Konferenz von 1943 das Kriegsziel der Verbündeten.

Dönitz empfand dies als «unannehmbar», da es seinem Konzept zuwiderlief, «noch so viel Menschenleben wie möglich aus dem Osten nach dem Westen zu retten». Er schickte Generaloberst Alfred Jodl, den Chef des Wehrmachtsführungsstabes, nach Reims ins Hauptquartier der alliierten Streitkräfte, um «klarzumachen, weshalb eine Gesamtkapitulation unmöglich ist». Eisenhower ließ sich indes auf nichts ein, sondern verlangte die sofortige Unterzeichnung der Kapitulation. Am Abend des 6. Mai gab er Jodl ultimativ eine halbe Stunde Bedenkzeit. Sollte er ablehnen, würde der Bombenkrieg wieder aufgenommen. Jodl funkte daraufhin an Dönitz: «Ich sehe keinen anderen Ausweg als Chaos oder Unterzeichnung.» Dönitz antwortete um 1.30 Uhr. «Vollmacht zur Unterzeichnung erteilt.» In seinem Tagebuch notierte er: «Es ging nicht anders.» In einem kleinen roten Schulhaus setzten um 2.41 Uhr Jodl für das Heer, Generaladmiral Hans-Georg von Friedeburg für die Marine und Generalmajor Wilhelm Oxenius für die Luftwaffe ihre Unterschrift unter die Kapitulationsurkunde.

Am nächsten Tag wurde die Zeremonie im sowjetischen Hauptquartier, der früheren Pionierschule der Wehrmacht in Berlin-Karlshorst, medienwirksam wiederholt. Stalin hatte darauf bestanden, um aller Welt deutlich zu machen, dass das Deutsche Reich an sämtlichen Fronten die Waffen streckte. Im Kasino der Pionierschule unterzeichneten diesmal Generalfeldmarschall Wilhelm Keitel, der Luftwaffen-General Hans-Jürgen Stumpff und ein weiteres Mal Admiral von Friedeburg die Urkunde. Für die Alliierten unterschrieben Marschall Schukow und der britische Luftmarschall Tedder, ferner die Generale Spaatz (USA) und Lattre de Tassigny (Frankreich). Das Ende Deutschlands war damit doppelt verbrieft und besiegelt.

In Reims appellierte Jodl in einem Schlusswort an Eisenhower: «In dieser Stunde bleibt mir nichts, als auf den Großmut der Sieger zu hoffen.» In Karlshorst manifestierte sich dieser Großmut darin, dass die Sowjetgenerale der deutschen Delegation nach der Unterzeichnung noch ein gutes Essen mit Sekt und Kaviar servierten. Speer machte Keitel später den Vorwurf der Würde- und Stillosigkeit. Es wäre besser gewesen, monierte er, den Sekt des Siegers nicht zu berühren, sondern sich mit dem Notwendigsten zur Stillung des Hungers zu begnügen. Keitel verabschiedete sich mit erhobenem Marschallstab. Niemand nahm Notiz davon. Keiner erhob sich.

Die Kapitulation trat an allen Fronten am 9. Mai um 0.01 Uhr mit-

Der 7. Mai: Vertreter des Oberkommandos der Wehrmacht bei der Unterzeichnung der deutschen Gesamtkapitulation im Hauptquartier von US-General Dwight D. Eisenhower in Reims (v. l.): Generalmajor Wilhelm Oxenius, Delegationsleiter Generaloberst Alfred Jodl und Generaladmiral Hans-Georg von Friedeburg. Der Waffenstillstand trat am 9. Mai in Kraft.

teleuropäischer Sommerzeit in Kraft. Der Krieg war vorüber. Die Regierung Dönitz amtierte noch zwei Wochen weiter, in der Kulisse eines «Grade-B movie», wie ein amerikanischer Augenzeuge schrieb. Sie verfasste Denkschriften ins Leere und hielt inhaltslose tägliche Kabinettssitzungen ab, bis ihre Mitglieder am 23. Mai verhaftet wurden. Alle – selbst der Reichspräsident der dreiundzwanzig Tage, Großadmiral Dönitz – mussten mit heruntergelassenen Hosen eine Leibesvisitation über sich ergehen lassen. Im Flensburger Polizeipräsidium wurden sie dann der internationalen Presse vorgeführt und anschließend nach Mondorf-les-Bains ausgeflogen, einem kleinen Kurort im Großherzogtum Luxemburg. Dort hatten die Alliierten das laut Erika Mann «am strengsten bewachte Gefängnis der Geschichte» eingerichtet. Im Palace-Hotel sahen die 53 Hauptkriegsverbrecher ihrem Prozess entgegen.[16]

Nach Mondorf wurden auch die Nazi-Größen geschafft, die versucht hatten, im Durcheinander des Endes unterzutauchen.

Heinrich Himmler, der Reichsführer-SS, hatte sich in Flensburg an den Grafen Schwerin gewendet, was er denn nun machen solle. Der letzte Reichsaußenminister erwiderte: «Wie ich es sehe, stehen Ihnen drei Wege offen. Der erste ist, sich den Schnurrbart abzurasieren, sich mit einer Perücke und einer dunklen Brille zu verkleiden und zu versuchen, vollständig zu verschwinden. Der zweite ist, daß Sie sich erschießen, obwohl ich als Christ Ihnen kaum dazu raten kann. Was ich Ihnen wirklich empfehle, ist der dritte Weg: Fahren Sie in Montgomerys Hauptquartier und sagen Sie: ‹Ich bin Heinrich Himmler. Ich übernehme die volle Verantwortung für alles, was die SS getan hat.›» Himmler entschied sich für den ersten Weg. Er rasierte sich den Bart ab, legte eine schwarze Augenklappe an, setzte seine Brille ab und machte sich mit kleinem Gefolge aus dem Staub. An einer Brücke bei Bremervörde wurde er am 23. Mai von einem britischen Kontrollposten festgenommen. Er trug die Uniform der Geheimen Feldpolizei, alle SS-Abzeichen waren abgetrennt. Im Gefangenenlager gab er sich dem Kommandanten zu erkennen, der ihn ins Hauptquartier der 2. Armee verlegen ließ. Dort wurde er entkleidet und von einem Militärarzt untersucht. In einer Zahnlücke entdeckte der einen kleinen schwarzen Knoten: eine Zyankali-Kapsel. Himmler zerbiß sie. Alle Versuche, ihn mit Brechmitteln oder durch Wiederbelebungsmaßnahmen zu retten, blieben vergebens. Der Tote wurde in eine Militärdecke gehüllt, mit einem Tarnnetz umwunden, das mit Telefondraht umwickelt wurde, und in der Nähe von Lüneburg an einer geheimen Stelle begraben.

Hermann Göring hatte nach der Zerstörung seiner Villa auf dem Obersalzberg einige Tage und Nächte in einer Tropfsteinhöhle verbracht und sich dann mit seinem Gefolge in ein Tiroler Schloss bei Zell am See zurückgezogen. Vierzehn Tage wurde er dort von einer SS-Einheit interniert, dann schüttelte er die Bewacher ab. Er schickte einen Parlamentär mit weißer Fahne hinter die amerikanischen Linien – mit einem Brief an General Eisenhower, er halte einen direkten Kontakt «von Marschall zu Marschall» für zweckmäßig. Eisenhower beantwortete den Brief nicht, sondern ließ Göring auf- spüren und verhaften. Er wurde nach Augsburg gebracht, wo ihn der Hamburger Bankier Eric Warburg, damals amerikanischer Oberst- leutnant, verhörte. Nach den Vernehmungen sollte der Reichs- marschall in einer winzigen Piper Cub nach Mondorf geflogen wer- den. Nur unter Protest und mit Mühe zwängte er sich durch die enge Tür. In dem luxemburgischen Hotel bezog er ein winziges Ver- lies mit Pritsche, Stuhl und Tisch. Beim Anblick dieser kargen Unterkunft brach es aus ihm heraus: «Jetzt sehe ich, was der größte Fehler meines Lebens war: daß ich nicht den Weg Adolf Hitlers ge- gangen bin.»

Bei seiner Ergreifung führte Göring vier- bis fünftausend Pillen des Morphium-Substituts Parakodein mit sich und gab an, seine täg- liche Dosis liege bei zweihundert, was etwa dreiunddreißig Gramm Morphium am Tag entspricht. Bis zum August brachte ihn der be- treuende amerikanische Arzt in Mondorf auf null. Im Nürnberger Hauptkriegsverbrecherprozess wurde Göring zum Tode verurteilt. Der Hinrichtung durch den Strang entzog er sich am 15. Oktober 1946, wenige Stunden vor der geplanten Urteilsvollstreckung, durch Selbstmord. Er starb in dem Glauben, dass er ein Märtyrer werde: «In fünfzig oder sechzig Jahren werden in ganz Deutschland Standbilder Hermann Görings zu sehen sein, vielleicht kleine Standbilder, aber eines in jedem Haus.»

Hitlers langjähriger Außenminister Joachim von Ribbentrop war in Hamburg aufgegriffen worden, wohin er sich von Plön aus abge- setzt hatte. In den zurückliegenden Monaten, ehe Dönitz ihn ent- ließ, hatte er kaum mehr zu tun gehabt, als die Kriegserklärungen je- ner Trittbrettfahrer-Staaten entgegenzunehmen, die rasch noch auf den Triumphwagen der Alliierten aufzuspringen versuchten: Ekua- dor, Paraguay, Peru, Venezuela, der Libanon, Saudi-Arabien, Ägyp- ten, Syrien, sogar die Türkei und der alte Bundesgenosse Finnland, und als Schlusslicht am 28. März noch Argentinien. So weit ging Franco-Spanien nicht, aber Mitte April verhängte es ein Landeverbot für deutsche Flugzeuge. Zuletzt befanden sich 53 Staaten im Kriegszustand mit dem Deutschen Reich.

In Hamburg suchte Ribbentrop Zuflucht bei einem Weinhändler, den er von früher kannte; dieser schickte ihn in eine bescheidene Pension. Von dort aus bewegte er sich im eleganten Zweireiher, mit dunkler Brille und breitkrempigem Hut durch die Hansestadt und versuchte, seine alten Geschäftsverbindungen als Sekt- und Spirituosenvertreter wieder aufzunehmen. Der Sohn des Weinhändlers verriet den Engländern sein Versteck. Als letzter Minister Hitlers wurde Ribbentrop am 16. Juni verhaftet. Die Briten trafen ihn schlafend an. «*The game is up*», sagte er, nachdem ihn der Spürtrupp geweckt hatte. «*I congratulate you.*» Am 16. Oktober 1946 wurde er als Erster der zwölf zum Tode verurteilten Hauptkriegsverbrecher in Nürnberg hingerichtet.

Nach der Verhaftung der geschäftsführenden Reichsregierung am 23. Mai 1945 in Flensburg (v.l.): Wirtschaftsminister Albert Speer, Reichspräsident Großadmiral Dönitz und Generaloberst Alfred Jodl im Hof des Polizeipräsidiums unter britischer Bewachung.

Baldur von Schirach, der Reichsjugendführer, hatte als Gauleiter von Wien noch im März die Hitlerjugend ins letzte Verteidigungsgefecht geschickt, dann floh er vor den Russen aus der Stadt. Auch er tarnte sich mit Brille und Schnurrbart. Als Schriftsteller Richard Falk, der zum Schreiben eines Romans «Das Geheimnis der Myrna Loy» die Einsamkeit suchte, verbarg er sich in Schwaz in Tirol. Anfang Juni stellte er sich den Amerikanern. In Nürnberg wurde er wegen Militarisierung der Jugend zu zwanzig Jahren Haft verurteilt, die er in Spandau absaß. Er wurde 1966 entlassen und starb 1974.

Jetzt saßen sie alle im ausgebleichten Drillich der POWs, der «Prisoners of War», in Mondorf und kritzelten fieberhaft Rechenschaftsberichte vor sich hin. Andere schrieben Briefe an Präsident Truman oder General Eisenhower und beteuerten ihre Unschuld.

Nach der Verhaftung der letzten Reichsregierung an dem sonnigen Morgen des 23. Mai 1945 wurde in der Marineschule Mürwik die Reichskriegsflagge für immer eingeholt. Es gab kein Drittes Reich mehr. Genau genommen gab es überhaupt kein Deutsches Reich mehr. Die deutsche Nation war ihres staatlichen Gehäuses beraubt. Die oberste Gewalt lag nun bei den Siegern.

Niemand vermochte sich damals vorstellen, dass schon vier Jahre später mit der Bundesrepublik Deutschland ein neuer deutscher Staat auf den Plan treten werde – wie der Zufall der Begebenheit es wollte, auf den Tag genau vier Jahre nach dem Ende in Flensburg, am 23. Mai 1949, dem Tag, an dem das Grundgesetz in Kraft trat.

Das Resümee der Hitler-Zeit? Der Historiker Michael Stürmer hat es auf den Punkt gebracht: «Als Hitler sich im Bunker erschoß, war er gescheitert: mit der Weltreichsidee ebenso wie mit dem Versuch, den Deutschen ihren Untergang zu bereiten. Er war gescheitert mit der Vernichtung der Juden, denn nun entstand der Staat Israel. Gescheitert mit dem Antibolschewismus, denn fortan standen Sowjettruppen an der Elbe, die Sowjetunion war auf dem Weg zur nuklearen Supermacht ... Als Erlöser war er den Deutschen erschienen, und als Folterknecht ist er von ihnen geschieden ... Eine neue Epoche wurde im Schrecken geboren.»[17]

Wie schon die Hissung der sowjetischen Flagge auf dem Berliner Reichstag durch die Rotarmisten Michail Jegorow und Meliton Kantarija (auf dem Umschlag dieses Buches zu sehen), wurde auch dieses historische Foto für die Medien nachgestellt: Amerikanische Soldaten hissen im Februar 1945 die US-Flagge auf dem Berg Suribachi, der höchsten Erhebung der Insel Iwo Jima – der Anfang vom Ende des japanischen Weltreichs. Mit ihm zerplatzte auch der Traum der «Großostasiatischen Wohlstandssphäre». – Foto: Joe Rosenthal

Japan kämpft weiter

In Europa schwiegen die Waffen, doch auf der anderen Seite des Erdballs, im Pazifik, dauerte der Krieg an. Aber auch dort trat der Konflikt in seine Endphase.

Dieser Krieg war ja – anders als der Erste Weltkrieg – nicht nur ein europäischer Konflikt, an dem sich auch amerikanische, australische, kanadische und indische Truppen beteiligten. Durch den hinterhältigen Überfall auf Pearl Harbor am 7. Dezember 1941 hatte er ein erdumspannendes Ausmaß angenommen. Er wurde auf zwei großen Kriegsschauplätzen ausgetragen. Auf beiden Schauplätzen verlief er ganz ähnlich. Wie die Wehrmacht, so hatten auch die Armeen des Tenno mit raumgreifenden Blitz-Vorstößen einen halben Erdteil unterjocht. Sie besetzten über ein Drittel Chinas, überrannten Südostasien und kämpften sich bis an die australische Küste heran. Indessen befanden sie sich, wie die Deutschen, seit 1943 auf dem Rückzug.

Anfang 1945 waren die Amerikaner, Insel auf Insel erobernd im Stillen Ozean, so weit vorgedrungen, dass das japanische Heimatland in der Reichweite ihrer Bomber lag. Die Bilder in Deutschland und Japan glichen sich: riesige Bomberpulks am Himmel, die feurige Hölle am Erdboden.

Am 9. März warfen 520 Superfestungen viertausend Tonnen Brandbomben über dem Südwesten Tokios ab. Es entstand ein Feuersturm wie im Juli 1943 in Hamburg und vier Wochen zuvor in Dresden. In einem Gebiet von vierzig Quadratkilometern gingen an die 300 000 Häuser in Flammen auf. Zwischen 83 000 und 100 000 Menschen kamen ums Leben – mehr als viereinhalb Monate später in Hiroshima. Doppelt so viele wurden mit schweren Brandverletzungen in die Krankenhäuser eingeliefert. Nach Tokio kamen die anderen großen Städte an die Reihe. Nagoya, Kobe, Osaka wurden eingeäschert, aber auch viele kleinere Orte. Die aus leicht gebauten Holzhäusern bestehenden Wohnviertel brannten wie Zunder.

Wie die Deutschen für Hitlers Expansionswahn büßten, so bezahlten nun die Japaner den Preis für die imperialistische Aggressionspolitik ihrer Militärkaste. Der Preis war hoch.

Drei Jahrhunderte lang hat sich das Reich der Aufgehenden Sonne hermetisch von der Außenwelt abgeschlossen – bis dann 1853 die Schwarzen Schiffe des Commodore Perry in der Bucht von Tokio Anker warfen und nicht wieder wichen, bis sie die Öffnung des Inselreiches erzwungen hatten. Danach lernten die Japaner schnell. Im Jahre 1868 begann mit der Meji-Revolution die Modernisierung des Landes. Eine Großmacht wie die anderen wollte Japan danach werden, und wie die anderen Großmächte ging es nun auf Raubzug. Schon 1894 besiegte es das marode Kaiserreich China; seine Kriegsbeute war Formosa, das heutige Taiwan. Im Jahre 1905 bezwang es das nicht minder marode Reich des russischen Zaren; seit- dem herrschte es über Korea.

Anfang der dreißiger Jahre setzten sich die Truppen des Tenno dann auf dem chinesischen Festland fest, wo sie aus den vier Ostprovinzen das Kaiserreich Mandschukuo bildeten und binnen kurzer Zeit Schanghai, Nanking, Kanton und Hankow einnahmen. In Französisch-Indochina – heute Kambodscha, Laos und Vietnam – rückten sie 1940 und 1941 ein. Dann warfen sie sich in den Krieg gegen die Vereinigten Staaten.

Am 7. Dezember 1941 attackierte die Trägerflotte des Admirals Isoroku Yamamoto den amerikanischen Flottenstützpunkt Pearl Harbor auf Honolulu; Stunden später erst schoben die Japaner ihre Kriegserklärung nach. Vier Tage darauf erklärte Hitler den Vereinigten Staaten ebenfalls den Krieg. Der 1940 mit Italien und Japan abgeschlossene Dreimächtepakt hätte ihn dazu nicht verpflichtet; er begrenzte die Beistandspflicht auf den Fall, dass einer der Vertragspartner angegriffen würde. Auch hatten die Japaner ihn ebenso wenig in ihre Offensivpläne eingeweiht, wie er sie ein halbes Jahr zuvor über das Unternehmen «Barbarossa», den Angriff auf die Sowjetunion, unterrichtet hatte. Dennoch stellte er sich an die Seite Tokios. Der pazifische Konflikt, der schon seit 1931 im Gange war, und der europäische Orlog verschmolzen zu einem einzigen, den ganzen Globus umschlingenden, verschlingenden Mahlstrom der Gewalt. Eine verschworene Aktionsgemeinschaft ist aus dem Dreimächtepakt jedoch nie geworden. Getrennt haben die beiden führenden Mächte des Dreimächtepakts losgeschlagen, getrennt marschierten sie in den Kriegsjahren, und getrennt wurden sie 1945 niedergerungen.

Nach Pearl Harbor errichteten die Japaner, die anfängliche Lähmung der Amerikaner ausnützend, mit weit ausgreifenden Feldzügen ihre Herrschaft über den gesamten asiatisch-pazifischen Raum. Überall in dem weiten Bogen von den dschungelbedeckten Bergen Burmas über Thailand, Malaysia, Singapur, Niederländisch-Indien, die Philippinen und Neuguinea bis hin zu den Salomon-, den Marshall- und Marianen-Inseln flatterte das Sonnenbanner an den Flaggenmasten; zeitweilig sogar auf den US-amerikanischen Aleuten-Inseln Attu, Agattu und Kiska. Vollmundig rief Tokio die Schaffung einer «Großostasiatischen Wohlstandssphäre» aus.

Das Kriegsglück blieb den Japanern so wenig treu wie dem deutschen Diktator. Im Februar 1943 – zur gleichen Zeit, da die Armee des Feldmarschalls Paulus in Stalingrad kapitulierte und die Wehrmacht ihren langen Rückzug nach Westen begann – eroberten die Amerikaner Guadalcanal in der Salomonen-Gruppe zurück. Danach gewannen sie Seeschlacht um Seeschlacht. Im Laufe des Jahres 1944 kämpften sie im Stillen Ozean Insel um Insel wieder frei, wobei sie manche auch – *leap-frogging* nannten sie diese Froschhüpfer-Strategie – einfach übersprangen. Mitte Juli fiel das schwer befestigte Saipan, das in Tokio als uneinnehmbar galt, fünf Wochen danach wurden die benachbarten Inseln Guam und Tinian überwältigt. Damit war die letzte Verteidigungslinie vor Japan durchbrochen. Die amerikanische Flotte konnte nun den Seeverkehr nach Japan blockieren, sodass Erdöl aus Indonesien und andere Rohstoffe nur noch schwer durchkamen. Die US-Luftwaffe aber hatte mehrere erstklassige ozeanische Stützpunkte gewonnen, von denen aus sie das japanische Mutterland bombardieren konnte – die Entfernung von Saipan nach Tokio betrug ganze 1300 Seemeilen.

Japanischer Machtbereich 1942–1945

Gebiet der Alliierten Ende 1942
Rückeroberungen der Alliierten bis August 1945 (teilweise mit Datum in fetter Schrift z.B. 5.6.45)
Japans Ausdehnung Ende 1942
japanische Front im August 1945

Das japanische Imperium in seiner größten Ausdehnung: Nippon beherrschte den Pazifik. Doch die Amerikaner drangen seit 1943 immer weiter und schneller in den Herrschaftsbereich des Tennos vor.

Die Armee des Kaisers, obschon noch immer stark, war nach wie vor über ganz Südostasien und halb China verstreut – der Begriff *imperial overstretch* war damals noch nicht im Schwang, trifft aber den Nagel auf den Kopf. Viele versprengte Soldaten lagen abgeschnitten und vergessen auf fernen Inseln des Stillen Ozeans; einzelne tauchten erst nach Jahrzehnten aus dem Dschungel wieder auf. Die Flotte wurde immer stärker dezimiert, desgleichen die Luftwaffe, die zum Ausgleich mehr und mehr Kamikaze-Todesflieger einsetzte. Das Oberkommando blieb unerbittlich. Kampf bis zum Tod hieß die Parole – so lange, bis die Feinde Japans von dessen Unbesiegbarkeit überzeugt seien. Und der Befehl wurde befolgt.

Dies zeigte sich zuerst in Manila, das nach zwei Monaten verzweifelter Gegenwehr im Februar 1945 fiel. In den Trümmern der Stadt wurden 16 000 gefallene Japaner gezählt. Überlebende gab es keine; alle hatten bis zum letzten Atemzug gekämpft. Iwo Jima, die 38 Quadratkilometer große «Schwefelinsel» auf halbem Wege zwischen Guam und Tokio, wurde dann kurz darauf zum reinen Inferno. Nach Wochen der Bombardierung aus der Luft und der Beschießung von See her landeten die Marines am 19. Februar. Ende März, als die Insel erobert war, zählten die Amerikaner fast 7000 Gefallene oder Vermisste und 22 000 Verwundete. Die Japaner verloren 21 000 Mann. Nur 1083 ließen sich gefangen nehmen; die meisten, weil sie zu zerschossen waren, um Selbstmord zu begehen.

Die Japaner hatten Iwo Jima zur Festung ausgebaut. Mit ihren Bunkern, Gräben, zahllosen Artillerie- und Raketenwerfer-Stellungen, 5000 Schützenlöchern, befestigten Höhleneingängen samt unzähligen Stollen und Kasematten, die neben dreizehn Kilometer Tunneln in den Berg Suribachi hineingetrieben worden waren, musste die Insel jedem Angreifer das Leben schwer machen. Hinzu kam, dass der japanische Kommandeur, Generalleutnant Tadamichi Kuribayashi, seinen Leuten eine neue Taktik eingebläut hatte. Er wollte keine deckungslosen Angriffe mehr, bei denen die Soldaten mit Banzai-Rufen aufrecht in den Tod stürmten: «Wir möchten alle gern schnell und leicht sterben, aber das würde dem Gegner keine schweren Verluste zufügen. Wir müssen so lange wie möglich aus der Deckung kämpfen.» Seine Weisung atmete den unverfälschten Bushido-Geist der Samurais: «Jeder Mann wird es sich zur Pflicht machen, zehn Feinde zu töten, ehe er selber stirbt!» An seine Frau schrieb Kuribayashi: «Es tut mir leid, mein Leben hier im Kampf gegen die Vereinigten Staaten zu beenden. Aber ich will diese Insel so lange verteidigen, wie ich kann.» Kuribayashis Absicht war eindeutig: Die Eroberung Iwo Jimas sollte die Amerikaner so teuer zu stehen kommen, dass ihnen die Lust an einer Invasion der japanischen Heimatinseln verging.

Zeitweilig dachten die amerikanischen Militärs daran, die Insel von ringsum stationierten Kriegsschiffen aus mit Giftgas-Granaten zu «säubern» (*sanitize*, lautete der Pentagon-Euphemismus), doch Roosevelt legte sein Veto ein. Also mussten die Marines an die Front. Die Eroberung von Iwo Jima – symbolisiert in dem zur Ikone gewordenen Foto (siehe Kapitelanfang), das zeigt, wie ein Stoßtrupp die *Stars and Stripes* auf dem umkämpften Suribachi aufrichtet – wurde zum Heldenlied des Marine Corps. Die Insel fiel im März nach vier Wochen erbitterter Kämpfe. William Manchester hat die Grausamkeit des Geschehens ungeschminkt beschrieben: «Der Tod auf Iwo war besonders gewalttätig. Es schien keine sauberen Verwundungen zu geben, nur Bruchstücke von Leichen. Oft konnte man die toten Marines und die toten Japaner bloß an den Beinen unterscheiden: Die Marines trugen Segeltuch-Leggings; die Japaner khakifarbene Gamaschen. Anders ließ sich niemand identifizieren. Man stolperte über fünf Meter lange Stränge von Gedärm, über Leiber, die in der Mitte auseinandergerissen waren. Beine und Arme, Köpfe mit Hals lagen fünfzehn Meter entfernt von den nächsten Torsos.»[1] Jedes Schlupfloch verteidigten die Japaner verbissen. Die Eroberung der Höhe 362, einem riesigen Fuchsbau mit einem Labyrinth von Stollen, verlangte so viele Opfer, dass sie als *meat grinder* – Fleischwolf – bekannt wurde. Zuletzt mauerten die US-Marines die Ausgänge zu, um den Widerstand zu beenden. Die letzten fünfhundert Verteidiger sprengten sie in einer schroffen Schlucht – «Bloody Gorge» – mit Minen in die Luft, deren Explosion die ganze Insel erschütterte.

Noch verlustreicher war die Eroberung Okinawas, des letzten Sprungbretts zu den japanischen Hauptinseln. Am Ostersonntag, dem 1. April 1945, landeten die Amerikaner dort mit 183000 Mann, die von einer Armada aus vierzig Flugzeugträgern, achtzehn Schlachtschiffen, zweihundert Zerstörern und tausend weiteren Versorgungs- und Landungsschiffen unterstützt wurden. Ein britischer Flottenverband, der im März aus Europa eingetroffen war, beteiligte sich mit zwei Schlachtschiffen, vier Flugzeugträgern, sechs

Kreuzern und fünfzehn Zerstörern an dem Unternehmen. Die Japaner schickten ihre letzten Schlachtschiffe ins Gefecht – ohne Treibstoff für die Rückfahrt. Auch setzten sie Schwärme von Kamikaze-Fliegern – «fliegende Chrysanthemen» – gegen die Landungstruppen ein, alles in allem ungefähr 1900, außerdem eine große Zahl von *Kaiten*, menschlichen Torpedos.

Seit dem Philippinen-Feldzug waren die Selbstmordeinsätze zu einem festen Bestandteil der japanischen Taktik geworden. «Kamikaze» bedeutet «göttlicher Wind»; der Ausdruck bezieht sich auf den Taifun, der zur Zeit Kublai Khans im Jahre 1281 die Schiffe der gegen Japan segelnden mongolischen Flotte vernichtete. Das Kamikaze-Korps zog viele junge Freiwillige an. Es galt ihnen als Ehre, ihr Leben auf dem Altar des Vaterlandes zu opfern. Ihre Abschiedsbriefe spiegeln diese Geisteshaltung wider. «Denkt lieb an mich und sagt Euch, daß es mein Glück war, etwas Rühmenswertes zu tun», schrieb einer. Ein anderer dichtete einen Haiku: «Wie Kirschblüten / im Frühling / Laßt uns fallen / Rein und strahlend.» Ein Dritter hinterließ die Zeilen: «Ich bete für Groß-Asien. Ich schreite zum Angriff mit einem Lächeln auf den Lippen.» Die meisten waren nicht viel älter als zwanzig. Ausbildung brauchten sie nicht viel. Wie bei den Al-Qaida-Terroristen, die in die Zwillingstürme des New Yorker World Trade Center rasten, genügte es ihnen, starten zu lernen, Richtung zu halten und sich dann ins Ziel zu stürzen. Landen zu lernen erübrigte sich. «Es ist absolut ausgeschlossen, daß ihr lebend zurückkehrt», hieß es im Befehl Nr. 1 für Kamikaze-Flieger. «Euer Auftrag birgt den sicheren Tod. Wählt den Tod so, daß er die höchste Wirkung bringt.»

Das Kamikaze-Korps konnte die Niederlage Japans weder abwenden noch aufhalten, aber es fügte den Amerikanern schwere Verluste zu. Bis Kriegsende versenkten die lebenden Bomben über dreihundert US-Schiffe; fünfzehntausend Tote und Verletzte gehen auf ihr Konto. Bei Okinawa allein schickten sie sechsunddreißig Kriegsschiffe in die Tiefe und beschädigten 368 zum Teil sehr schwer, darunter auch Schlachtschiffe und Flugzeugträger; die U.S. Navy verlor dabei rund 5000 Mann.

Der japanische Kaiser Hirohito 1945. Seit 1926 war er der Tenno; vor Kriegsende wurde er zum entscheidenden innenpolitischen Faktor.

Unter dem Kommando von General Mitsuru Ushijima vertei-
digte sich die fast hunderttausend Mann starke Besatzung Okinawas
bis zum letzten Atemzug in ihren Bunkern, Höhlen und weit ver-
zweigten Tunnelsystemen. Zum Teil mussten die Verteidiger mit
Flammenwerfern regelrecht ausgeräuchert werden. Nach 82 Tagen
erst, am 22. Juni, erlosch der Widerstand. Tausende japanischer Soldaten traten in Einerreihe an und brachten sich mit Handgranaten
um, nachdem zwei ihrer Generale ihnen mit feierlich vollzogenem
Harakiri in den Tod vorangegangen waren. Die japanischen Verluste
betrugen 131 000 Tote. 12 500 Amerikaner fielen oder wurden vermisst,

über die Hälfte Opfer der Selbstmord-Flieger, 62 000 wurden verwundet. Es waren die schwersten Verluste, die sie bis dahin in einem einzigen Feldzug des Pazifik-Krieges erlitten hatten. Aber Japans totale Niederwerfung war jetzt nur noch eine Frage der Zeit. Inzwischen hatte das Deutsche Reich kapituliert. Der deutsche Botschafter in Tokio, Heinrich Stahmer, unterrichtete Außenminister Togo vom «Heldentod des Führers», musste sich aber den Vorwurf anhören, die deutsche Regierung habe durch eigenmächtige Kapitulationsverhandlungen den Vertrag vom 11. Dezember 1941 gebrochen, in dem Tokio und Berlin sich verpflichtet hatten, keinen Separatfrieden zu schließen. Trotzig erklärte Togo der Presse, Japan betrachte sich frei von allen mit dem Reich eingegangenen Verträgen und werde allein weiterkämpfen. Die Bitternis war nicht zu überhören. In einer amtlichen Verlautbarung wurde dies noch deutlicher: «Die Kapitulation Deutschlands, das sich verpflichtet hatte, gemeinsam mit Japan zu kämpfen, ist bedauerlich. Unsere Kriegsziele gründeten sich auf die Prinzipien Selbstfürsorge und Selbstverteidigung. Daran hält Japan unerschütterlich fest. Der abrupte Wandel der Dinge in Europa wird daran nichts ändern.» Noch glaubten viele Japaner wider alle Vernunft an den Endsieg. Andere begannen, zaghaft den Gedanken einer Waffenniederlegung zu erwägen. In der Armee jedoch war die Neigung groß, wenn es zum Schlimmsten käme, bis zum ehrenvollen Untergang zu kämpfen.

Die japanische Presse verglich die deutsche Kapitulation mit dem schmählichen «Abfall» Italiens vom Dreimächtepakt im Jahre 1943. «Bündnisverrat», lautete das einhellige Urteil. So war Japan wohl das einzige Land der Erde, das nicht einstimmte in den Jubel über das Kriegsende in Europa.

Deutsche Kriegsgefangene im Mai 1945, die in langen Kolonnen durch die Frankfurter Allee in Berlin nach Osten marschieren.

Wehe den Besiegten

In aller Welt feierten die Sieger ihren Triumph. Die Kapitulation Deutschlands gab, wie Churchill es formulierte, «das Signal zum größten Freudenausbruch in der Geschichte der Menschheit». *Victory in Europe Day* – der Tag des Sieges in Europa – sah jubelnde Massen vor dem Buckingham Palace, auf den Champs-Élysées, in Kopenhagen vor dem Schloss, auf dem Roten Platz in Moskau, am Times Square in New York, aber auch in San Francisco, wo die Organisationskonferenz, die zur Gründung der Vereinten Nationen führen sollte, in vollem Gange war. «Die westliche Welt ist von den bösen Mächten befreit», sagte Präsident Truman. Stalin, die Anstrengungen seiner westlichen Verbündeten schnöde unterschlagend, jubelte: «Der große Siegestag ist da ... Die slawischen Völker haben endgültig über die deutsche Tyrannei gesiegt.» Am Abend salutierte Moskau den Siegern mit dreißig Artilleriesalven aus tausend Geschützen.

Ein überglücklicher Charles de Gaulle, von der feiernden Menge am Étoile fast zerdrückt, betonte den französischen Anteil am Triumph der Alliierten: «Der Krieg ist gewonnen, der Sieg ist da, der Sieg der Vereinten Nationen und der Sieg Frankreichs!» Winston Churchill gab sich erleichtert und überwältigt: «Alle Herzen hier auf dieser Insel und im ganzen Empire schlagen in Dankbarkeit.» Wie Truman merkte indes auch er an, dass die Zeit des Kampfes und der Leiden noch nicht ganz vorbei sei: «Japan, das heimtückische, gierige Japan, ist noch nicht besiegt.» Der Krieg im Pazifik ging weiter. Friede herrschte nur in Europa – wenn man denn den Zustand Frieden nennen mochte, der nach dem Schweigen der Waffen eintrat.

Wie nach einem gewaltigen Seebeben die Tsunami-Wellen die Anrainer-Küsten erst verheeren, wenn die aufeinander geprallten tektonischen Platten schon wieder zur Ruhe gekommen sind, so verebbten im Jahre 1945 die Ausläufer des großen Weltensturmes, der über Europa hinweggefegt war, nur allmählich. John Keegans Schilderung trifft die Lage sehr genau: «Der Frieden brachte dem menschlichen

Strandgut des Krieges noch keine Ruhe. In großen Scharen wurde es zwischen und hinter den siegreichen Heeren durcheinandergewirbelt. Zehn Millionen Soldaten der deutschen Wehrmacht in Gefangenschaft, acht Millionen deutsche Flüchtlinge, drei Millionen Balkanflüchtlinge, zwei Millionen russische Kriegsgefangene, Millionen von Sklaven- und Zwangsarbeitern, vom Krieg in alle Himmelsrichtungen zerstreut – die Tragödie der *displaced persons* sollte Europa noch zehn Jahre nach dem Krieg beschäftigen. In Großbritannien und Amerika feierten die Menschenmengen am 8. Mai den ‹VE-Day› auf den Straßen. In dem Europa, dem ihre Soldaten den Sieg gebracht hatten, suchten die Besiegten und ihre Opfer in den Trümmern, die der Krieg hinterlassen hatte, verzweifelt nach Nahrung und Unterkunft.»[1]

«Genießt den Krieg, der Frieden wird fürchterlich!», hatten die Deutschen einander in grimmigem Humor zugerufen, als es offenkundig dem Ende zuging. Das war zu der Zeit, da man einander zum Abschied nicht ein «Auf Wiedersehen» oder «Servus» zu entbieten pflegte, sondern lieber ein trotziges: «Bleib übrig!» Für die Übriggebliebenen aber galt nach wie vor das damals viel zitierte Rilke-Wort: «Überstehen ist alles.»

Sie hatten vieles überstanden. Die Bombennächte, die in Deutschland rund eine halbe Million Todesopfer kosteten. Die totale Mobilmachung im August 1944 und die Einberufung aller tauglichen Männer zwischen fünfzehn und sechzig Jahren zum Volkssturm. Die willkürlich mordenden Standgerichte, mit denen Hitler in der letzten Phase die Auflösung zu verhindern suchte – Hunderte, wahrscheinlich Tausende wurden dabei exekutiert. Den Nero-Befehl vom März, nach dem er in seinem vandalistischen Vernichtungswahn nur verbrannte Erde hinterlassen wollte. Dann den «Flaggenbefehl», wonach in Häusern, die eine weiße Fahne heraushängten, alle männlichen Personen zu erschießen waren. Und zuletzt noch jenen Tagesbefehl Hitlers vom 15. April, in dem er die Soldaten der Ostfront ermächtigte, alle Offiziere «augenblicklich umzulegen», die ihnen Rückzugsbefehle gaben.

96

«Kopf hoch, solange er noch dran ist», war nach der Darstellung von Hitlers Sekretärin Junge die Devise im Führerbunker. Draußen verfiel die Mehrheit einer Haltung, die ein in Berlin gängiger Spruch damals so umschrieb: «Ick will lieber an den Sieg glooben, als ohne Kopp rumloofen.»

So hatte man überlebt. Aber nun, da der braune Spuk vorbei war, sahen sich die Menschen ganz neuen Problemen gegenüber. Das Ende des Schießens bedeutete noch längst nicht das Ende des Leidens und des Sterbens. «Für Millionen Besiegter folgten Gefangenschaft, Flucht und Vertreibung», heißt es in einem Standardwerk über Deutschland 1936–1945, «für beinahe ebenso viele Befreite die Rückkehr aus Deportation und Zwangsumsiedlung – die größte Völkerwanderung der Neuzeit.»[2] Die Menschen fanden sich in einer aufgewühlten Welt, in der alles in Bewegung war.

Michael Balfour, nach dem Krieg Leiter der Nachrichtenkontrollstelle innerhalb der Britischen Gruppe der Alliierten Kontrollkommission, hat die Szene eindrucksvoll geschildert: «In Deutschland war fast alles unterwegs: Flüchtlinge, die bessere Unterkünfte suchten, Soldaten, die bei ihrer Heimkehr zerstörte Wohnungen angetroffen und ihre Familien nicht vorgefunden hatten und nun deren Spuren verfolgten, Eltern, die nach verlorengegangenen Kindern, bisweilen auch Kinder, die nach den Eltern suchten, Verbrecher und Schwarzhändler, die ihren Profiten nachjagten, Städter, die um eines nahrhaften Päckchens willen Freunde auf dem Land besuchten, ehemalige Nazis, die in eine Gegend zogen, wo sie niemand kannte, Unternehmer, die hinter Materialien oder Ersatzteilen zur behelfsmäßigen Reparatur beschädigter Maschinen her waren, Männer und Frauen, die sich, hauptsächlich bei den Besatzungsstreitkräften, nach Arbeit umsahen. Wohin man auch kam, stieß man auf diese riesige, wandernde Menschenmasse. Die Leute hockten hinten auf Lastkraftwagen oder in antiquierten, mit Holzgas betriebenen Pkws. Sie wanderten auf den Straßen, sie drängten sich in die Züge, bis die Abteile überquollen, sie saßen auf Dächern und Puffern und hingen an Trittbrettern. Und wenn man auch fraglos auf viel Habgier und Grausamkeit und Heuchelei stieß, so begegnete man doch nicht minder vielen Tragödien: auseinandergerissenen Familien, vernichteten Karrieren, dem Verlust von ererbtem Besitz, von Ersparnissen eines ganzen Lebens, von sorgsam zusammengetragenen Zeugnissen kultivierten Geschmacks.»[3]

Drunter und drüber ging es in jenen Tagen. Die Kategorie der «*displaced persons*», aufgestellt von der UN-Hilfsorganisation UNRRA, umfasste zwar nur befreite KZ-Häftlinge, befreite Kriegsgefangene und die von den Nazis aus den besetzten Ländern ins Reich verschleppten Zwangsarbeiterinnen und Zwangsarbeiter, aber «displaced» – entwurzelt, verwirrt umherirrend, nach Hause strebend – waren Abermillionen mehr: deutsche Flüchtlinge aus dem Osten, die aus der Kriegsgefangenschaft entlassenen Soldaten der Wehrmacht, aus der «Kinderlandverschickung» zurückkehrende Jugendliche, Bomben-Evakuierte auf dem Heimweg und, nach dem Beginn der Zwangsaussiedlung aller Deutschen, bald auch schon die Vertriebenen aus Ungarn, Böhmen und Mähren und den ehemaligen deutschen Ostgebieten, die nun unter polnischer Verwaltung standen.

In den Konzentrationslagern des Dritten Reiches stießen die Sieger auf rund 300 000 meist jüdische Überlebende. Für sie war der Einmarsch der Alliierten eindeutig nur eines: Befreiung. «Plötzlich ist die ganze SS verschwunden gewesen», erinnerte sich eine Insassin des KZ Ravensbrück. «Ja, es war so, wie ich es sage. Jedenfalls haben wir das überhaupt nicht fassen können.» Überstanden die Härten des Lagers; überstanden die Willkür der Selektionen; überstanden die ständige Todesgefahr. Befreitsein bedeutete vor allen Dingen: überlebt zu haben.

Aber nun mussten die glücklichen Überlebenden versorgt werden, untergebracht, aufgepäppelt. Viele führte ihr Weg zunächst aufs Neue in Lager – Auffanglager, die nun «*assembly centers*» hießen, in denen auch keine Willkür mehr herrschte, wohl aber beklemmende Enge, kaum erträgliche hygienische Bedingungen und zumal die lastende Ungewissheit über die Zukunft die Menschen bedrückten. Im Herbst 1945 stellte eine Untersuchungskommission für die britische

Zone vorwurfsvoll fest, dass die Zustände in den Lagern nicht viel besser seien als unter den Nazis.

Auch die achteinhalb – womöglich auch zehn oder elf Millionen – «Fremdarbeiter», die zwangsverschleppten Arbeitssklaven des Dritten Reiches, waren befreit, doch noch nicht wirklich in Freiheit. Von diesen *displaced persons* – DPs in der Kürzelsprache der Ämter – waren viele noch in den letzten Kriegswochen verlegt worden und irrten weitab von den Orten, wo sie gearbeitet hatten, durch das zerstörte Land. Die Besatzungsbehörden wiesen sie aufs Neue in Lager ein – in Hunderte von Sammellagern, aus denen sie so bald wie möglich in ihre Heimatländer geschafft werden sollten. Vielfach waren es die alten Zwangsarbeiterunterkünfte; sonst wurden sie in leer stehenden Kasernen, in Nissenhütten und Baracken untergebracht. Mancherorts sind auch ganze Stadtteile für sie geräumt worden, beispielsweise in Greven, wo dreitausend Einwohner Knall auf Fall ihre

«Displaced Persons» (DPs) 1945: Befreite «Fremdarbeiter», Franzosen, Russen, Polen und Slowaken, warten in Krefeld auf die Registrierung durch die 9. US-Armee.

Häuser verlassen mussten. Dem Verhältnis zwischen Einheimischen und «DPs» war dies, wie man sich denken kann, nicht sonderlich zuträglich.

Moskau bestand darauf, dass zuerst alle sowjetischen Bürger zurückgeführt wurden. Danach erst, von Oktober 1945 an, gaben die Sowjets den Weg durch ihre Besatzungszone auch für Polen frei. Obwohl es an Lokomotiven und Waggons mangelte, gelang es, zwischen Mai und September täglich 33 000 Zwangsarbeiter zu repatriieren. In den drei Westzonen verminderte dies die Zahl der DPs um 3,4 Millionen. Die Heimreise gestaltete sich allerdings nicht viel bequemer als vor Jahren der Hertransport: in Güterwaggons, die oft länger als acht Tage brauchten, ohne ausreichende Versorgung und unter unsäglichen sanitären Bedingungen. Und das Los, das viele der Rückkehrer zu Hause erwartete, war kaum weniger beklagenswert als das Schicksal, dem sie mit Mühe und Not entgangen waren.

Kein Wunder, dass eine große Zahl von DPs sich der Heimführung widersetzte – die Polen, weil sie in ein freies, nicht in ein kommunistisches Polen zurückkehren wollten; die Russen, weil sie fürchteten, das stalinistische Regime werde sie für ihre Zwangsverschleppung auch noch bestrafen. Die Furcht war nicht unbegründet: Heute wissen wir aus den inzwischen zugänglichen Moskauer Archiven, dass 157 000 der repatriierten Russen nach ihrer Rückkehr wegen Kollaborationsverdachtes hingerichtet, 250 000 nach Sibirien verbannt und Zigtausende in Arbeitsbataillone gesteckt worden sind.

Viele DPs versuchten, der Disziplin der Lager zu entkommen und sich auf eigene Faust zu versorgen – wobei «auf eigene Faust» ganz wörtlich zu nehmen ist. Sie marodierten, das heißt: sie zogen durchs Land, überfielen Bauernhöfe, immer wieder gab es Vergewaltigungen, Mord und Totschlag. Es bildeten sich regelrechte DP-Banden. Die Alliierten reagierten auf die Übergriffe mit verschärften Maßnahmen. Aus den Sammelstellen wurden stacheldrahtbewehrte Lager. Die DPs versuchten selber, den Rechtsbrüchen Einhalt zu gebieten. Die «Grevener Lagerzeitung» mahnte: «Nach langen Jahren schwerster Knechtschaft atmen wir frei. Genießen wir die Freiheit, aber genießen wir sie so, wie es sich für zivilisierte Menschen gehört. Undiszipliniertheit und Terror wollen wir in unseren Reihen nicht einreißen lassen.» Bei den kriminellen Elementen unter den DPs verfingen solche Mahnungen freilich nicht. Sie blieben ein fortdauerndes Problem – bis sich insgesamt die Zeiten besserten.

Und dann waren da ja auch die Millionen deutscher Soldaten, die nach der Kapitulation in Kriegsgefangenschaft geraten waren und nun nach Hause strebten – soweit sie nicht zur Zwangsarbeit in die Nachbarländer geschickt wurden oder aber, weit schlimmer, den Sowjets in die Hände gefallen waren. Diese Unglücklichen wurden ohne Federlesens abtransportiert.

Wer Glück hatte, blieb im Westen – wie der Elsässer Alfred Schoeb, der erzählte: «Ich kam nicht nach Rußland in Gefangenschaft, ich kam nach Stettin. Von August 1945 bis zum 17. Januar war ich dort und habe Schiffe beladen. Rußland hat Deutschland ausgebeutet, hat die Fabriken leergeräumt, hat Eisenbahnlinien abgebaut, hat Lokomotiven verladen und hat Getreide und Zucker ausgeführt. Das war unsere Tätigkeit in der Gefangenschaft in Stettin.»[4]

Andere wanderten von Lager zu Lager wie die ins Vorzimmer von Joseph Goebbels dienstverpflichtete Brunhilde Pomsel. Im brennenden Berlin wurde sie auf Panjewagen verladen, leichte, oft gummibereifte Pferdewagen ohne Verdecke, die damals allgegenwärtig waren, und dann mit dem Güterwagen nach Posen verfrachtet. Dort blieb sie ein halbes Jahr. «Das war echte Kriegsgefangenschaft. Da starben die Leute wirklich wie die Fliegen täglich. Es gab kaum etwas zu essen. Es war ein unsäglicher Dreck. Es gab Ungeziefer, ich bekam Typhus, es hat kein Mensch mehr einen Pfennig für mich gegeben. Aber ich bin ein zäher Brocken. Ich habe alles überstanden.» Danach überstand sie auch die inzwischen von den Sowjets benutzten Nazi-KZs Buchenwald («Morgens, mittags, abends Graupensuppe») und Sachsenhausen («Womit könnte man sich denn bloß das Leben nehmen? Man hatte ja nichts.»).

Die meisten Kriegsgefangenen, die den Sowjets in die Hände gefallen waren, wurden ins russische Binnenland oder nach Sibirien verfrachtet. Dort bauten sie an der Uferpromenade der Moskwa in der sowjetischen Hauptstadt den gewaltigen Wohnblock, der im Volksmund noch heute das «deutsche Haus» heißt, wurden in die Bergwerke des Donez-Beckens gesteckt oder leisteten im sibirischen Gulag Zwangsarbeit. Die Überlebenden berichteten hinterher von grausamen Härten, aber immer wieder auch von vielen einzelnen Russen, die ihnen verständnisvoll, hilfsbereit, auf rührende Weise menschlich gegenübertraten. Freilich, viele überlebten nicht. Von den 3,1 Millionen deutschen Soldaten, die 1945 in sowjetische Kriegsgefangenschaft gerieten, sind in den zehn Jahren darauf 2,2 Millionen zugrunde gegangen (von 5,7 Millionen sowjetischen Kriegsgefangenen in Deutschland hatten nur 2,4 Millionen überlebt). Als Bundeskanzler Konrad Adenauer zehn Jahre nach dem Kriegsende Moskau besuchte, um diplomatische Beziehungen zwischen der Sowjetunion und der Bundesrepublik aufzunehmen, waren von den «Plennis» (von «Woina Plenni», dem russischen Begriff für Kriegsgefangene) noch ganze zehntausend übrig. Deren Freilassung, immerhin, erwirkte er.

Ebenso wenig war es das große Los, bei den Franzosen in Kriegsgefangenschaft zu kommen. Lange Kolonnen marschierten aus der französischen Besatzungszone in Richtung Rhein. Sie wurden in die Lothringer Bergwerke gesteckt, auf Bauernhöfe zwangsverpflichtet, zu Aufräumungsarbeiten in den Städten und zum Minenräumen eingeteilt. Von den deutschen Kriegsgefangenen in Frankreich haben 21000 nicht überlebt. Viele starben an Entkräftung und Auszehrung – wobei freilich anzumerken ist, dass die Zivilbevölkerung in allen befreiten Ländern Europas ebenso darbte und fror wie die Heerschar deutscher Gefangener.

Auch bei Amerikanern und Briten war die Gefangenschaft kein Zuckerschlecken. Helmut Schmidt, damals 26 Jahre alt, Oberleutnant und Kriegsgefangener der Engländer, saß in einem englischen Lager in Belgien. «Wir waren schwach vor Hunger», erzählte er später. Verständnisvoll setzte er hinzu: «Die mangelnde Verpflegung war nicht böser Wille – man hatte einfach mit solch gewaltigen Zahlen an

Kriegsgefangenen nicht gerechnet.» So war es in der Tat. Allein in den ersten drei Aprilwochen machten die vorrückenden Amerikaner eine Million Gefangene. Weitere Millionen ergaben sich nach der Kapitulation. Zu Zigtausenden wurden die Gefangenen an Rhein, Nahe und Main auf den Uferwiesen zusammengetrieben. Ein Bericht schildert die dortigen Zustände:

«Unterkünfte und Baracken gibt es nur für die amerikanischen Wachmannschaften. In den Lagern herrscht drangvolle Enge. So sind allein im Lager Büderich bei Moers 250 000 Wehrmachtsangehörige interniert. Den Gefangenen stehen lediglich fünf Wasserzapfstellen zur Verfügung. Dadurch bilden sich Warteschlangen von bis zu tausend Mann, die auf etwas Wasser hoffen.» Auch die Lebensmittelversorgung war katastrophal. So berichtete nach seiner Freilassung ein Gefangener aus einem Lager bei Bad Kreuznach: «Wir zerrieben die Triebe und Blätter der Hecken und aßen sie, so daß nach vierzehn Tagen die Hecken wie Skelette aussahen.»

Ein anderer aus diesem Millionenheer der POWs gab später zu Protokoll: «Am 24. April wurde ich von den Amerikanern gefangen genommen und ins Lager Sinzig gebracht. Tausend Mann waren ein Camp. Die wurden in Hundertschaften eingeteilt und die wieder in Zehnerschaften. Man hatte ungefähr so viel Platz wie in einem mittleren Wohnzimmer. So mußten wir drei Monate unter freiem Himmel ausharren. Selbst die Verwundeten bekamen nur einen Bund Stroh. Und es regnete am Rhein. Tagelang. Und immer im Freien. Die Leute starben wie die Fliegen. Dann kam die erste Verpflegung. Das sage ich unter Eid: Zehn Mann bekamen eine Schnitte Brot, jeder Mann einen kleinen Streifen von einer Scheibe. Dazu zehn Mann einen Eßlöffel Milchpulver und einen Eßlöffel Zucker. Das alles drei Monate lang. Ich wog noch 95 Pfund. Jeden Tag wurden die Toten rausgeschafft. Dann gingen die Lautsprecher: ‹Deutsche Soldaten, eßt langsam. Ihr habt schon lange nichts mehr gegessen. Wenn ihr heute eure Verpflegung bekommt von der bestverpflegten Armee der Welt, dann müßt ihr sterben, wenn ihr nicht langsam eßt.› Die Leute waren nur noch Jammergestalten. Wir sahen so aus wie die KZ-Häftlinge, die man uns später in Filmen zeigte. Am 21. Juni wurden wir mit Viehwagen nach Hause gebracht.»[5]

In vielen Lagern brachen Seuchen aus. An Ruhr Erkrankte lagen kraftlos und kotbeschmutzt auf der Erde. Etwa 100 000 starben in westalliierten, 1,1 Millionen in sowjetischen Lagern. Von den 194 000 Wehrmachtsangehörigen, die sich in Jugoslawien ergeben hatten, sind 80 000 umgekommen.

Damit auch die kleineren befreiten Länder die Möglichkeit bekamen, Kriegsgefangene zur Zwangsarbeit einzusetzen, überstellten die Amerikaner rund 664 000 an Frankreich, 64 000 an Belgien, 7000 an Holland. Die übrigen wurden nach und nach entlassen. In überfüllten Zügen, auf holzgasbetriebenen Lastern oder zu Fuß traten sie den Weg nach Hause an.

Fast zwölf Millionen deutsche Soldaten befanden sich bei Kriegsende in Gefangenschaft. Die Glück hatten, rund fünf Millionen, waren im Sommer wieder daheim.

Zu all dem Elend kamen nun noch die Flüchtlinge. Nicht allein die Millionen, die vor der anrückenden Roten Armee geflohen waren, sondern auch jene, die jetzt aus dem Osten von den neuen Herren aus ihrer Heimat vertrieben wurden – aus den Gebieten östlich von Oder und Neiße, die sich die Polen ohne Verzug aneigneten, aus Böhmen und Mähren, wo sich die Tschechen erhoben und ihre Wut an den Sudetendeutschen ausließen, aus den deutschen Siedlungsgebieten schließlich in der Slowakei, in Ungarn und auf dem Balkan. Es waren nochmals mehrere Millionen, eine Dreiviertelmillion aus Rumänien, eine halbe Million je aus Jugoslawien und Ungarn, 3,1 Millionen aus der Tschechoslowakei. Zu den Letzteren kamen noch über eine Million Flüchtlinge aus Schlesien.

Im Oktober hatte Eduard Beneš, der tschechoslowakische Exilpräsident, in der Zeitschrift *Foreign Affairs* geschrieben, die Fortführung der alten Minderheitenpolitik sei nicht mehr möglich, wenn diese von einem imperialistischen Deutschland missbraucht werde, um seine Expansion voranzutreiben. Daher sei der «Transfer», wie er die Austreibung der Deutschen beschönigend nannte, der größtmöglichen Zahl vorzusehen. Ehe die neue Prager Regierung jedoch die Umsiedlung in organisierter Weise einleiten konnte, brach in der Tschechoslowakei der Aufstand gegen die Nazi-Herrschaft los – am 5. Mai in Prag, andernorts bald danach. In einer ersten Welle «wilder» Vertreibung wurden 700 000 bis 800 000 Deutsche gleich nach dem Fall des Reiches außer Landes gejagt, davon 150 000 nach Österreich. Dabei spielten sich schreckliche Szenen ab. Sie trafen im «Reichsprotektorat Böhmen und Mähren» wie auch im deutschen Osten Menschen, die schon bei der Besetzung durch die Rote Armee Schlimmstes durchgemacht hatte. In den «Dokumenten zur Vertreibung» der Deutschen ist dies für beide Gebiete auf erschütternde Weise belegt.

Es ist müßig, das Panorama des Grauens in aller Breite auszumalen. Wo der Hass lodert, ethnisch aufgeladen und moralisch akzentuiert, wird der Mensch leicht zum Unmenschen. «Jeder Deutsche war Nazi, jeder Deutsche war daher vogelfrei» – so haben es viele erlebt.

Zitieren wir ein Beispiel aus Niederschlesien, den Bericht des Pfarrers Georg Gottwald, Dechant von Grünberg, über die Gewalttaten russischer Truppen nach dem Einmarsch: «Die Russen rückten am 14. Februar 1945 in Grünberg ein. Von 35 000 Bewohnern waren ca. 4000 in der Stadt verblieben. Nach Aussagen russischer Soldaten waren Stadt und Landkreis für drei Tage zur Plünderung freigegeben, in Wirklichkeit dauerte sie mehrere Wochen. Überall lohten Brände auf, ganze Straßenfronten brannten vollkommen ab. Bis Mitte Juni gab es in der Stadt weder Licht noch Wasser, die wenigen Brunnen reichten bei weitem nicht aus. Wasserwerk, Lichtzentrale wurden gesprengt, die Gastanks abgeblasen.

Die Stadt hallte bei Tag und Nacht wider vom Wehgeschrei der gequälten, vergewaltigten Einwohner. Frauen und Mädchen wurden Freiwild. In mein Pfarrhaus flüchteten eine große Anzahl von Mädchen und Frauen, die zwanzig- bis vierzigmal an einem Tag in ununterbrochener Reihenfolge vergewaltigt worden waren. Lustmorde wurden mir mehrere gemeldet (Aufschlitzen des Leibes/der Geschlechtsteile, Abschneiden der Brüste usw.). Ich habe die Leichen gesehen und beerdigt.

Wie furchtbar diese Greueltaten waren, läßt sich daraus ermessen, daß von den 4000 Zurückgebliebenen in den ersten vierzehn Tagen über 500 Personen an Selbstmord endeten (ganze Familien, Männer, Frauen, darunter Kinder, Ärzte, hohe Gerichtsbeamte, Fabrikanten und begüterte Bürger). Die Leichen der Selbstmörder durften zwei Wochen lang nicht beerdigt werden. Sie mußten in den Wohnungen verbleiben oder wurden auf den Bürgersteigen zur Abschreckung der anderen ausgestellt. Kapitalisten (Fabrikherren), derer man habhaft werden konnte, Männer, in denen man Soldaten vermutete – der Besitz von ein Paar Stiefeln oder eines Monturstücks genügte –, ebenso Männer, die ihre Frauen und Töchter verteidigen wollten, wurden sofort erschossen oder erschlagen.

Die Möbel von geflüchteten Personen, alles an Kleidern, Wäsche usw. wurde auf Lkw verladen und nach Rußland geschafft, der weniger kostbare Besitz zum Fenster hinausgeworfen oder in Müll-, Kies- und Sandgruben geschafft, alles zertrümmert. Deutsche Frauen mußten, in Kolonnen eingeteilt, wochenlang diese ‹Räumung› unter Aufsicht von Flintenweibern und russischen Troßknechten unter entsprechender Behandlung vornehmen.»[6]

Vergewaltigungen waren wochenlang an der Tagesordnung, ebenso Plünderungen. Immer wieder stößt man freilich auch auf Berichte über mitfühlende Russen. Was die Menschen vor allem in Furcht versetzte, war die Unberechenbarkeit der Rotarmisten. Typisch dafür ist der folgende Bericht eines Breslauers: «Man muß erlebt haben, wie der russische Soldat mit deutschen Kindern sein letztes Brot teilt oder wie ein russischer Kraftfahrer ein altes Mütterchen auf der Landstraße samt ihrem halb zerbrochenen Handwagen unaufgefordert auflädt und heimbringt; man muß aber auch erlebt haben, wie dieselben sich auf einem Friedhof auf die Lauer legten, um dort einzeln gehende trauernde Frauen und Mädchen zu überfallen, auszuplündern und zu vergewaltigen.»[7]

Nicht viel anders ging es im Reichsprotektorat zu. Die Rote Armee, die am 5. Mai in Prag einzog, verhielt sich wie überall: Im triumphierenden Siegestaumel plünderte und schändete, sengte und mordete sie. Die Tschechen aber benahmen sich gegenüber den Deutschen in Böhmen und Mähren wie die Polen gegenüber den deutschen Einwohnern der Oder-Neiße-Gebiete, den «wiedergewonnenen Gebieten», wie sie es sahen. Lang angestaute Wut und Rachsucht brachen sich Bahn. Allenthalben kam es zu Übergriffen und Misshandlungen.

Eine Deutsche schilderte ihre Erlebnisse in Prag am Tag nach der Kapitulation: «Am 9. Mai mußten alle Frauen ohne Kinder – die Älteste war 75 Jahre – auf dem Hof antreten. Wir wurden in Arbeitsgruppen eingeteilt und dann mit erhobenen Händen bis zur Moldau-Brücke durch die Straßen gejagt. Sobald jemand die Arme sinken ließ, wurde er von den Begleitmannschaften mit dem Gewehrkolben bearbeitet. Noch schlimmer gebärdete sich der Pöbel auf der Straße. Hier taten sich besonders ältere Frauen hervor, die mit Eisenstangen, Knüppeln und Hundepeitschen bewaffnet waren. Einige von uns wurden so zusammengeschlagen, daß sie zusammenbrachen und liegen blieben.»[8]

Schlimmer noch erging es drei Wochen später den 25 000 Deutschen in Brünn. Am 30. Mai zogen Angehörige der neu gebildeten tschechischen Nationalgarde kurz vor 9 Uhr abends durch die Straßen und trommelten die deutschen Bürger heraus: Um neun Uhr sollten sie, in jeder Hand ein Gepäckstück, vor ihren Häusern stehen. «Den Frauen blieben zehn Minuten, die Kinder zu wecken und anzuziehen, ein paar Habseligkeiten zusammenzupacken und sich auf die Straße zu stellen.» Dort mussten sie den Nationalgardisten allen Schmuck, ihre Uhren, Wertsachen, Pelze und alles Bargeld aushändigen; nur den Ehering durften sie behalten. Dann wurden sie mit vorgehaltenen Gewehren der Grenze entgegengetrieben. Die österreichischen Grenzer jedoch versperrten ihnen den Weg und verweigerten die Aufnahme. Auf der tschechischen Seite mussten sie daraufhin unter freiem Himmel kampieren. In einem notdürftig errichteten Lager verbrachten sie die nächsten Wochen. Hunderte starben an Unterernährung und an den Folgen der katastrophalen hygienischen Verhältnisse.

Auch den deutschen Einwohnern des nordböhmischen Elbstädtchens Aussig spielten die Tschechen übel mit. In einem Pogrom, offensichtlich in Prag angezettelt und von dort aus gesteuert, wurden sie aus ihren Häusern gezerrt, durch die Straßen gejagt, mit Knüppeln erschlagen oder erschossen. Viele stürzten die Milizen von den Elbbrücken in den Fluss; Gewehrfeuer erledigte die im Wasser Treibenden. Nach amtlichen tschechischen Angaben kamen bei dem Massaker einige Dutzend bis einhundert Personen ums Leben. Hingegen beliefen sich deutsche Schätzungen, die von einer wissenschaftlichen Kommission der Bundesregierung später bestätigt wurden, auf tausend bis dreitausend Ermordete.

Den Alliierten missfiel diese «wilde» Vertreibung der Deutschen, obwohl sie im Grundsatz die Aussiedlung guthießen, wie sie ja auch die ethnische Säuberung der Oder-Neiße-Gebiete billigten. Die systematischen Ausschreitungen sahen sie jedoch mit Unbehagen; auch befürchteten sie, die Ströme der Vertriebenen könnten ihnen in ihren eigenen Besatzungszonen Schwierigkeiten bereiten. Auf der Potsdamer Konferenz forderten sie daher eine Überführung «in ordnungsgemäßer und humaner Weise» und veranlassten die Tschechen zu einer zeitweisen Aussetzung der Aktion. Inzwischen waren Anfang Juni die «Beneš-Dekrete» in Kraft gesetzt worden, Vergeltungserlasse, welche die Vertreibung der Deutschen in amtliche Bahnen lenkten. An die Stelle unkontrollierter Ausschreitungen, begangen von Einzelnen oder von aufgebrachten Menschenmassen, trat fortan die kalte Härte staatlicher Maßnahmen. Ende Januar 1946 wurde die «Abschuba Aktion» fortgesetzt, die dann auch die noch verbliebenen 2,5 Millionen Deutschen aus ihrer seit Jahrhunderten angestammten Heimat trieb. Dreißig bis fünfzig Kilo Gepäck und tausend Reichsmark pro Kopf war alles, was sie mitnehmen durften.

Genauso schikanös ging es bei den Polen zu. Den Deutschen wurden Lebensmittelkarten vorenthalten, und sie durften keiner bezahlten Arbeit nachgehen. Der damalige Kontrollratsbeamte Michael Balfour, ein Engländer, hat aus amtlicher Kenntnis über die Vorgänge berichtet, die sich am 6. Oktober in Breslau abspielten: «In der Morgenfrühe befahlen fünf polnische Milizsoldaten einem Lehrer und seiner Frau, innerhalb von zehn Minuten ihre Wohnung zu räumen. Dem Lehrer wurde sämtliches Geld abgenommen. Nachdem er sich mit 130 anderen am Sammelpunkt eingefunden hatte, wurde sein spärliches Handgepäck untersucht und erheblich erleichtert ... Auf Pferdefuhrwerken wurden sie allesamt zum Bahnhof geschafft und in Viehwagen verladen, die bar jeder hygienischen Einrichtung, von sechs Uhr abends bis sechs Uhr morgens plombiert blieben ... Die Fahrt dauerte elf Tage, und in neun von elf Nächten wurden die Reisenden ausgeplündert.»[9]

Der englische Verleger Victor Gollancz – Jude, entschiedener Hitlergegner und zugleich ein überzeugter Menschenrechtler – schrieb 1946: «Sofern das Gewissen der Menschheit jemals wieder empfindlich werden sollte, werden diese Vertreibungen als die unsterbliche Schande all derer im Gedächtnis haften bleiben, die sie veranlasst oder sich damit abgefunden haben.» Doch ist die brutale ethnische Säuberung ein halbes Jahrhundert später zum tragfähigen Fundament des neuen, nach dem Fall des Eisernen Vorhangs wieder vereinigten Europa geworden. Anders wäre ein Ausgleich schwerlich zustande gekommen. Zuweilen geht die Geschichte sehr krumme Wege.

Die Flüchtlinge, die Heimkehrer aus Kriegsgefangenschaft, die befreiten KZ-Häftlinge und Ostarbeiter – sie alle wirbelten im Chaos des Kriegsendes durch ein Deutschland, in dem kaum noch ein Stein auf dem anderen stand, in dem Familien auseinander gerissen waren, die Maschinen in den Fabriken stillstanden und der Verkehr auf Straße und Schiene nahezu zum Erliegen gekommen war. Auch die Versorgung war so gut wie zusammengebrochen. Schon im Februar hatte der schleswig-holsteinische Gauleiter Hinrich Lohse festgestellt: «Wir können nicht mehr verhindern, daß das Volk hungert, nur noch, daß es verhungert.» Seitdem hatte sich die Ernährungslage rapide verschlechtert. Da half nur Improvisieren, «Hamstern» auf dem Lande, «Organisieren», wie das rasch sich zu hoher Kunst entwickelnde Sichversorgen durch Tauschhandel oder auf dem rapide aufblühenden Schwarzmarkt damals genannt wurde.

Ein US-Soldat nach Beendigung der Kämpfe in den Ruinen von Köln.

Die Bilanz des Krieges lastete auf den Gemütern. Zerbombte Städte, in denen fünfhunderttausend Zivilisten den Tod gefunden hatten. Vierzehn Millionen Flüchtlinge und Vertriebene; 2,8 Millionen, die auf der Flucht ums Leben gekommen waren; 3,76 Millionen gefallene deutsche Soldaten, eine halbe Million Vermisste; vier Millionen Verwundete, von denen viele an Krücken durch die Trümmerwelt humpelten – Wolfgang Borcherts Unteroffizier Beckmann, der Mann mit der Gasmaskenbrille und dem steifen Knie aus «Draußen vor der Tür», wurde zum Sinnbild der ganzen heillosen Epoche. «Die beiden Männer saßen auf der Kaimauer der Mauer und ließen drei Beine übers Wasser hängen» – der makabre Satz des Dichters fing die graue Wirklichkeit wie in einem Brennglas ein.

Die Gefühlslage jener Gesellschaft im Zusammenbruch können wir aus vielerlei Einzelzeugnissen rekonstruieren. So ist in den Akten der geschäftsführenden Regierung Dönitz einer der letzten SD-Berichte überliefert. Er stammt von Ende März 1945 und kennzeichnet die Stimmung kurz vor dem Untergang des Reiches. «Jeder einzelne sieht sich vor die nackte Existenzfrage gestellt», stellt der Bericht bündig fest. Dabei gebe es kaum noch Unterschiede zwischen Wehrmacht und Zivilisten, Partei und Nichtpartei, «solchen, die führen, und solchen, die geführt werden», zwischen einfachen Leuten und Gebildeten, Stadt und Land, Anhängern und Gegnern des Nationalsozialismus. Vier Dinge fielen dem Berichterstatter auf.

Erstens: der Rückzug in die kleinen Gemeinschaften. «Allgemein ist der Drang, daß sich Sippen und Familien zusammenschließen; wenn das äußerste Unglück über Deutschland hereinbricht, dann wollen es die Menschen, die zusammengehören, wenigstens gemeinsam tragen.»

Zweitens: der Versorgungsmangel. «Die Bevölkerung wird mit dem, was sie hat, nicht mehr satt. Kartoffeln und Brot reichen nicht mehr aus. Die Großstadtfrauen haben jetzt schon Mühe, das Essen für die Kinder zu beschaffen. Zu allem Unglück kommt daher das Gespenst des Hungers.»

Drittens: die Perspektivlosigkeit. «Alles Planen beginnt zu versagen. Es sieht so aus, als wenn alles rastlose Improvisieren nichts mehr hilft … Ein Großteil des Volkes hat sich daran gewöhnt, nur noch für den Tag zu leben. Es wird alles an Annehmlichkeiten ausgenutzt, was sich darbietet. Irgendein sonst belangloser Anlaß führt dazu, daß die letzte Flasche ausgetrunken wird, die ursprünglich für die Feier des Sieges, für das Ende der Verdunkelung, für die Heimkehr von Mann und Sohn aufgespart war. Viele gewöhnen sich an den Gedanken, Schluß zu machen. Die Nachfrage nach Gift, nach einer Pistole und sonstigen Mitteln, dem Leben ein Ende zu bereiten, ist überall groß.»

Viertens: die Abkehr vom Nationalsozialismus. «Aus der tiefgreifenden Enttäuschung, daß man falsch vertraut hat, ergibt sich bei den Volksgenossen ein Gefühl der Trauer, der Niedergeschlagenheit, der Bitterkeit und ein aufsteigender Zorn … Aus dem Empfinden der Ohnmacht, daß wir dem Untergang entgegensehen, entwickelt sich jetzt jenseits der Einstellung gegenüber dem Feind eine gefährliche Einstellung zur eigenen Führung, die sich in Äußerungen ankündigt wie: ‹Das haben wir nicht verdient, daß wir in eine solche Katastrophe geführt werden.›»[10]

Nach dem Ende verstärkten, ja potenzierten sich diese sehr scharf beobachteten Gefühlsregungen. Die Menschen rückten noch enger im Familienkreis zusammen und bestärkten damit eine altbekannte Erfahrungstatsache: Wenn es im Dorf brennt, rennt jeder instinktiv zu seinem eigenen Haus. Die Versorgungsmängel wurden nun noch spürbarer, der Kampf ums tägliche Brot noch erbarmungsloser. Der Zukunftshorizont aber verfinsterte sich zusehends weiter, und es wuchs die «große graue Zahl» derer, «die keine Lust mehr haben, die nicht mehr wollen oder nicht mehr mögen, die einfach nicht mehr können» (Wolfgang Borchert). Die Zahl der Selbstmorde stieg in der Zeit von Anfang Mai bis Dezember 1945 rasant an.

Und die Abkehr vom Nationalsozialismus setzte sich so massiv wie rapide fort. Viele Beobachter verwunderten, ja mokierten sich darüber. So schrieb Martha Gellhorn, Hemingways zweite Frau und ebenfalls Kriegsberichterstatterin, im April 1945 voller Sarkasmus: «Niemand ist ein Nazi. Niemand ist je einer gewesen.»

112

In ähnlichem Sinne ließ sich auch Erika Mann aus. «Politisch gesehen, sind die Deutschen apathisch», schrieb sie damals. «Während
viele von ihnen vorgeben, den Nazismus satt zu haben, habe ich
nicht einen einzigen getroffen, der angab, je an Anti-Nazi-Aktivitä-
ten beteiligt gewesen zu sein ... Die Mehrzahl gab zu, daß sie 1939
und 1940, als alles noch ‹rosig› aussah, voll und ganz hinter dem ‹Führer› gestanden hätten. Die wenigen, die angaben, daß sie ihn schon
damals nicht gemocht hätten, beschwerten sich über seine Kurzsich-
tigkeit, Rußland und die USA zu unterschätzen und anschließend zu
provozieren. Von moralischen Bedenken war keine Rede.»[11]

Wie es wirklich gewesen ist, vermögen auch diejenigen nur mit
Mühe zu sagen, die den Zusammenbruch bei vollem Bewusstsein
miterlebt haben. «Nichts ist schwerer», hat André Malraux einmal an-
gemerkt, «als heute zu sagen, was man damals gewußt hat.» Fügen wir
hinzu: Genauso schwierig ist es, heute zu sagen, was man zu jener
Zeit geahnt, gedacht und empfunden haben mag.

Fünfzig Jahre nach dem Kriegsende haben die Deutschen darüber
gestritten, was das denn damals gewesen sei: Zusammenbruch oder
Befreiung. So hat freilich 1945 kaum jemand die Frage gestellt. In
Wahrheit war es beides: Zusammenbruch und zugleich Befreiung.

Der Zusammenbruch war offenkundig. Viele hatten nur das nackte Leben gerettet. Viele hatten ihre Heimat verloren, viele ihre Wohnung. Die Städte lagen in Trümmern. Industrie, Gewerbe und Hand-
werk existierten praktisch nicht mehr. Die Verwaltung funktionierte
nicht, auch nicht die Schulen und Universitäten. Den Deutschen flogen die Scherben des Reiches um die Ohren.

Die Besatzungsherrschaft der Sieger erschien zunächst mehr als
Bedrückung denn als Befreiung. Gewiss, man war befreit von der
Angst – der Angst, die nächste Bombennacht nicht zu überleben; der
Angst um Mann oder Sohn an der Front; der Angst, dass der Krieg
noch endlos weitergehen könne. Dafür plagten nun neue Ängste die
Menschen. Die Ängste des Alltags: Wie bis morgen überleben?
Zukunftsängste: Was würde aus einem werden – und was aus
Deutschland? Und ganz beklemmende innere Ängste: Wie weit war

man selber schuldig geworden in den Jahren der Hitlerei, schuldig im Handeln, schuldig im Denken, schuldig im Gewährenlassen, im Nichtaufbegehren gegen Unrecht?

Alle waren froh, dass es vorbei war. Der schizophrene Zustand war beendet, in dem Millionen von Soldaten so zerklüftet waren in ihrem Denken wie Helmut Schmidt: «Tagsüber kämpften wir – teils um unser eigenes Leben zu bewahren und um nicht in Kriegsgefangenschaft zu fallen, aber teils eben auch, weil wir dachten, es sei unsere Pflicht, unserem eigenen Lande zu dienen, auch wenn wir die Nazis ablehnten ... Wir waren wirklich schizophren: Am Tage haben wir, Millionen deutscher Soldaten, Hitlers Herrschaft verlängert, in der Nacht aber wünschten wir sehnlichst das Ende des Krieges und das Ende der Nazizeit herbei.»

Wirklich befreit fühlten sich die politischen Gegner des Hitler-Regimes, wer aktiv im Widerstand mitgetan hatte, wer als Jude, Zigeuner oder Homosexueller verfolgt worden war. Sie alle atmeten im Mai 1945 auf. Zum Beispiel Gerd Bucerius, der nachmalige Gründer und Verleger der ZEIT, der voller Hass auf das Nazi-Regime war und die englischen Bomber herbeigesehnt hatte, «um den Weltenfeind Hitler niederzukämpfen». Jahre später erregte er Aufsehen, als er bekannte, er habe damals während dreier nächtlicher Luftangriffe auf dem Dach seines Häuschens in der Hamburger Vorstadt gestanden, sei hinterher durch die zerstörten Straßen mit halb verbrannten Toten gegangen, habe Grauen und Mitleid empfunden. Und er habe gebangt – um die britischen Piloten. «Sie waren ja tapfer und taten das, was ich von ihnen erhoffte. Ich habe mein Land immer geliebt. Und jetzt mußte ich den Untergang seiner schönsten Stadt wünschen. Wie ein Monster! Nichts, was ich seit dem sage und tue, kann noch normal sein. Ein schwieriges Vaterland.»

Als Zusammenbruch aber empfanden das Ende des Dritten Reiches all jene, die naiv-idealistisch an Hitler geglaubt hatten. Sie standen nun verbittert vor dem Scheitern ihrer Illusionen, vor der Sinnlosigkeit ihrer Hingabe und vor der Vergeblichkeit ihres Leidens – vollends, als ihnen die von den Besatzungsmächten verordneten

Besichtigungen der Leichenberge in den befreiten Konzentrationslagern ein für alle Mal den wohlfeilen Trost nahmen, dass die Dokumentarfilme und Fotos, die nun allüberall gezeigt wurden, lediglich Fälschungen der alliierten Propagandazentralen wären.

Theodor Heuß, der vier Jahre später der erste Bundespräsident wurde, hat das Kriegsende einmal so gekennzeichnet: «Im Grunde genommen bleibt dieser 8. Mai 1945 die tragischste und fragwürdigste Paradoxie für jeden von uns. Warum? Weil wir erlöst und vernichtet in einem gewesen sind.»

Bei den meisten Deutschen überwog damals das Gefühl des Vernichtet-worden-Seins die Erleichterung über die Erlösung. Erst im Abstand von vierzig Jahren konnte einer der Nachfolger im Amt des Bundespräsidenten, Richard von Weizsäcker, auf uneingeschränkten Beifall zählen, als er sagte: «Der 8. Mai war ein Tag der Befreiung. Er hat uns alle befreit von dem menschenverachtenden System der nationalsozialistischen Gewaltherrschaft. Niemand wird um dieser Befreiung willen vergessen, welche schwere Leiden für viele Menschen mit dem 8. Mai erst begannen und danach folgten. Aber wir dürfen nicht im Ende des Krieges die Ursache für Flucht, Vertreibung und Unfreiheit sehen. Sie liegt vielmehr in seinem Anfang und dem Beginn jener Gewaltherrschaft, die zum Kriege führte. Wir dürfen den 8. Mai 1945 nicht vom 30. Januar 1933 trennen.»[12]

Nach sechzig Jahren tritt ein Faktum mit großer Eindeutigkeit hervor, das damals schwer zu erkennen und noch schwerer zu glauben war: Der braune Spuk war vorüber, der Nationalsozialismus ein für alle Mal erledigt. Die Deutschen mochten apathisch sein, sie mochten sich im Schock des katastrophalen Endes auch der Einsicht in die Wurzeln ihres nationalen Unglücks zunächst verschließen. Eines jedoch waren sie nicht mehr: Nazis.

Da war niemand, der die Fackel aufnahm, die Hitler entglitten war – eine Hoffnung, der er sich im Berliner Führerbunker anfangs noch hingegeben hatte. Es gab nie eine Werwolf-Guerilla (wie die US-Außenministerin Condoleezza Rice sechs Jahrzehnte nach dem Ende des Dritten Reichs behauptete, um die chaotische Lage im besetzten

Irak zu beschönigen). Es gab auch jene Alpenfestung nicht, von der das alliierte Oberkommando befürchtete, dass sie den Kampf über die Kapitulation hinaus in blindem Nibelungenwahn fortsetzen werde. Vorbei war einfach vorbei. Und es gab vor allem keine Trauer um Adolf Hitler. Im Gegenteil: Das deutsche Volk, das der Führer des Überlebens für unwürdig erklärt hatte, reagierte auf die Nachricht von seinem Tode mit Erleichterung und Teilnahmslosigkeit. Es war wie bei einer elektrischen Kochplatte: Sobald der Strom abgeschaltet ist, erkaltet sie.

Seinem Vernehmungsbeamten im luxemburgischen Internierungslager Mondorf erklärte Hitlers Reichsinnenminister Wilhelm Frick, die deutsche Jugend sei für immer nazifiziert. Robert Ley, der alkoholselige Reichsarbeitsführer, war überzeugt, Mondorf werde eine «Pilgerstätte für künftige deutsche Generationen» werden. Leute wie der britische Deutschenhasser Lord Vansittart befürchteten genau dies und blieben daher unversöhnlich: «Vermutlich wird eine Niederlage allein den Feind nicht zähmen, dessen unersättliche Aggressivität dauerhaft und berüchtigt ist und niemals von Sieg oder Niederlage beeinflußt wurde.»[13] Sie alle, die Unentwegten auf beiden Seiten, täuschten sich. Das Ergebnis von zwölf Jahren Hitlerei war zu katastrophal, als dass irgendjemandem danach hätten sein können, dem toten Führer Altäre zu bauen. Die Katastrophe, in die er das Land geführt hatte, zerstörte jeden denkbaren Kristallisationspunkt fortdauernder Verehrung.

«Mit Hitler verschwand der Nationalsozialismus fast über Nacht» – an diesem Befund des Historikers Hans-Ulrich Thamer ist schwerlich zu rütteln. «Es waren nicht nur Angst und Opportunismus, die schon vor dem Eintreffen der Besatzungstruppen Führerbilder und Parteiabzeichen verschwinden ließen. Sie hatten sich ebenso überlebt, wie der Führer-Mythos noch vor dem Tod Hitlers aufgezehrt war. Das letzte Vertrauen in die Führung war mit dem Vordringen der alliierten Truppen in Deutschland lawinenartig abgerutscht. Was interessierte, war das nackte Überleben. Mit seiner weltanschaulichen Erziehung hatte der Nationalsozialismus am Ende das Gegenteil erreicht: eine vollkommene Entpolitisierung und die Sehnsucht nach dem kleinen individuellen Glück.»[14]

In dem zitierten SD-Bericht vom März 1945 war dies auch schon angeklungen. «Es ist der breiten Masse derzeit ganz einerlei, wie das künftige Europa aussieht», hieß es da. «Aus allen Gesprächen ist zu entnehmen, daß sich die Volksgenossen aller Schattierungen so bald als möglich den Lebensstandard der Vorkriegszeit herbeiwünschen und gar keinen Wert darauf legen, in die Geschichte einzugehen.»[15]

Als Retter hatten die Deutschen Hitler begrüßt, der sie aus den politischen Nöten und persönlichen Ängsten erlösen sollte, die der Versailler Friedensvertrag nach dem Ersten Weltkrieg, die Inflation der frühen zwanziger Jahre und die Weltwirtschaftskrise zu Beginn der Dreißiger heraufbeschworen hatte. Als großer Zerstörer schied er von ihnen. Selbst wenn sie die Kraft dazu gehabt hätten, sie waren nicht geneigt, ihm nachzutrauern. Im August 1945 schrieb der neue Landrat im fränkischen Gunzenhausen, einst eine Hochburg der NSDAP, in seinem ersten Nachkriegsbericht: «Obwohl der Krieg erst seit einigen Monaten beendet ist, wird vom Nationalsozialismus nicht mehr, und wenn schon, dann im nachteiligen Sinne gesprochen.»

Mit der Kapitulation war das Kapitel der NS-Herrschaft abgeschlossen. Die fatale Faszination, die das Hakenkreuz auf ein ganzes Volk ausgeübt hatte, war verflogen, verweht wie die Asche des großen Verführers im Garten der Neuen Reichskanzlei. Sein pathetischer Aufbruch von 1933, sein manisch überspannter Weltentwurf, der von ihm gezüchtete rassenstolze Vernichtungswahn, sein Wille zum Krieg, die lange Kette von Verbrechen, Verletzungen, Verlusten – das alles war Vergangenheit. Auf den Deutschen blieb, wo nicht eine kollektive Schuld, so doch ihre kollektive Schande sitzen. Das Gefühl dafür kam freilich erst später auf. Zunächst forderte die Gegenwart ihr Recht.

Die Zukunft aber? Fürs Erste überwog die Bitternis des Endes das Versprechen eines neuen Anfangs. Im Mai 1945 erschien die Zukunft den Deutschen verhangen. Sie wussten nicht, welches Schicksal ihrer harrte. Sie konnten es auch nicht wissen. Noch stritten die Sieger darüber, was aus Deutschland werden sollte.

Teilungspläne der Westalliierten

Plan der US-Regierung (Teheran 28.11.–1.12.1943)

Plan der britischen Regierung (Teheran 28.11.–1.12.1943)

Morgenthau-Plan (Konferenz von Quebec, September 1944)

Teilungspläne der Alliierten vor den Konferenzen von Jalta und Potsdam: Die Abtretung Ostpreußens an Polen bzw. die UdSSR war seit 1943 beschlossene Sache, ebenso die Abtretung großer Teile Schlesiens an Polen. Frankreich strebte von vornherein die Abtretung des Saarlandes an.

Blaupausen für Klein-Deutschland

Das künftige Schicksal Deutschlands beschäftigte die Alliierten schon seit der Casablanca-Konferenz vom Januar 1943. Damals verkündeten Roosevelt und Churchill den Grundsatz, dass Deutschland bedingungslos zu kapitulieren habe. Vor dem Kriegsende in Europa trafen sich die beiden Staatsmänner dann zweimal mit Stalin, um die Grundzüge ihrer Deutschlandpolitik festzulegen, im November 1943 in der iranischen Hauptstadt Teheran und im Februar 1945 in Jalta, dem Badeort der Zaren auf der Krim. Dabei blieben jedoch wesentliche Punkte unerledigt, weshalb Churchill unmittelbar nach der Kapitulation der Wehrmacht auf ein weiteres Treffen der Großen Drei drängte. Es wurde für den 15. Juli 1945 in das zerstörte Potsdam einberufen.

In groben Zügen waren sich Amerikaner, Briten und Russen seit Teheran einig. Deutschland sollte entwaffnet und entmilitarisiert werden; es würde Gebietsverluste im Osten hinnehmen und Reparationen zahlen müssen; seine Industrie sollte unter Kontrolle gestellt werden. Bis ins letzte Kriegsjahr hinein war auch von einer Aufspaltung des Reiches in mehrere Staaten die Rede, und der Gedanke, die Deutschen all ihrer Fabriken zu berauben und ihr Land in einen Kartoffelacker zu verwandeln, geisterte nicht nur dem amerikanischen Finanzminister Henry Morgenthau durch den Kopf. Im Detail jedoch gingen die Vorstellungen der Kriegsverbündeten weit auseinander. Jeder von ihnen hatte eigene Ansichten und verfolgte eigene Interessen. Einig waren sie sich in dem Vorsatz, Deutschland mit vereinten Kräften zu besiegen. Was nach dem Sieg werden sollte, ließen sie offen.

Die Formel von der «bedingungslosen Kapitulation» ist im Nachhinein von Kritikern als großer Fehler bewertet worden. Die Forderung nach bedingungsloser Kapitulation, argumentierten sie, habe den Krieg verlängert, indem sie die Deutschen und vor allem die Wehrmacht der Verzweiflung in die Arme trieb und damit bis zuletzt zu Hitler stehen ließ. Der britische Kriegspremier hat diesen Vorwurf stets zurückgewiesen. Fest umrissene Friedensbedingungen hätten «auf jede deutsche Friedensbewegung noch abstoßender» gewirkt. Es gab zwar Formulierungsversuche, wie Churchill berichtet, doch «sie wirkten schwarz auf weiß so fürchterlich, daß ihre Veröffentlichung den deutschen Kampfwillen nur geschürt hätte».

Seine und Roosevelts Gedankengänge erläuterte er 1944 vor dem Unterhaus: «Die Formulierung ‹bedingungslose Kapitulation› bedeutet nicht, daß das deutsche Volk vernichtet oder versklavt wird ... Bedingungslose Kapitulation bedeutet, daß die Sieger freie Hand haben. Sie bedeutet nicht, daß sie zu barbarischen Akten berechtigt wären oder daß sie beabsichtigen, Deutschland aus der europäischen Völkerfamilie zu tilgen. Doch erkennen wir keine aus anderen Gründen als allgemeinen Erwägungen der Zivilisation entspringenden Verpflichtungen an.»

Freie Hand den Siegern, war also die Parole. Aber was hieß dies konkret? Darüber hatte es in allen Hauptstädten der Alliierten und noch mehr zwischen ihnen Gezerre und Gezänk gegeben.

Während des Dreiergipfels von Teheran steuerte Churchill den Kremlherren in eine Sofa-Ecke der sowjetischen Botschaft und stellte die Frage zur Diskussion, «was nach errungenem Sieg zu tun sein werde». Stalin ließ sich bereitwillig auf das Thema ein. «Überlegen wir zuerst das Schlimmste, was passieren kann», sagte er.

Den weiteren Gang des Gesprächs hat Winston Churchill aufgezeichnet: «‹Deutschland besitze jede Fähigkeit, sich nach dem Krieg schnell zu erholen und binnen verhältnismäßig kurzer Zeit einen neuen zu beginnen›, fuhr Stalin fort. ‹Die Wiederentfachung des deutschen Nationalismus sei durchaus zu befürchten. Nach Versailles habe der Friede als gesichert gegolten, aber Deutschland habe sich sehr rasch erholt. Es sei deshalb eine starke Organisation zu schaffen, die Deutschland an der Auslösung eines neuen Krieges hindere. Daß Deutschland wieder auf die Füße kommen werde, davon sei er überzeugt. Auf meine Frage: ‹Innerhalb welcher Zeit?› antwortete er: ‹In fünfzehn bis zwanzig Jahren.› Ich erwiderte, der Frieden der Welt müsse auf mindestens fünfzig Jahre gesichert werden. Wenn er nur fünfzehn bis zwanzig Jahre dauere, hätten wir unsere Soldaten betrogen.

Stalin meinte, wir müßten eine Einschränkung der deutschen Industriekapazität erwägen. Die Deutschen seien ein tüchtiges Volk, voller Erfindungsgeist und sehr fleißig; sie würden nicht lange zu ihrer Erholung brauchen. Ich sagte, bestimmte Kontrollmaßnahmen seien sicher nötig. Ich würde ihnen jede Luftfahrt, zivile und militärische, untersagen und den deutschen Generalstab auflösen. Stalin: ‹Wollen Sie auch Uhren- und Metallmöbel-Fabriken verbieten, in denen ohne weiteres Granatenteile hergestellt werden können? Die Deutschen haben Kindergewehre fabriziert, mit denen Hunderttausende im Schießen ausgebildet wurden.›

‹Nichts ist endgültig›, erwiderte ich. ‹Die Zeit steht nie still. Einiges haben wir seither gelernt. Es ist unsere Pflicht, den Weltfrieden für mindestens fünfzig Jahre zu sichern, indem wir Deutschland entwaffnen und es entwaffnet halten, indem wir die deutschen Produktionsstätten überwachen, jede Luftschiffahrt verbieten und einschneidende territoriale Veränderungen vornehmen.»[1]

Im Verlauf des Gesprächs trat Churchill dafür ein, Preußen zu verkleinern und zu isolieren; dafür könnten Bayern, Österreich und Ungarn «einen größeren Bund ohne Aggressionstendenzen» bilden. Polen könne sich nach Westen verlagern «wie Soldaten, die seitlich wegtreten». Falls es dabei auf einige deutsche Zehen trete, könne man das nicht ändern; doch müsse Polen auf alle Fälle stark sein. Mit drei Streichhölzern demonstrierte der britische Premier seine Gedanken über die Westverlagerung Polens. «Das gefiel Stalin.» Allerdings widersetzte der sich der Idee, den Polen ganz Ostpreußen zu überlassen. Russland brauche den eisfreien Hafen Königsberg. Das war ein schlitzohriges Argument, denn Königsberg liegt 49 Kilometer vom offenen Meer am Ende des langen Seekanals, der in der Regel monatelang zufriert und mit Eisbrechern schiffbar gehalten werden muß. Es gab andere, wiewohl kleinere eisfreie Häfen im Baltikum, dessen sich die Sowjets ja bemächtigt hatten. Der Russe bluffte: Erhalte er

Königsberg, sei er bereit, Churchills Polen-Formel – Ostgrenze an der Curzon-Linie, Westgrenze an der Oder – zuzustimmen. Ungerührt merkte Churchill an, die Abtretung der deutschen Gebiete werde ihm nicht das Herz brechen. Auch Stalin ließ diese Frage kalt. Er sähe Deutschland am liebsten aufgeteilt, gab er zu Protokoll. Dies war für Roosevelt das Stichwort, einen drei Monate alten amerikanischen Plan vorzutragen, nach dem Deutschland in fünf unabhängige Staaten zerlegt werden sollte: Preußen; Hannover und Nordwestdeutschland; Sachsen; Hessen-Darmstadt und Hessen-Kassel; schließlich Bayern, Baden und Württemberg. Kiel, der Nordostseekanal und Hamburg sollten unter internationale Verwaltung gestellt werden, desgleichen das Ruhrgebiet und das Saarland. Churchill setzte sich demgegenüber noch einmal für seine Idee einer Nord-Süd-Teilung Deutschlands ein. Preußen müsse isoliert und streng behandelt werden; Sachsen, Bayern, die Pfalz, Baden und Württemberg seien vom Reich zu lösen und in einem «Donaubund» zusammenzufassen. «Süddeutschland beginnt keinen neuen Krieg; aber wir müssen die Dinge so gestalten, daß es sich nicht zu Preußen hingezogen fühlt.»[2]

Es kann nicht verwundern, dass Stalin Roosevelts Vorschlag vorzog. Seine Begründung: «Er verspricht eine größere Schwäche Deutschlands.» Von einem «Donaubund» wollte der Kremlherr gleich gar nichts wissen; zu leicht war Churchills Absicht zu durchschauen, mit der Schaffung eines solchen Bundes dem Vordringen der Sowjets ins Herz Mitteleuropas einen Riegel vorzuschieben. Auch traute Stalin den Süddeutschen nicht, «denn *alle* Deutschen kämpfen wie die wilden Tiere». Deutschland müsse auf jeden Fall so zersplittert werden, dass es sich nicht wieder vereinigen könne.

Der einflussreichste Verfechter der Teilungsidee in Washington, wahrscheinlich sogar ihr Urheber, war Sumner Welles, der als Unterstaatssekretär im US-Außenamt bis 1943 die Planung für Deutschland koordinierte. Nach seinem Ausscheiden aus dem diplomatischen Dienst schrieb er in seinem Buch «The Time for Decision», kein Volk habe mehr zum philosophischen, wissenschaftlichen, literarischen und musikalischen Erbe der modernen Zivilisation beigetragen als die Deutschen, doch seit zwei Jahrhunderten seien die teutonischen Stämme eine zerstörerische Kraft in der Staatengemeinschaft gewesen. «In dieser ganzen Zeit haben sie nie einen konstruktiven Beitrag zum Frieden in der Region oder in der Welt geleistet.» Für die Wurzel des Übels hielt er den deutschen Generalstab, der die gesamte Außenpolitik der zurückliegenden fünfundsiebzig Jahre und überdies ein gut Teil der Innenpolitik bestimmt habe. Wilhelm I., Bismarck, Wilhelm II., Hindenburg und selbst Hitler seien nur *figureheads* – Galionsfiguren – der Militärs gewesen. Es genüge daher nicht, den Militarismus in Deutschland auszurotten, das Reich müsse zerschlagen werden: «Deutsche Einheit heißt fortdauernde Bedrohung des Weltfriedens.» Wenn im Laufe der Zeit die internationalen Kontrollen über das besiegte Reich sich abschwächten, «wird ein zentralisiertes Deutschland einen weiteren Rachekrieg beginnen und ihn im Lichte der Erfahrungen führen, die seine Militärbefehlshaber in dem gegenwärtigen Krieg gesammelt haben». Folgerichtig schlug Welles eine Aufteilung Deutschlands in drei Staaten vor: ein katholisches Süddeutschland (Bayern, Württemberg, Baden); Mitteldeutschland, vorwiegend protestantisch, zusammengesetzt aus Nordhessen, Thüringen, Westfalen, Hannover, Oldenburg und Hamburg; und einen ebenfalls protestantischen ostdeutschen Staat, in dem Preußen (ohne Ostpreußen), Mecklenburg und Sachsen zusammengeschlossen wären. An die Möglichkeit, Deutschland zu demokratisieren, mochte Welles nicht glauben. Dazu sei die Jugend zu sehr indoktriniert, erzogen im unausrottbaren Geiste der Herrenrasse und in dem ebenso unerschütterlichen Glauben, dass den Deutschen die Weltherrschaft gebühre.[3]

In groben Umrissen legten die Großen Drei in Teheran auch schon die künftigen Grenzen Deutschlands fest. Es bestand weithin Übereinkunft: Das Reich sollte Königsberg und sämtliche Gebiete östlich und nordöstlich der Oder verlieren, dazu ein Stück Schlesien südlich der Oder, dessen genaue Ausdehnung indessen unklar blieb. Auch spielte das Gipfeltrio mit dem Gedanken, Deutschland in mehrere Staaten zu zerlegen, doch wurden Beschlüsse darüber nicht gefasst. Ein kurz zuvor eingesetzter interalliierter Ausschuss, die European Advisory Commission (EAC), sollte sich näher damit beschäftigen. Die EAC, die in London ununterbrochen tagte, traute sich an das Thema Zerstückelung jedoch nicht heran. Anfang 1944 legte die Kommission indessen nach langem Hin und Her einen Plan vor, der in groben Zügen umriss, welche Besatzungszonen den Siegermächten nach Kriegsende zugewiesen werden sollten: der Osten den Russen, der Nordwesten den Briten, Süddeutschland den Amerikanern.

Roosevelt sträubte sich, denn er hatte nicht Süddeutschland als amerikanische Besatzungszone im Auge, sondern Nordwestdeutschland. Unter allen Umständen gedachte er zu verhindern, dass die US-Truppen auf Nachschublinien durch Frankreich angewiesen wären. Der Präsident misstraute dem französischen Résistance-Helden Charles de Gaulle. Auch war er der Auffassung: «Frankreich ist das Baby der Briten»; jedenfalls wollte er nicht für die «Wiederherstellung» des Landes in Anspruch genommen werden. Am Ende brachte ihn Churchill mit dem Argument von seinen Forderungen ab, die Briten hätten während des ganzen westalliierten Vormarsches immer nördlich von den Amerikanern gestanden, und es würde sehr schwierig sein, die englischen und amerikanischen Streitkräfte einfach die Plätze tauschen zu lassen. Da Roosevelt aber unter keinen Umständen eine «eingesperrte» Besatzungszone ohne Zugang zum Meer wollte, setzte er durch, dass Bremen und Bremerhaven als Enklave in der britischen Zone den Amerikanern zugeschlagen wurden. Für den Transitverkehr nach Bremen und Bremerhaven traf er weit sorgfältigere Abmachungen als für den Transitverkehr nach Berlin. Danach erst, bei der Quebec-Konferenz im September 1944, akzeptierte er Süddeutschland als amerikanische Besatzungszone.

Das ganze Jahr 1944 ging die Diskussion über Deutschlands Zukunft nach dem Sieg der Alliierten weiter.

In Washington verfocht Präsident Roosevelt eine harte Linie. Seinem Kriegsminister Henry Stimson schrieb er: «Jeder einzelne Deutsche soll merken, daß Deutschland diesmal ein besiegtes Volk ist. Ich will nicht, daß die Deutschen verhungern. Haben sie selbst nicht genug zu essen, dann sollen sie dreimal täglich aus den amerikanischen Feldküchen Suppe bekommen ... Die Tatsache, daß sie ein besiegtes Volk sind, und zwar alle zusammen und jeder einzelne, muß ihnen so eingebleut werden, daß sie vor jedem neuen Krieg zurückschrecken ... Zu viele Menschen hier und in England glauben, nur ein paar Naziführer und nicht das ganze deutsche Volk seien verantwortlich für das, was geschehen ist. Das stimmt leider nicht mit den Tatsachen überein. Allen Deutschen muß beigebracht werden, daß sie an einer gesetzlosen Verschwörung gegen Recht und Sittlichkeit der modernen Zivilisation beteiligt waren.»[4]

Mit dieser Einstellung nahm Roosevelt das ganze deutsche Volk unterschiedslos in kollektive Haftung. So kritisierte er auch den Entwurf eines Handbuches für die künftige Besatzungspolitik, das in Anlehnung an Richtlinien aus der Zeit nach dem Ersten Weltkrieg empfahl, freundliche Beziehungen zwischen den amerikanischen Soldaten und der deutschen Bevölkerung zu pflegen. «Pretty bad», urteilte er. Damit werde bloß der Eindruck erweckt, Deutschland solle – «wie Holland oder Belgien» – so bald wie möglich wieder auf Vorkriegsniveau gebracht werden. Dies lag jedoch keineswegs in seiner Absicht. Der niederländischen Königin Wilhelmina schrieb er, er gehöre nicht zu den «Altruisten, die hofften, die Deutschen durch Nächstenliebe wieder zu Christen machen zu können».

Auf die Druckfahne dieses Handbuchs hatte den Präsidenten sein Freund und Finanzminister Henry Morgenthau aufmerksam gemacht. Morgenthau, Sohn eines jüdischen Emigranten aus Deutschland, war im Spätsommer 1944 durch das befreite Frankreich gereist. Empört über die deutschen Gräueltaten und erschüttert angesichts des hohen Blutzolls, den die Amerikaner bei der Landung in die Normandie hatten entrichten müssen, kehrte er nach Washington zurück und ließ in seinem Ministerium einen eigenen Deutschlandplan ausarbeiten.

Auf einer Rand-McNally-Landkarte zeichnete Morgenthau die

künftige Gestalt Deutschlands ein. Ostpreußen sollten sich Polen und Russen teilen; die Gebiete östlich der Oder – nicht aber Niederschlesien – an Polen fallen, Südtondern an Dänemark, das Saarland und die Pfalz an Frankreich. Ein großer Streifen, im Norden begrenzt von der Linie Husum–Schleswig, im Westen von der Ems, im Süden vom Main, sollte zur Internationalen Zone werden. Sie umschloss den Nord-Ostsee-Kanal, das Ruhrgebiet und das Rheinland.

So oder so ähnlich sahen auch andere Teilungspläne aus. Hier betrat Morgenthau kein Neuland. Einen «weichen Frieden» für Deutschland wollte auch sonst niemand. Aber was Roosevelts Finanzminister konkret vorschlug, erinnerte in seiner erbarmungslosen Härte an Georges Clemenceaus Haltung bei den Versailler Friedensverhandlungen nach dem Ersten Weltkrieg («Es gibt zwanzig Millionen Deutsche zuviel»). So rabiat dachte allenfalls noch Stalin, weshalb auch bis heute die Lesart nicht ganz aus der Welt ist, im US-Finanzministerium habe eine kommunistische Zelle um Morgenthaus Freund und Berater Harry Dexter White – der später wegen «unamerikanischer Umtriebe» verurteilt wurde und Selbstmord beging – dem Minister kräftig zugeredet, wenn nicht gar die Feder geführt.

Was Morgenthau im Sinn hatte, war ein harscher Punischer Frieden (über den Tacitus nach der Zerstörung Karthagos geschrieben hatte: «Sie schufen eine Wüste und nannten es Frieden»). Die Industrie an Ruhr und Saar sollte demontiert und für immer geschlossen werden: «Wenn man sie Fahrräder und Kinderwagen machen läßt, dann bauen sie auch gleich Flugzeuge.» Die Bergwerke wollte Morgenthau fluten lassen. Die gesamte Internationale Zone war zur völligen Entindustrialisierung vorgesehen; ihr sei auch jeglicher Handel mit dem übrigen Deutschland zu untersagen. Die Sieger mussten Deutschland derart schwächen, knebeln und überwachen, dass es in absehbarer Zukunft industriell nicht wieder auf die Beine komme.

Damit wollte Morgenthau es jedoch nicht bewenden lassen. Die rasche und harte Bestrafung von Kriegsverbrechern verstand sich für ihn von selbst. Eine Alliierte Bildungskommission, schlug er darüber hinaus vor, solle ein Umerziehungsprogramm ausarbeiten. Bis es so weit sei, müssten alle Schulen und Universitäten geschlossen bleiben. Auch sollten den Deutschen keine eigenen Medien zugestanden werden. Gnade kannte er nicht: «Was aus den Deutschen wird, ist mir egal. Ich würde jedes Bergwerk und jede Fabrik zerstören. Ich bin dafür, daß das alles erst einmal vernichtet wird. Über die Bevölkerung können wir uns danach den Kopf zerbrechen.»[5]

Morgenthau schaffte es, Roosevelt für seinen Plan zu gewinnen – und in Quebec im September 1944 auch Winston Churchill. Der war anfänglich vehement dagegen («England würde dadurch an einen Leichnam gekettet»). Dann ließ er sich aber überreden – vielleicht, weil Morgenthau mit einem 6,5-Milliarden-Kredit winkte? – und stellte sich mit dem ihm eigenen Überschwang hinter den Plan. Am Ende diktierte er selber die Endfassung, in der es hieß: «Dieses Programm zur Ausmerzung der Kriegsindustrie an Ruhr und Saar beruht auf der Erwartung, daß Deutschland vorwiegend in ein Ackerbau- und Weideland verwandelt wird.» Noch andere Wendungen grassierten: Kartoffelacker, *grassing down the Ruhr* (das Ruhrgebiet übergrünen), «aus den Deutschen ein Volk von Landwirten machen».

In Washington wie in London brach alsbald ein Sturm gegen das Morgenthau-Projekt los. Roosevelts Außenminister Hull nannte es *out of all reason* – bar jeder Vernunft. Wenn die Deutschen außer der Landwirtschaft überhaupt nichts mehr hätten, aber nur 60 Prozent sich davon ernähren könnten, würden die übrigen 40 Prozent sterben. Kriegsminister Stimson, Sohn eines Chirurgen, wies den Präsidenten darauf hin, die Behandlung Deutschlands gleiche einer Krebsoperation, bei der man die bösartige Geschwulst entfernen, die lebensnotwendigen Organe jedoch erhalten müsse. Alle Vorschläge, die Deutschen zur Strafe an der Grenze des Hungers zu halten, hielt er für einen schweren Fehler. Die Verbrecher zur Rechenschaft zu ziehen, den Deutschen ihre Waffen und ihren Generalstab wegzunehmen, das Regierungshandeln zu überwachen, bis die von den Nazis erzogene Generation abgetreten sei (*admittedly a long job*) – dafür war der erfahrenste von Roosevelts Ministern auch. Aber seiner Ansicht nach durfte man den Deutschen nicht die Mittel nehmen, ihr Land friedlich aufzubauen und sich am Ende wieder in die Staatenwelt einzugliedern.

Im gleichen Sinne argumentierten Beamte des State Department in einer Denkschrift, es diene dem Frieden nicht, wenn man über die unstrittig notwendigen Schritte hinausgehe: die Zerstörung der deutschen Militärmaschinerie, die Zerschlagung der Nazi-Organisationen und die Eintreibung von Reparationen. Sechzig Millionen in einem Straffrieden auf unbestimmte Zeit unter Zwang zu stellen, schaffe keine wirkliche Sicherheit. Sie könne auf lange Sicht nur entstehen, wenn Deutschland in eine «kooperative Weltgesellschaft» eingebunden werde.

Nicht anders sah es das Foreign Office in London. Außenminister Eden war mehr als verärgert. Nicht nur, dass der Morgenthau-Plan in völligem Gegensatz zur Atlantik-Charta stand, die allen Völkern das Selbstbestimmungsrecht versprach. Er lief auch quer zu allem, was die Europäische Beratende Kommission, die EAC, in über einjähriger Arbeit erreicht hatte. Hinzu kam, dass die amerikanische Presse alsbald Wind von der Sache bekam. Die meisten Kommentare fielen ungemein kritisch aus.

In Deutschland leitete die Affäre den Nazi-Propagandisten Wasser auf ihre Mühlen. Hatten sie nicht stets gepredigt, die Alliierten seien nur darauf aus, das deutsche Volk mit Stumpf und Stiel auszurotten? Es mache kaum einen Unterschied, polemisierte der «Völkische Beobachter», ob die Bolschewisten das Reich auf die eine Weise vernichten wollten oder ob es die Angloamerikaner auf eine andere Weise vorhätten. Über das Ziel seien sie sich einig: Sie wollten dreißig bis vierzig Millionen Deutsche loswerden. Wenn die Alliierten den Morgenthau-Plan ausführen könnten, würde die Hälfte der Bevölkerung verhungern oder auswandern müssen. Diese Schreckensbilder blieben nicht ohne Wirkung auf die kämpfende Truppe, wie die Alliierten bald schon abgefangenen deutschen Feldpostbriefen entnehmen konnten.

Der unglückselige Eindruck wurde noch dadurch verstärkt, dass zur gleichen Zeit auf dem amerikanischen Markt eine Broschüre erschien, in der ein von den Leiden seiner jüdischen Glaubensbrüder gepeinigter Dr. Theodore Kaufmann dazu aufrief, nach dem Kriege alle deutschen Männer zwischen achtzehn und sechzig und alle Frauen bis fünfundvierzig zu sterilisieren – insgesamt 48 Millionen Menschen; ferner die deutsche Sprache zu verbieten und alle deutschen Bücher zu verbrennen. Auch diese Publikation, von Goebbels geflissentlich als «Roosevelt-Kaufmann-Plan» unters Volk gebracht, schlachtete das Propagandaministerium weidlich aus. Wobei Roosevelt offenkundig die Ideen Kaufmanns gekannt hat; anders wäre folgende Bemerkung aus dem Spätsommer 1944 schwerlich zu erklären: «Wir müssen mit den Deutschen hart sein. Das heißt mit dem deutschen Volk, nicht nur mit den Nazis. Wir müssen sie entweder kastrieren oder so mit ihnen verfahren, daß sie nicht länger Menschen zeugen, die so wie bisher weitermachen.»[5]

Der Pressewirbel – kurz vor den Präsidentschaftswahlen, für die er zum vierten Mal antrat – veranlasste den Präsidenten, den Morgenthau-Plan stillschweigend in der Versenkung verschwinden zu lassen. Sein Schwiegersohn, der Oberstleutnant John Boettiger, war der Ansicht, der Plan des Ministers sei für die Deutschen dreißig Divisionen wert. «*Henry pulled a boner*», sagte ein etwas verlegener Roosevelt zu Stimson: «Henry hat Mist gebaut.» So rückte er im Oktober die Dinge öffentlich zurecht. Deutschland sei eine «tragische Nation». Es dürfe ihm nicht ein einziges Element militärischer Macht belassen werden, nicht einmal ein potenzielles. Aber versklavt werden solle das deutsche Volk auch nicht. Allerdings müsse es sich «den Rückweg in die Gemeinschaft friedliebender und die Gesetze achtender Nationen» erst sauer verdienen. Mit der militärischen Abrüstung müsse eine Abrüstung in den Köpfen einhergehen, ein grundstürzender Mentalitätswandel. Bis er vollzogen sei, könnten vierzig Jahre vergehen.

An den aufgebrachten Cordell Hull aber schrieb der Präsident abwiegelnd: «Ich mag keine Pläne für ein Land machen, das wir noch gar nicht besetzt haben.» Auch Churchill rückte stillschweigend von dem Morgenthau-Plan ab. Und vor der Potsdamer Konferenz im Juli gab Roosevelts Nachfolger Harry Truman ausdrücklich Weisung: «*Treasury proposals for the treatment of Germany are out*» – die Vorschläge des Finanzministeriums für die Behandlung Deutschlands sind vom Tisch. «Wir wollen es Deutschland ermöglichen, sich zu einer anständigen Nation zu entwickeln und seinen Platz in der zivilisierten Welt einzunehmen», war seine Ansicht. Es sollte so schwach gehalten werden, dass es die Nachbarn nicht erneut zu bedrohen vermochte, aber nicht so geschwächt, dass es, ein Herd ewiger Unzufriedenheit und Unruhe, der Verlockung sowjetkommunistischer Sirenenklänge erliegen konnte. Noch vor der Potsdamer Konferenz reichte Morgenthau seinen Rücktritt ein.

Gleichwohl wirkte sein Projekt eines punischen Straffriedens nach. Manche seiner Ideen fanden Eingang in das Dokument JCS 1067, in dem die Vereinigten Stabschefs die Richtlinien der Besatzungspolitik niederlegten; Truman billigte es am 10. Mai. Da hieß es schroff: «Deutschland wird nicht besetzt zum Zwecke seiner Befreiung, sondern als ein besiegter Feindstaat. Das Ziel ist nicht die Unterdrückung, sondern die Besetzung Deutschlands, um bestimmte wichtige alliierte Absichten zu verwirklichen. Bei der Durchführung der Besetzung und Verwaltung müssen Sie gerecht, aber fest und unnahbar sein. Die Verbrüderung mit den deutschen Beamten und der Bevölkerung werden Sie streng unterbinden.» Dies war das berüchtigte Fraternisierungsverbot.

Gerecht, aber fest: Die Einschränkungen, die Deutschland in der Pentagon-Richtlinie auferlegt wurden, waren drakonisch. Drastische Absenkung des Lebensstandards; keine Produktion von Benzin und synthetischem Gummi; keine Handelsflotte und keine zivile Luftfahrt – das klang noch stark nach Morgenthau. Ebenso das Verbot, die deutsche Wirtschaft anzukurbeln; nur die Erhöhung der landwirtschaftlichen Produktion galt als erstrebenswert.

Lucius D. Clay, der amerikanische Oberbefehlshaber in Deutschland, hielt die Weisung JCS 1067 für schiere Torheit. «Dieses Ding», sagte er im April zu dem Entwurf, «ist von ökonomischen Idioten zusammengestoppelt worden. Es ergibt doch keinen Sinn, den bestausgebildeten Arbeitern Europas zu verbieten, so viel wie nur möglich zu produzieren für einen Kontinent, der schlichtweg alles braucht.» Ihm war klar: Deutschland würde verhungern, wenn man es nicht Güter für den Export herstellen ließe. Daher empfahl er, die Industrieproduktion mit höchster Dringlichkeit wieder in Gang zu bringen.

Noch konnte sich General Clay mit dieser Ansicht nicht durchsetzen. Weiterhin waren sich die Alliierten über ihre Deutschlandpolitik nicht im Klaren.

Hamburg: Blick von der Hauptkirche St. Michaelis auf schon freigeräumte, aber menschenleere Straßen in der Trümmerlandschaft zwischen Neustadt, St. Pauli und Hafen.

Nach der Katastrophe

Wie sah es aus in Deutschland, in den Deutschen nach der Katastrophe? Viele Menschen haben darüber Zeugnis abgelegt, Deutsche und Ausländer, jeder aus der Warte der eigenen Erfahrung und des eigenen Erlebens. In diesem Kapitel sollen solche Zeitzeugen zu Wort kommen, ohne Zusätze, Abstriche oder Kommentar. Im Kaleidoskop ihrer Schilderungen spiegelt sich die Wirrnis einer Zeit, die als «Stunde Null» in der Erinnerung derer gespeichert ist, die sie durchlebt haben.

James Stern war ein in Irland geborener Schriftsteller, Übersetzer und Literaturagent, der mit den Amerikanern in das besiegte Deutschland kam und als *«bombing analyst»* monatelang in Interviews mit Deutschen die moralische Wirkung der Luftangriffe zu erforschen suchte. In seinem Buch «Die unsichtbaren Trümmer» malt er ein scharf beobachtetes, nuancenreiches Bild der Menschen und Zustände im besetzten Deutschland. Schon der Flug von Brüssel nach Frankfurt schockierte ihn: «Daß wir über Deutschland waren, erkannte ich, als ich in der Ferne das Deutsche Eck erblickte, jene spitz zulaufende Landzunge am Zusammenfluß von Rhein und Mosel. Trümmer einer zerstörten Brücke ragten aus dem schlammigen Wasser, und über den Hügeln mit ihren Weinterrassen thronte eine Burg. Dann ging die Maschine tiefer, und wir schauten auf Reihen ausgebrannter Häuser – nur noch leere Hülsen ohne Dächer und Räume. Zwischen ihren vier Wänden konnte man hinab bis auf die Kellerböden schauen, wo Haufen kaputter Backsteine, zerschmetterter Möbel und Abfälle lagen oder auch gar nichts. Aus den Wolken über uns und um uns herum fiel Regen in diese leeren Hülsen und bildete leuchtende Pfützen.»[1]

Den «Schrecken der Totalzerstörung» beschrieb auch Golo Mann, der Historiker aus der Mann-Dynastie, der aus dem amerikanischen Exil zurückkehrte:

«Bis dahin hatte ich London für arg zerstört gehalten, aber wie

harmlos, wie gerade eben angekratzt war es, verglichen mit den Trümmern, zwischen denen wir uns nun bewegten.» Ein Weiteres fiel ihm
auf: «Wie oft hatte man uns erzählt, die Bombardierungen galten den
kriegswichtigen industriellen Anlagen, nicht aber den Innen- und
Wohnstädten. Oft war das Gegenteil der Fall; die Frankfurter Innenstadt total zerstört, die Chemiewerke von Hoechst ganz gut ausgespart.»[2]

Die neue Freiheit hatte einen eigenen Sound. Die mitreißende Swing-
Musik, wie sie der Ende 1944 mysteriöserweise auf dem Flug von England nach Paris verschollene Glenn Miller oder auch Stan Kenton
spielten, fand bei jungen Leuten enormen Anklang; bis dahin war sie
ja als «schräge Musik» oder, schlimmer noch, als «Negerplärre» verpönt gewesen. Der Jazzpianist Dave Brubeck folgte mit seiner Front-
Line-Band der siegreichen U.S. Army. Er erinnert sich: «Das Kriegsende erlebten wir in Regensburg. Beim Einmarsch in Nürnberg
folgten wir den Bulldozern, die den Schutt von den Straßen räumten. Wir sahen Obdachlose, und in den Resten der Stadtmauer haus-
ten Familien unter fürchterlichen Bedingungen.» Brubeck war 1945
mit seinem Militärorchester ein paar Monate in Nürnberg stationiert;
von hier aus machte seine Band Abstecher nach ganz Bayern und
spielte in Clubs, Kasernen und Theatern für GIs. Bei Kriegsende entstand aber auch eine ungewöhnliche Freundschaft zwischen dem
amerikanischen Musiker und einem deutschen Soldaten. «Hans Hermann Flügel, so hieß er, hatte an der russischen Front ein Bein verloren. Er war erst neunzehn Jahre alt. Und er hatte per Zufall unseren
Probenraum in einer Nürnberger Drahtfabrik entdeckt.» Der Sound
der Freiheit lockte. «Alle wollten amerikanischen Jazz hören.»[3]

Bernhard Schmitt, ein Elsässer, war französischer Militärarzt. Er berichtet: «Die erste deutsche Stadt, in die ich als französischer Unter-
feldarzt einzog, war Lörrach. Da wurde ich bei einem braven Mann
untergebracht. Meine Ordonnanz war ein Marokkaner, und zwar ein
ziemlich dunkelhäutiger, etwas negroid aussehender Mann aus
Südmarokko. Der war mehr Mohr als Marokkaner. Als wir einquar-

134

tiert wurden, gab mir der gute Mann etwas zitternd ein Zimmer und sagte: ‹Das ist das Zimmer für Sie, Herr Offizier.› Als ich mich ins Bett legen wollte, sah ich, daß über meinem Bett ein riesiges Portrait von Adolf Hitler hing. Da bin ich runtergegangen und habe gesagt: ‹Wissen Sie, Ihre Gefühle gehen mich nichts an, aber ich würde lieber unter was anderem schlafen. Unter dem Hitler möchte ich tatsächlich nicht schlafen. Hängen Sie es mir ab.› Da ging der Mann hinauf und holte das Bild herunter, seufzend, wirklich seufzend, man sah, es tat ihm leid, daß er das tun mußte. Dann sagte er: ‹Bitte, Herr Offizier, sagen Sie dem Schwarzen, er solle meine Kinder schonen.›

Das war die Reaktion des ersten Deutschen. Dann marschierten wir weiter. In der Gegend von Ulm kam ich eines Morgens in eine Wirtschaft und sah einen Mann, dem der linke Arm fehlte. Der saß in einer Ecke, und ich dachte, das ist wahrscheinlich ein Kriegsverwundeter. Wir bestellten uns etwas zu trinken, und ich stand auf und sagte: ‹Gestatten Sie mir, auf das Wohl eines früheren Feindes, aber eines Kriegskameraden zu trinken.› Da stand der Mann auf, klappte die Hacken zusammen und sagte: ‹Entschuldigen Sie, mein Herr, aber ich trinke nicht mit meinen Feinden.› Ich meinte: ‹Ich bin nicht Ihr Feind, der Krieg ist zu Ende.› Er: ‹Der Krieg ist noch nicht zu Ende. Für mich ist er zu Ende, für das deutsche Volk nicht.› Dann klappte er noch mal die Hacken zusammen und sagte: ‹Entschuldigen Sie, ich kann nicht länger bleiben› und ging.

Auch in der Gegend von Ulm, in einem kleinen schwäbischen Dorf, kamen so fünfzehn- bis sechzehnjährige Mädchen auf uns zugerannt und schrien: ‹*Chocolate*.› Sie dachten, wir wären Amerikaner. Und da haben wir ihnen Schokolade gegeben. Plötzlich kam eine etwas ältere Frau heraus, riß eines der Mädchen beiseite und sagte: ‹Schämst du dich denn nicht, du Sauhur? Dein Vater steht an der Front, und du gehst mit den Franzosen?› Das war Ende März/Anfang April 1945.»[4]

Helmut Kohl, Jahrgang 1930, der erste Bundeskanzler der Nachkriegsgeneration, hat sein Kriegsende so geschildert: «Die Amerikaner kamen früh im Mai nach Berchtesgaden, wo ich in einem Jugendlager war, aber wir hatten das Lager ein paar Tage zuvor verlasen. Weil wir immer noch nur die Uniformen der Hitlerjugend hatten und die Amerikaner die Straßen kontrollierten, mußten wir entlang der Eisenbahngleise laufen. Wir gelangten nach Fürstenfeldbruck, wo wir im Stroh schliefen, in einem kleinen Eisenbahnsignalhäuschen. Dort gab es ein Radio: Am nächsten Morgen erfuhren wir, daß der Krieg vorüber war. Aber für mich fand das wahre Kriegsende einige Wochen zuvor statt, als die Verbindung zu meinen Eltern abriß.

Dann wurden wir gefangengenommen und vier oder fünf Tage auf einem Flugplatz bei Arnsberg festgehalten, wo wir uns nach Lebensmitteln umgesehen hatten. Polnische Gefangene, die aus einem nahegelegenen Strafgefangenenlager befreit worden waren, faßten uns, schlugen uns blutig und sperrten uns ein. Aber dann kamen amerikanische Truppen, die uns befreiten und auf einem Bauernhof in Sicherheit brachten. Von dort aus ging ich schließlich zu Fuß den Weg zurück nach Ludwigshafen. Eine Entfernung von vielleicht 260 Kilometern. Es war der längste Gang meines Lebens.»[5]

In seiner Benn-Biographie beschwört Fritz J. Raddatz die damals in Berlin herrschende Stimmung herauf: «Die Roten Reiter waren in Berlin eingetroffen, eine Heerschar in Blut und Horror Rächender für den Terror, den wir ihnen angetan. Die geliebte Stadt war eine Trümmerwüste. Unter den Linden regulierte ein Rotarmist mit Fähnchen den Verkehr, der aus Panjewagen, Panzern und verrosteten Fahrrädern bestand. Berlin war eine blühende Wüste. Glücklich, wer einen Leiterwagen besaß, reich, wer ein Fahrrad hatte. König war der Gast, der ein Brikett mitbringen konnte. Die Währung hieß ‹Chesterfield› – für Zigarctten bekam man eine Frau oder ein Pfund Butter, für eine Leica ein Einfamilienhaus in Steglitz, für einen HJ-Dolch zahlten GIs zwei Büchsen Nescafé. Der Schlager, der sehnsuchtsvoll mitgesungen wurde, hieß ‹Würstchen mit Salat›... Die Nahrung bestand aus Sauerampfersalat, geklauten Kartoffeln und manchmal einem Stück Fleisch von einem ermordeten Pferd ...

Sehr rasch öffneten wieder die Theater, es gab Konzerte, auch Tanzetablissements: in den besseren wurde Alkolat-Sekt zu Brötchen mit Leberwurstersatz ausgeschenkt, das war eine Pampe aus grauer Grütze mit Thymian-Pulver.

Die Stadt war eingeteilt in vier Sektoren, kenntlich gemacht durch große Holzschilder, auf denen zum Beispiel ‹You are now entering the American Sector› oder ‹Vous quittez le Secteur Français› aufgemalt war. Jeder der Sektoren war auch Schaufenster der jeweiligen Besatzungsmacht – bei den Russen konnte man ‹Gorkis Kindheit› im Kino sehen, in der ‹Maison de France› die Cocteau-Filme, und die Amerikaner boten Literatur-Seminare, in denen die jungen Männer mit alten Gesichtern und umgefärbten Uniformsachen mit den amerikanischen Schriftstellern vertraut gemacht wurden – Dos Passos, Erskine Caldwell, Lillian Hellman. Wo es in einem Sektor hieß: ‹Frau komm›, sagte man im anderen: ‹Hallo, Fräulein› und zahlte immerhin mit Nylons die Dienste, derentwegen die Praxis für Haut- und Geschlechtskrankheiten florierte. Dieses Schild steht am Eingang des fünften Sektors: Dr. med. Gottfried Benn. Er ist sein eigenes Hoheitsgebiet, exterritorial, gleichweit entfernt von ‹dort Wodka und Kaviar, hier Pampelmusen und Step›.»[6]

Am Tag der Kapitulation war Berlin «ein brennender, rauchender, explodierender und Tod verbreitender Vulkan» – so sah ein amerikanischer Offizier die Stadt auf dem Weg nach Karlshorst. Paul Nitze, Jahre später amerikanischer Marineminister und Chef-Abrüstungsunterhändler, leitete damals die groß angelegten Untersuchungen über die Wirkung des amerikanischen Bombenkrieges. Zehn Tage lang vernahm er auf Schloss Glücksburg Albert Speer, danach flog er nach Berlin. Er erkannte die Stadt nicht wieder: «Nur wenig war von dem Berlin übriggeblieben, an das ich mich aus den 1920ern und 1930ern erinnerte. Ganze Bezirke, die ich als pulsierende Geschäftsund Wohnviertel kennengelernt hatte, mitsamt ihren Cafés im Freien, den üppigen Gärten und den eleganten Wohnungen, waren nur noch Trümmerhaufen. Was die amerikanische und die britische

Luftwaffe nicht zerstört hatten, war von der Roten Armee erledigt worden.»[7]

Noch zwei Jahre später beschrieb der Schweizer Schriftsteller Max Frisch Berlin als ein «Hügelland von Backstein, darunter die Verschütteten; das Letzte, was sich da rührt, sind die Ratten.»

Erika Mann, die älteste Tochter von Katja und Thomas Mann, Golos Schwester, war Schauspielerin, Journalistin und Kabarettistin. Schon 1933 war sie ins Exil gegangen. Auch sie hat 1945 über Berlin geschrieben, den «unwirtlichsten Ort, den man sich überhaupt vorstellen kann»: «Wir hatten gewußt, daß die Stadt zerstört war, und wir hatten viele andere Städte in Ruinen gesehen. Aber noch nie zuvor waren wir auf solch gigantische Verwüstung gestoßen. Gäbe es nicht eine Reihe von Wahrzeichen, die, obwohl teilweise zerstört, erkennbar bleiben, man würde sich in den einst bekannten Straßen leicht verlaufen. Besonders der Westen, aber auch das Zentrum und der Osten sind nur noch eine Art Mondlandschaft – ein Meer der Zerstörung, uferlos und unendlich. Man sieht genügend lebendige Menschen. Da gibt es Scharen von Frauen, die meisten von ihnen schon älter, die den Platz von Trümmern räumen und Schubkarren mit Schutt und zerbrochenen Ziegeln vor sich herschieben. Gut gekleidete Herren mit Aktentaschen klettern geschäftig über kleine Schutthaufen. Deutsche Mädchen mit Fahrrädern lächeln amerikanischen GIs zu. Und ein russischer Soldat, sein asiatisches Bauerngesicht ganz voller Lächeln und Stolz, konsultiert seine frisch ‹befreite› Armbanduhr. Es ist Musik in der Luft – eine alte preußische Melodie, fröhlich und militärisch. Wenn Sie dem Klang folgen, kommen Sie zu dem, was einmal ein großes Mietshaus gewesen sein muß. Es ist vollkommen zerstört. Daß irgend jemand hier wohnen und Lust dazu haben sollte, auf einem rätselhafterweise geretteten Klavier einen Marsch zu spielen, ist kaum zu glauben. Berlin ist kaum zu glauben. Es ist ein Alptraum, wie noch keiner geträumt wurde.»[8]

So empfand es auch Stefan Heym, der als amerikanischer Propaganda-Soldat aus der Emigration nach Deutschland zurückgekehrt war. In seinen Erinnerungen – «Nachruf» – schildert er seinen ersten Blick auf die zerstörte Stadt: «... ein paar Straßenzüge noch erkennbar an Form und Folge ihrer Ruinen, an den ausgebrannten Hochbahnstationen, durch den Tiergarten, der übler zugerichtet ist als alles, was er in der Normandie gesehen, ein paar versengte Baumstümpfe, ein Zweiglein mit zwei, drei armseligen Blättern; dann die Reste des Potsdamer Bahnhofs, das hohläugige Haus Vaterland; vorbei an der Reichskanzlei, Schauplatz der letzten Kämpfe, und dem Bunker, in dessen Tiefe Hitlers Leichnam lag, zum Alexanderplatz, wo inmitten der Trümmer der schwarze Handel blüht zwischen GIs und Deutschen und Russen.»[9]

James Stern schildert die Verlegenheit und Zerknirschung der Bad Nauheimer angesichts der Fotos aus den Konzentrationslagern: «Wir sahen sie in kleinen Gruppen vor Bäumen stehen, vor der Tafel mit

Nach der Befreiung des Konzentrationslagers Buchenwald durch die Amerikaner wurden Einwohner von Weimar durch das Lager geführt, um die Gräueltaten im Nationalsozialismus mit eigenen Augen zu sehen.

139

den städtischen Bekanntmachungen und den leeren Fenstern geschlossener Geschäfte. Schweigend, reglos blieben sie eine Weile stehen; dann schüttelten sie den Kopf und entfernten sich langsam. An diesen Bäumen, Tafeln und Ladenfenstern, an zentralen Punkten in jeder Straße jedes Dorfs und jeder Stadt konnten sie ein großes Plakat sehen, von dem ihnen in riesigen schwarzen Buchstaben die Worte entgegenschrien: WESSEN SCHULD? Unter der Schrift waren Vergrößerungen ziemlich unscharfer Fotografien: Hunderte nackter menschlicher Skelette türmten sich auf einem offenen Güterwaggon. Was aussah wie ein Haufen Müll, war ein Berg aus Asche und verkohlten menschlichen Gebeinen. An Galgen hingen Männer in gestreiften Anzügen, Kinder und Babys lagen rücklings auf der Erde, verhungert. Unter jedem Foto stand, wo das Bild aufgenommen worden war. Nie hörte ich jemanden aus der Menge ein einziges Wort sagen. Gelegentlich hielt eine Frau die Hand oder ein Taschentuch vor den Mund, als wollte sie ein Stöhnen oder einen Entsetzensschrei ersticken. Oder ein älterer Mann starrte minutenlang mit offenem Mund wie hypnotisiert darauf. Nach einer Weile gingen sie langsam, schweigend, einer nach dem anderen, davon.»[10]

Carl Damm, Jahrgang 1927, hat noch die letzten Nahkämpfe in den Straßen Berlins mitgemacht. Im Bundestag wurde er einer der Verteidigungsexperten der CDU. Er fragte sich nach Kriegsende: «Welche Rolle spielte eigentlich die ideologische Erziehung, der wir zwölf Jahre ausgesetzt gewesen waren? Mancher wird mir nicht glauben, wenn ich rückschauend sage: keine ... In der konkreten Kampfsituation war das ausschlaggebende Motiv sowieso nur: zu überleben; Gedanken an ‹Führer, Volk und Vaterland› bewegten mich nicht. Volk und Vaterland ja; wir waren Deutsche, uns gegenüber standen Russen, ‹Bolschewiken›. Vielleicht wäre die Zähigkeit unsrer Abwehr geringer gewesen, wenn wir gegen die Amerikaner oder Engländer gekämpft hätten. Ich weiß es nicht. Von den Sowjets erwartete ich nichts Gutes. Insofern war ich ein Opfer der Goebbelsschen Propaganda. Aber wie die Ereignisse in Berlin und schon vorher gelehrt haben, muß man die Sache mit dem ‹Opfer der Propaganda› wieder relativieren. Und übrigens: Wer hatte den mit Goebbelsschem Pathos hinausgeschrienen Satz ‹Führer, befiehl! Wir folgen Dir!› nicht schon längst in der ironisch, verzweifelt oder zynisch abgewandelten Form des ‹Führer, befiehl, die Folgen tragen wir› billigend gehört oder selbst ausgesprochen?»[11]

James Stern interviewte in den ersten Monaten nach Kriegsende Hunderte von Deutschen. Er berichtet: «Selbst die Langweiler, die IWNs (die, die auf jede Frage mit ‹Ich weiß nicht› antworteten), die schrecklich ahnungslose Hausfrau, Bauersfrau, Wäscherin, die alten Großmütter, deren Erinnerungen an ihre ferne Kindheit unendlich genauer waren als an irgend etwas, das sie seit 1933 erlebt hatten – sogar mit diesen Leuten verschwendete ich Stunden mit meinem schonungslosen und oft ergebnislosen ‹Bohren› nach Antworten, die einen bestimmten Sinn ergeben sollten. Es war übrigens weniger ärgerlich, einen maulfaulen Holzkopf zum Reden zu bringen, als jenen Opportunisten zuzuhören, die, um den Schattenseiten ihrer Vergangenheit auszuweichen, stets ausschweifend und voller Selbstmitleid von ihren Entbehrungen, den Schrecken des ‹Terrors› aus der Luft oder von dem furchtbaren Anblick erzählten, den das von Feinden umzingelte ‹arme kleine Deutschland› bot, dessen sämtliche schöne Städte in Trümmern lagen. Meine sofortige Entgegnung, daß ich erst kürzlich die Menschen von Paris erlebt hatte, daß die Deutschen verantwortlich dafür waren, die meisten Städte Europas in Schutt und Asche gelegt, sechs Millionen Juden umgebracht zu haben, und sie, die Deutschen, das einzige gesund aussehende Volk waren, das es auf dem Kontinent noch gab, führte bei diesem Schlag von Leuten unweigerlich dazu, daß sie den Mund hielten und in eine andere Richtung schauten. Oft hatte ich den Eindruck, es sei das erste Mal, daß diese Menschen sich Gedanken über das Leid machten, das von ihren Landsleuten über jene Länder gebracht worden war, die sie bombardiert und besetzt hatten.»[12]

141

Klaus Mann, der älteste Sohn Thomas Manns, war als Korrespondent der Armeezeitung «Stars and Stripes» unterwegs. Ihm bereitete die Geisteshaltung der Deutschen ebenfalls Sorge: «Eine der lebenswichtigen Fragen, mit denen die Sieger in Europa konfrontiert sind, ist die Umerziehung des besiegten deutschen Volkes. Wenn wir hierin versagen, haben wir diesen Krieg umsonst geführt. Denn es wird keinen dauerhaften Frieden geben, wenn es uns nicht gelingt, die Mentalität der Deutschen zu ändern. Was die Formel ‹bedingungslose Kapitulation› auch an Bestimmungen militärischer, wirtschaftlicher, territorialer Art enthalten mag, die Frage der moralischen und politischen Umerziehung Deutschlands bleibt von allergrößter und dringendster Wichtigkeit. Die Deutschen müssen entwaffnet, überwacht und in vielen Fällen bestraft werden; aber sie müssen auch – und zwar in erster Linie – geistig und seelisch geheilt werden ...

Alle Berichte, über die wir verfügen, bestätigen eine grundlegende und besorgniserregende Tatsache: Der Schock der Niederlage, war er auch noch so lähmend und bestürzend, hat bis jetzt nicht das geringste dazu beigetragen, das Denken des Durchschnittsdeutschen zu erleuchten und zu läutern. Die Deutschen sind sich darüber im klaren, daß sie den Krieg verloren haben, doch scheinen sie nicht in der Lage zu sein, die moralische Bedeutung ihres gegenwärtigen Debakels zu fassen. Alliierte Beobachter, Kriegskorrespondenten wie Soldaten, sind betroffen und irritiert durch die Selbstgefälligkeit der Deutschen, ihr Selbstmitleid und ihre Ignoranz. Es scheint, daß sie nichts beklagen außer der mißlichen Lage, in der sie sich befinden. Sie sehen nicht ein, warum ausgerechnet sie so leiden müssen. ‹Womit haben wir dies verdient?› fragen sie mit blauäugiger Treuherzigkeit und in aller Unschuld. ‹Sind wir nicht stets fleißige, dem Gesetz ergebene Bürger gewesen?› Die Deutschen zeigen nicht die Spur einer Empfindung vor der Verantwortung, geschweige denn ein Gefühl von Schuld. Sie begreifen nicht, daß ihre gegenwärtige Misere das unmittelbar unvermeidliche Ergebnis dessen ist, was das deutsche Volk als Ganzes in den letzten fünf Jahren der Welt angetan hat.»[13]

Ähnliche Darstellungen gibt es viele. Zum Beispiel die von Stefan Heym in seinem Memoirenband «Nachruf». Von sich selber in der dritten Person schreibend, erzählt er über «S.H.»: «Die Deutschen [suchten], kaum hatten sie erfahren, daß er in Deutschland geboren und gar noch Jude sei, sich tatsächlich bei ihm lieb Kind zu machen; jüdische Großmütter wurden ausgegraben, echte wie unechte, und jedermann versicherte, er hätte mindestens einem der armen Verfolgten das Leben gerettet: ein normaler Mensch mußte sich direkt fragen, wie es die Nazis wohl fertiggebracht hatten, Auschwitz mit immer neuen Opfern zu füllen ...

Das System konnte ja nur funktioniert haben, wenn alle mithalfen, die Rädchen zu bewegen, und so waren sie, ob ihrer Schuld bewußt oder nicht, alle mit schuld. Doch brachte man die Rede darauf, so wurde aus ihrer zerknirschten Miene, die obligatorisch war am Anfang solcher Gespräche, im Nu ein böse verbockter Ausdruck: Sie haben leicht reden, Herr Lieutenant, Sie waren ja nicht hier, Sie wissen ja gar nicht, wie das war, der Druck, unter dem wir gelebt haben, die ganzen Jahre!

Das Argument ist nicht ohne weiteres abzutun. Man könnte einwenden, und S.H. tat das auch häufig, daß sie selber das Joch sich auf den Nacken gesetzt hätten; worauf ihre Standard-Entgegnung: das hätte sich damals, 1933, ganz anders ausgenommen, und bedenken Sie doch, Herr Lieutenant, das große Elend des Volks und die Arbeitslosigkeit jener Zeit, und den Schandfrieden von Versailles, und kein Lebensraum, und man hätte doch wieder stolz sein wollen auf sein Deutschtum; den Krieg aber habe bestimmt keiner gewollt, außer Hitler vielleicht, und das mit den Juden schon gar nicht.

Und sie glauben das auch. Immer noch, auf ihren Ruinen hockend, glauben sie, daß sie im Grunde nichts Böses wollten und niemandem ein Übel tun, und daß sie's nicht besser wußten, und daß ihnen jetzt großes Unrecht geschieht. Welch ein Verdrängungsmechanismus.»[14]

Hemingways Frau, die Reporterin Martha Gellhorn – «Niemand ist ein Nazi. Niemand ist je einer gewesen» – mokierte sich: «Nach allem, was sie so von sich geben, hieß kein Mann, keine Frau und kein Kind in Deutschland den Krieg auch nur einen Augenblick gut. Wir stehen mit fassungslosen und verächtlichen Gesichtern da und hören uns diese Geschichte ohne Wohlwollen an und ganz gewiß ohne Achtung. Ein ganzes Volk, das sich vor der Verantwortung drückt, ist kein erbaulicher Anblick.»[15]

Hätte Martha Gellhorn miterlebt, wie bei einer Berliner Brecht-Aufführung jener Zeit spontaner Beifall losbrach, als die Zeile deklamiert wurde: «Erst kommt das Fressen, dann kommt die Moral» – sie hätte vielleicht weniger harsch geurteilt. Aber sie hatte nicht Unrecht. Kurt Schumacher, der jahrelange KZ-Haft überlebt hatte und 1946 der erste Vorsitzende der Sozialdemokratischen Partei Deutschlands werden sollte, ließ sich nicht weniger verächtlich über die Weißwäscher aus: «Wenn man sie so reden hört, muß man glauben, daß der einzige Nazi in Deutschland Adolf Hitler gewesen sei.»[16] Selbst den jedoch hielten nicht wenige anfänglich für unschuldig, ein ahnungsloses Opfer seiner Paladine.

Victor Klemperer, dessen Tagebuch ein halbes Jahrhundert später zum Bestseller wurde, saß bei Aichach in Bayern und notierte am 5. Mai über eine Unterhaltung mit einer Frau aus Berlin:

«Sie erzählte, ihr Bruder habe zehn Jahre im KZ gesessen und sie selber auch Wochen, sie erzählte das stolz. Mit dem gleichen Stolz und mit Erbitterung zugleich sagte Frau Steiner, ... wie oft er, wie oft sie beide Juden geholfen, Leute aufgenommen, verborgen, befördert hatten, die ohne Papiere waren – und nun soll *er* leiden, und in Aichach laufen die ärgsten Nazis noch frei herum ...

So kommt jetzt alles triumphaliter ans Licht, was bis zum 28.4. hier angstvollst verborgen wurde ... So will aber auch niemand Nazi gewesen sein von denen, die es fraglos gewesen sind. – Wo ist die Wahrheit, wie läßt sie sich auch nur annähernd finden?

Und immer rätselhafter, trotz Versailles, Arbeitslosigkeit und eingewurzeltem Antisemitismus, immer rätselhafter wird mir, wie sich die Hitlerei durchsetzen konnte. Hier tut man jetzt manchmal so, als sei Hitlerei im wesentlichen eine preußisch-militaristische-unkatholische-unbayerische Sache gewesen. Aber München war doch ihr ‹Traditionsgau›. Und wie hat diese Sache das skeptische und sozialistische Berlin gewinnen und behaupten können?»[17]

James Stern fand bald heraus, dass zwei Fragen alle Deutschen beschäftigten und quälten: «Direkt oder indirekt, oft in Form einer geflüsterten Bemerkung am Ende eines Interviews, wurden wir gefragt: ‹Wie wahrscheinlich ist es, daß die Russen die amerikanische Zone übernehmen? Wann bekommen wir mehr Brot?›»

Stern war inzwischen in München. Sein Eindruck von der Stadt war niederdrückend: «Die Verwüstung Münchens unterschied sich von der anderer Städte. Bayerns Hauptstadt schien eines besonderen Todes gestorben zu sein, wie eine schöne Frau, die mehrfach niedergeschossen worden war, deren Haut, Haar, Augen und Lippen jedoch immer noch bezeugen, warum man sie so bewundert hatte. Die Wunden, die den prächtigen Palästen aus dem neunzehnten Jahrhundert geschlagen worden waren, wirkten ernst, aber nicht tödlich. Ein Blick jedoch in ihre gähnenden Fensterhöhlen, und man wußte, daß dies ausgebrannte Körper waren, von denen wenig mehr als das Trugbild ihrer äußeren Erscheinung übriggeblieben war. Die grünpatinierte Kuppel und goldfarbenen Barocktürme der Theatinerkirche waren unversehrt, jedoch die Fenster fehlten, die Säulen waren geborsten, das Dach war gesprengt worden, und der Innenraum sah aus wie ein eingeschlagener Hof. An jenem Tag im Mai waren auf den Türmen der Frauenkirche noch alle grünen Kupferplatten auf ihrem Platz, doch als wir im Juni zurückkehrten, waren die meisten heruntergefallen.»[18]

Auch Klaus Mann war entsetzt über das verwüstete München, seine Heimatstadt: «München ist tot; die Stadt existiert nicht mehr. Was einmal als die schönste Stadt Deutschlands galt, als eine der attraktivsten Städte Europas, hat sich in einen riesigen Friedhof verwandelt. Im gesamten Zentrum ist, ohne Übertreibung, kein einziges Gebäude stehen geblieben. Nichts als Schutthaufen und einige wenige scheinbar kaum oder nicht zerstörte Fassaden, hinter denen aber ebenfalls Schutt liegt. Nur mühsam fand ich meinen Weg durch die einst vertrauten Straßen. Es war wie ein böser Traum.»[19]

Max Frisch schrieb: «München ist noch vorstellbar. Frankfurt nicht mehr.» John Dos Passos, der amerikanische Romanschriftsteller («Manhattan Transfer»), reiste ein paar Monate nach Kriegsende im Auftrag von «Life» durch die deutsche Trümmerwelt. In «Das Land des Fragebogens» schildert er seine Ankunft in der Main-Metropole: «Wir recken alle den Hals, um einen Blick aus unserem verrußten Abteilfenster zu werfen, wo, soweit man in dem rötlichen Licht sehen kann, Zerstörung an uns vorbeizieht, nichts als Ruinen unter einem Himmel, an dem sich schmutzige Wolken ballen. ‹Je mehr ich sehe, desto mehr hasse ich die Krauts, daß sie uns gezwungen haben, das zu tun›, ruft ein Mann aus der gegenüberliegenden Ecke des Abteils. Der Zug gleitet durch dem Erdboden gleichgemachte Vorstädte ..., bis er langsam in den Frankfurter Hauptbahnhof einfährt.

Frankfurt erinnert ebenso an eine Stadt, wie ein Haufen Knochen und ein zertrümmerter Schädel auf einer Weide an einen preisgekrönten Hereford-Ochsen erinnern, aber weißlackierte Straßenbahnen, die mit Leuten vollgestopft sind, rollen über die freigeräumten Asphaltstraßen und klingeln warnend. Männer in städtischer Kleidung, mit städtischen Gesichtern und Aktentaschen unter dem Arm eilen geschäftig zwischen den hohen Schutthalden umher, verschwinden in zerschossenen Hauseingängen, unter schwankenden Mauern ... Hier und da hat auf einem Stück geschwärzter Fassade eine Uhr überlebt. Die Uhren gehen alle. Und alle zeigen an, was die Stunde geschlagen hat.»[20]

In Köln sah es nicht besser aus. Dem englischen Dichter Stephen Spender, der im Sommer 1945 kreuz und quer durch Deutschland

Die zerbombte Innenstadt von München mit der Frauenkirche im Februar 1945. – Foto: Walter Frentz

fuhr, gelang damals mit seinem Bericht «Deutschland in Ruinen» eine der eindrucksvollsten Darstellungen der unmittelbaren Nachkriegszeit. Über die Domstadt schrieb er: «In Hagen schon hatte ich große Zerstörungen gesehen und danach wieder in Hamm ... Erst in Köln aber wurde mir bewußt, was totale Zerstörung bedeutete. Beim ersten Durchfahren erschien es mir, als sei dort auch nicht ein einziges Haus übriggeblieben. Noch stehen zwar viele Mauern, aber sie sind wie dünne Masken vor der feuchten, hohlen, stinkenden Leere ausgewaideter Innenräume. Ganze Straßenzüge, von denen nur noch die Mauern der Häuser existieren, sind schrecklicher als Straßen, die dem Erdboden gleich sind. Sie sind unheimlicher und bedrückender. Tatsächlich sind nur wenige Häuser Kölns bewohnbar geblieben, insgesamt vielleicht dreihundert, wie man mir sagt. Von einer Straße geht man in die andere mit Häusern, deren Fenster leer und geschwärzt wirken – wie die offenen Münder verkohlter Leichen. Hinter diesen Fenstern gibt es nichts mehr außer Decken, Möbeln, Teppichfetzen, Büchern; alles zusammen ist in die Keller der Häuser abgestürzt und liegt dort zusammengepresst zu einer feuchten Masse ... Die Verheerung der Stadt spiegelt sich in der inneren Verheerung ihrer Bürger, deren mangelnde Lebenskraft die Wunden der Stadt nicht vernarben läßt; eher sind sie Parasiten, die einen Kadaver aussaugen, in den Trümmern nach verborgener Nahrung suchen und auf dem Schwarzmarkt in der Nähe des Doms Geschäfte machen ... Die Stadt ist tot, und die Bewohner halten sich in Kellern und Erdgeschossen auf. Ohne ihre Stadt sind sie die Ratten in den Kellern oder Fledermäuse, die um die Türme des Doms kurven.»[21]

Michael Thomas, 1915 als Ulrich Hollaender in Berlin geboren, Sohn des Schriftstellers und Theaterdirektors Felix Hollaender, war drei Tage vor Kriegsausbruch nach England gekommen. Als englischer Captain kehrte er 1945 in der Funktion eines Verbindungsoffiziers zurück. In seinen Erinnerungen fällt er ein milderes Urteil als die meisten ausländischen Beobachter: «Viele haben das trostlose Bild, das Deutschland damals bot, und ihre eigenen Leiden fast vergessen, während jene, die diese Zeit nicht miterlebt haben, sich das Elend kaum vorzustellen vermögen. Überall fehlte es am Notwendigsten. Die Männer liefen in ihren abgerissenen Uniformresten herum; jeder Knopf, jeder Faden, jeder Kochtopf wurde zum Problem, vor allem aber quälte der Hunger die Menschen nicht selten bis zum Ödem. Die Pro-Kopf-Tagesration betrug zunächst eintausendzweihundert Kalorien, später sollte sie auf eintausendvierzig sinken, im Hungerwinter 1946 gar auf 896! So war alle Welt damit beschäftigt, das Minimum zum Überleben heranzuschaffen; man hatte weder Zeit noch Kraft, an die Zukunft zu denken ... Was mich als englischer Offizier bei der Rückkehr ins eigene Land am meisten irritierte, war der allgemeine Opportunismus, das Katzbuckeln vor der Besatzungsmacht. Ich schämte mich, wenn die Leute Zigarettenstummel auflasen und sich bückten, wenn Soldaten halb gerauchte Kippen nur wegwarfen, um zu sehen, wie alte Offiziere und abgerissene Frauen gierig darüber herfielen.»[22]

Robert Jungk hatte den Auftrag, für die «Weltwoche» über das zerbombte Deutschland zu schreiben. Neun Jahre nachdem der Berliner Journalist ins Schweizer Asyl gegangen war, überschritt er zum ersten Mal wieder die deutsche Grenze. Sein schonungsloser Bericht trug die Überschrift: «Aus einem Totenland». Ihm wurde rasch klar, dass aus Not und Elend kein geistiger Aufbruch entstehen konnte, und dass nicht Verstocktheit die Deutschen hemmte, sich mit ihrer Vergangenheit zu beschäftigen, sondern die auslaugende Anstrengung des schieren Überlebens.

«Schon jetzt muten ganze Teile Deutschlands wie Wüsten an. Wüsten, in denen verbogenes Eisengestänge und rostiger Stacheldraht wächst. Durch zerstörte Straßen, die gewaltigen ausgetrockneten Geröllbetten gleichen, trotten Wesen, die nach dem Gesetz der Wüste handeln: Auge um Auge, Zahn um Zahn. Die Hoffnung, die mancher im Ausland Lebende hegt, daß durch Not und Elend der Geist gestärkt, die seelische Erkenntnis vertieft werde, erweist sich hier als falsch. Es gibt einen Grad des Leidens und der Verelendung, in dem jeder schöpferische, sittliche und spirituelle Aufschwung gelähmt bleibt.»[23]

Am Ende seines Romans «Dr. Faustus» lässt Thomas Mann, der Vater von Erika, Klaus und Golo, seinen Erzähler im Inferno des Kriegsendes die folgenden Sätze über Deutschland niederschreiben: «Heute stürzt es, von Dämonen umschlungen, über einem Auge die Hand und mit dem anderen ins Grauen starrend, hinab von Verzweiflung zu Verzweiflung. Wann wird es des Schlundes Grund erreichen? Wann wird aus letzter Hoffnungslosigkeit ein Wunder, das über den Glauben geht, das Licht der Hoffnung tagen? Ein einsamer Mensch faltet die Hände und spricht: Gott sei eurer armen Seele gnädig, mein Freund, mein Vaterland.»

Die Innenstadt von Hannover aus der Luft gesehen, ein Bild der Verwüstung.

Es sah ganz nach *finis Germaniae* aus. In den Worten des Historikers Peter Graf Kielmannsegg: «Die Niederlage war von einer Totalität, die keine Illusionen, keine Verschleierungen mehr zuließ.» Aber auch: «Der 8. Mai 1945 war *ein* Ende: nicht *das* Ende, nicht *finis Germaniae*» – ein Schlusspunkt wohl, zugleich aber auch ein Datum des Neubeginns.

Plenarsitzung im Livadia-Palast von Jalta; am Konferenztisch im Vordergrund
die britische Delegation unter Führung von Winston Churchill (mit Zigarre)
und Außenminister Anthony Eden, rechts die US-Delegation mit Präsident
Franklin D. Roosevelt, Admiral William D. Leahy, General George C. Marshall
und Generalmajor Laurence S. Kuter, links die sowjetische Delegation mit
Josef Stalin sowie Andrej J. Wyschinskij, Wjatscheslaw Molotow (im Hintergrund stehend mit dem Rücken zum Betrachter) und Andrej Gromyko (am
Bildrand von links).

Ein Staatsbegräbnis für das Deutsche Reich

Das Schicksal Deutschlands war dem Grunde nach seit der Teheran-Konferenz von 1943 entschieden. Das Nähere wurde jedoch erst auf den beiden Gipfelkonferenzen des Jahres 1945 beschlossen, im Februar in Jalta und im Juli in Potsdam.

Stalin hatte sich zu Jahresbeginn geweigert, Russland zu verlassen, die Kriegslage und seine Gesundheit erlaubten es nicht. Das zwang Winston Churchill und Franklin Delano Roosevelt zu einer langen, beschwerlichen Reise. Der Präsident schiffte sich auf dem Kreuzer «Quincy» nach Malta ein, der Premierminister kam per Flugzeug. Nach einer kurzen Vorbesprechung flogen sie mit einem Gefolge von siebenhundert Personen in der Nacht weiter auf die zweitausend Kilometer entfernte Halbinsel Krim. Tiefer Schnee bedeckte den Flugplatz Saki. Acht Stunden waren die Delegationen danach im Gebirge unterwegs. Soldaten säumten die Straßen und Pässe. Die Dörfer waren zum großen Teil schwer beschädigt. Auch in Jalta, dem Badeort der Zaren, den die Deutschen erst zehn Monate vorher geräumt hatten, begegneten die Besucher überall den Spuren des Krieges. Roosevelt war davon so beeindruckt, dass er der Hoffnung Ausdruck gab, Stalin werde noch einmal – wie 1943 in Teheran – einen Trinkspruch auf die spätere Hinrichtung von 50 000 Wehrmachtsoffizieren ausbringen.

Das Hauptquartier der Sowjets war im Jussupow-Palais untergebracht, Roosevelt logierte im Palais Livadia, Churchill wurde die Villa Woronzow zugewiesen. Die Gäste wurden darauf aufmerksam gemacht, dass das Gelände außerhalb der Grundstücksmauern noch nicht vollständig von Minen geräumt sei. Auch innerhalb der Mauern stand nicht alles zum Besten: In ihren Unterkünften schlugen sich die Delegationsmitglieder mit Wanzen und Kakerlaken herum.

In den folgenden Tagen kämpften sich die Großen Drei im Ballsaal des Palais Livadia – einst eine Sommerresidenz des Zaren Nikolaus II. – durch eine umfangreiche Tagesordnung. Kaum ein Problem, das sie nicht behandelten. Noch spielten Fragen der Kriegführung eine große Rolle, doch mehr und mehr schoben sich Themen in den Vordergrund, die mit der Nachkriegsordnung zu tun hatten. Wie sollte die Weltorganisation der Vereinten Nationen konstruiert werden? Welchen Preis würde Moskau für seinen Eintritt in den Krieg gegen Japan verlangen? Welches Schicksal wartete auf Osteuropa, zumal auf Polen, dessentwegen England und Frankreich in den Krieg gegen Hitler gezogen waren? Was hatte das wiederauflebende russische Interesse an den Zugängen zum Schwarzen Meer zu bedeuten, an Tanger, an Griechenland? Vor allem aber: Wie sollten die Siegermächte mit dem besiegten Deutschland umgehen? Zum ersten Mal wurden dabei in aller Breite die deutschen Fragen angeschnitten, die den Rest des Jahres beherrschen sollten: Zerschlagung des Reichs in mehrere Staaten; Gebietsabtretungen im Osten; Einteilung des eroberten Deutschland in Besatzungszonen; Reparationszahlungen; Behandlung der Kriegsverbrecher.

Noch gab es ein vordringliches Interesse, das die Anti-Hitler-Koalition zusammenhielt: Der Sieg über Hitler, so sicher er im Februar 1945 auch erschien, musste erst noch vollständig erkämpft werden. Auch war Japan vorerst unbezwungen. Aber allmählich zeichnete sich schon eine wachsende Entfremdung zwischen den Bundesgenossen ab. Je mehr sich die deutsche Bedrohung auflöste, desto schärfer traten die Interessenunterschiede und Interessengegensätze der drei Kriegsverbündeten hervor. Klarsichtig erkannte Winston Churchill: «Wenn ein von einer Koalition geführter Krieg seinem Ende zugeht, gewinnen die politischen Aspekte mehr und mehr die Oberhand.»[1] In Jalta bewies sich die Richtigkeit dieses Satzes zum ersten Mal.

Inzwischen hatte in London und Washington ein Umdenken begonnen. Die Begeisterung über «Onkel Joe» verflog zusehends, Besorgnis über seine Absichten machte sich breit. George F. Kennan, US-Botschaftsrat in Moskau, befand Ende 1944, die Sowjetunion werde von einer «Schläger-Riege» regiert; Stalin werde nach dem Krieg *big trouble* sein; Amerika dürfe in Europa nicht auf Zusammenarbeit mit den Sowjets hoffen. Sein Botschafter Averell

Harriman teilte Kennans Ansicht: «*We can't do business with Stalin.*» Zugleich sahen die Briten mit wachsender Sorge, wie Stalin sich auf dem Balkan nicht im Geringsten um den Einfluss-Schlüssel scherte, den Winston Churchill bei einem Moskau-Besuch im Gespräch mit dem Kremlherrn beiläufig auf einem Zettel skizziert hatte: «Rumänien: 90 Prozent Rußland/10 Prozent die anderen; Bulgarien: 75 Prozent Rußland/10 Prozent die anderen; Jugoslawien: 50 Prozent Rußland/50 Prozent die anderen; Griechenland: 90 Prozent Großbritannien/10 Prozent Rußland.»[2]

So erklärt sich, dass Churchill in Jalta Bedenken trug, die Debatte über die deutsche Zukunft allzu rasch voranzutreiben. Die Russen hatten Ungarn erobert, Belgrad befreit, und sie standen an der Oder. Nirgendwo ließen sie sich dreinreden. Was mochten sie mit Deutschland vorhaben? Churchill verzichtete darauf, seinen alten Teilungsplan zu wiederholen. Auch Roosevelt brachte sein Zerstückelungsschema nicht noch einmal vor. Das State Department hatte ihm davon abgeraten, da jede Aufteilung Deutschland daran hindern werde, einen wirkungsvollen Beitrag zu sofortigen Reparationsleistungen, zum unverzüglichen Wiederaufbau und letzten Endes zur Hebung des Lebensstandards in Europa zu erbringen. Stalin war nun ebenfalls dagegen, weil Zerstückelung bei den Deutschen nur den Drang nach Wiedervereinigung wecken werde – in Wahrheit aber wohl, weil er lieber das ganze Deutschland ins Visier nahm als nur einen Teil. Endgültig rückte zwar keiner von dem Gedanken ab, Deutschland zu zerschlagen. Ein «Dismemberment Committee» im Londoner EAC-Ausschuss sollte ihn weiter prüfen. Das Komitee hielt jedoch nur eine Sitzung ab und verschwand danach von der Bildfläche.

Churchill argumentierte in diesem Punkt auf der Krim rein taktisch: Die Aufteilung Deutschlands lasse sich im Einzelnen nicht in fünf oder sechs Tagen festlegen. Damit hatte er sicher Recht. Aber es stand mehr hinter seinem Zögern. Als Staatsmann mit historischer Phantasie, Möglichkeitssinn und wachem Gespür für kommende Entwicklungen schreckte er vor übereilten Festlegungen zurück. Seinem Außenminister Eden schrieb er: «Es ist unsinnig, sich einzubil-

155

den, man könne auf dem Papier umreißen, was die aufgewühlte, sich in Zuckungen windende Welt bewegen wird, … wenn die unvermeidliche Ernüchterung auf die Anspannung des Kampfes folgt.» Nicht lange nach Jalta vertraute er seinem Privatsekretär an: «Solange meine Zweifel über Rußlands Absichten nicht zerstreut sind, geht mir der Gedanke an die Aufteilung Deutschlands arg gegen den Strich.»[3]

Die in London tagende EAC-Gruppe hatte den Prinzipalen in Jalta wenig Konkretes auf den Verhandlungstisch legen können. Sie war sich nicht einig geworden, wie lange das alliierte Kontrollsystem in Deutschland aufrechterhalten werden sollte. Sie kam zu keiner einheitlichen Ansicht, was eigentlich auf das Besatzungsregime folgen solle. Sie erarbeitete kein förmliches Kapitulationsdokument, keine gemeinsame Erklärung zur Besatzungspolitik, keinen Zerstückelungsplan und keine Reparations-Richtlinie. Sie erzielte nicht einmal Einigkeit darüber, ob die Alliierten nach ihrem Einmarsch überhaupt noch eine deutsche Obrigkeit im Amt belassen sollten. Übereinstimmung bestand lediglich in einem Punkt: Danach sollten Oberbefehlshaber der verschiedenen Besatzungszonen in ihrem Teil Deutschlands uneingeschränkt die oberste Gewalt ausüben. Dies hieß, dass jede Besatzungsmacht in ihrer Zone nach Belieben schalten und walten und damit jedwede zonenübergreifende Politik verhindern konnte. Die Amerikaner beharrten darauf ebenso wie die Sowjets. Keiner wollte sich in die Angelegenheiten der eigenen Zone hineinreden lassen. Hier zeichneten sich die ersten Ansätze einer zonalen Aufsplitterung ab: Bizone, Trizone, am Ende die Ost-West-Teilung des Landes.

Über ein Thema immerhin konnten sich die Großen Drei auf der Krim verständigen: die Abgrenzung der Besatzungsgebiete. Churchill, Roosevelt und Stalin billigten die EAC-Vorschläge für die Einrichtung von drei Besatzungszonen und die Aufteilung von Berlin in drei Sektoren. Die Grenzen zwischen den Besatzungszonen und die Sektorengrenzen wurden als zeitweilige Trennlinien akzeptiert. Des Weiteren wurde Frankreich – quasi als Gastsieger, der auch Mitglied des geplanten Alliierten Kontrollrates werden sollte – eine eigene Besatzungszone und ein eigener Sektor in Berlin zugesprochen. Stalin beharrte jedoch darauf, dass beides aus den amerikanischen und britischen Besatzungszonen herausgeschnitten werde. In der für Deutschland besonders wichtigen Reparationsfrage gab es in Jalta keine Übereinkunft. Stalin schlug vor, Deutschland Reparationen in Höhe von 20 Milliarden Dollar aufzuerlegen; davon sollte die Hälfte in die Sowjetunion gehen. Zwei Jahre lang würde die deutsche Industrie nach seinem Vorschlag demontiert und abtransportiert werden. Danach, so sah der Stalin-Plan vor, müsse Deutschland noch zehn Jahre lang mit Sachlieferungen Kriegsentschädigung leisten. Churchill und Roosevelt verschlossen sich dem sowjetischen Anspruch im Grundsatz nicht, doch wollten sie sich nicht auf eine bestimmte Summe festlegen. Die von Stalin genannte Höhe von 20 Milliarden schreckte sie. Sie wollten keine Neuauflage der zwanziger Jahre, als exorbitante Reparationszahlungen die deutsche Wirtschaft ruinierten. Beide befürchteten, dass am Ende die Westmächte die Rechnung würden bezahlen müssen, um der durch Reparationen ausgebluteten deutschen Wirtschaft auf die Beine zu helfen. Sie waren nicht bereit, wie es der Oxford-Historiker John Wheeler-Bennett ausdrückte, den Sowjets zu Gefallen den deutschen Patienten umzubringen, anstatt ihn – auch zum eigenen Vorteil – wieder zu Kräften kommen zu lassen. Ohnehin waren sie der Ansicht, dass sie den Sowjets während des Krieges mit umfangreichen Rüstungslieferungen und nichtmilitärischer Hilfe in Höhe von neun Milliarden Dollar genug Beistand geleistet hatten.

Stalin reagierte zornig, polternd, drohend. Den Premier und den Präsidenten brachte dies nicht von ihrer Position ab. Eine spezifische Reparationssumme wurde nicht festgelegt. Die zwanzig Milliarden Dollar wurden nur als «Diskussionsbasis» erwähnt, nicht als allgemein akzeptierte Zielsumme. Den Herrn aller Reußen muss dies frustriert haben, aber viel konnte er nicht machen. Gewiss war seine militärische Position nie stärker als zur Zeit der Krim-Konferenz, doch die Reparationen erwartete er vor allen Dingen aus dem Ruhrgebiet, das kurz vor der Umzingelung durch die Westalliierten stand und in der geplanten britischen Besatzungszone lag.

Das dritte große Thema auf der Krim war Polen. Dabei ging es zum einen um Polens künftige Regierung: Sollte die Londoner Exilregierung das Sagen haben oder die mit sowjetischen Bajonetten nach Warschau importierte «Lubliner Provisorische Regierung»? An dieser Frage schieden sich die Geister. Mal um Mal versuchte Churchill Stalin zu erklären, wie wichtig diese Frage den Briten war. Um der Freiheit Polens willen war England schließlich 1939 in den Krieg gezogen. Nun aber machte sich, wie Churchill formulierte, das entsetzliche Gefühl geltend, dass das heroische polnische Volk abermals der Versklavung anheim fallen könnte.

Zum anderen ging es um Polens Grenzen. Diese Diskussion hatte einen höchst direkten Bezug zur Zukunft Deutschlands. Wie weit sollte Polen nach Westen verschoben werden? Am 6. Februar schnitten die Großen Drei das Thema an. Churchill begann mit einer emphatischen Erklärung: «Die Briten werden sich nie mit einer Lösung zufrieden geben, die nicht ein Polen als freien und unabhängigen Staat bringt.» Polen müsse «Herr im eigenen Haus und Kapitän seiner Seele» sein. Doch Stalin blieb kompromisslos. Für Russland sei Polen nicht nur – wie für die Engländer – eine Frage der Ehre, sondern auch eine Frage der Sicherheit. Zweimal in den letzten dreißig Jahren seien die Deutschen über Polen in Russland eingefallen. Er wünsche ein starkes Polen. Im Osten solle die 1919 von Clemenceau und Lord Curzon gezogene Linie die Grenze bilden («Soll ich etwa weniger russisch sein als Clemenceau?»). Churchills Vorschlag, wenigstens Lemberg den Polen zu überlassen, wies Stalin rüde zurück. Lieber führe er den Krieg noch eine Weile fort, obwohl er Russland viel Blut koste, damit Polen auf Kosten Deutschlands für die Westverschiebung seiner Grenze entschädigt werden könne. Nach seinem Dafürhalten sei die polnische Grenze längs der Neiße zu ziehen. «Nun gibt es zwei Flüsse dieses Namens, einen in der Nähe Breslaus und einen weiter westlich. Ich habe an die westliche Neiße gedacht.» Das war schlau berechnet: Damit käme nicht bloß Oberschlesien, sondern auch Niederschlesien an Polen.

In Jalta war noch keine Rede davon gewesen (und vielleicht ja auch niemandem aufgefallen), dass es zwei Flüsse namens Neiße gibt: im Südosten die Glatzer Neiße, im Westen die Lausitzer Neiße. Der Unterschied war beträchtlich: ein Gebiet größer als Ostpreußen mit einer – fast ausschließlich deutschen – Bevölkerung von drei Millionen Menschen. Churchill hakte hier ein: «Es wäre höchst bedauerlich, wenn man die polnische Gans dermaßen mit deutschem Futter mästet, daß sie an Verdauungsbeschwerden eingeht.» Ein großer Teil des britischen Volkes, fuhr er fort, sei von dem Gedanken entsetzt, Millionen von Menschen gewaltsam umzusiedeln. Wenn Polen [einen Teil von] Ostpreußen und Schlesien bis zur Oder erhalte, bedeute das allein schon die Verpflanzung von sechs Millionen Menschen ins restliche Deutschland.

Stalin: «In diesen Gebieten befinden sich ohnehin keine Deutschen mehr. Sie sind alle geflohen.»

Churchill: «Es dreht sich darum, ob Rumpfdeutschland Platz für sie hat. Sechs bis sieben Millionen Deutsche haben im Krieg ihr Leben verloren, und eine weitere Million wird vermutlich noch vor Kriegsende fallen.»

Stalin: «... zwei Millionen. Daher sollte ein gewisser Raum für die auswandernde Bevölkerung vorhanden sein. Man wird sie brauchen, um die Lücken aufzufüllen.»

Churchill: «Ich schrecke vor einer Bevölkerungsumsiedlung nicht zurück. Sie muß aber im Verhältnis zu dem bleiben, was Polen verdauen und was nach Deutschland überführt werden kann. Die Angelegenheit bedarf auf alle Fälle sorgfältiger Klärung – nicht sosehr das Prinzip, aber die Zahl der Betroffenen.»[4]

Roosevelt erklärte ebenfalls sein Einverständnis mit der Entschädigung Polens auf Kosten Deutschlands. Aber die Grenze bis zur westlichen Neiße vorzuschieben – «dafür scheint nur eine geringe Rechtfertigung zu bestehen». Doch auch der Präsident vermochte nicht, Stalin zu bewegen. Indes wollte er den Disput nicht zum Äußersten treiben: Er brauchte die Russen für den Sieg in Deutschland, vor allem aber brauchte er sie, um Japan in die Knie zu zwingen – noch war die Atombombe nicht mehr als eine unerprobte Idee brillanter Wis-

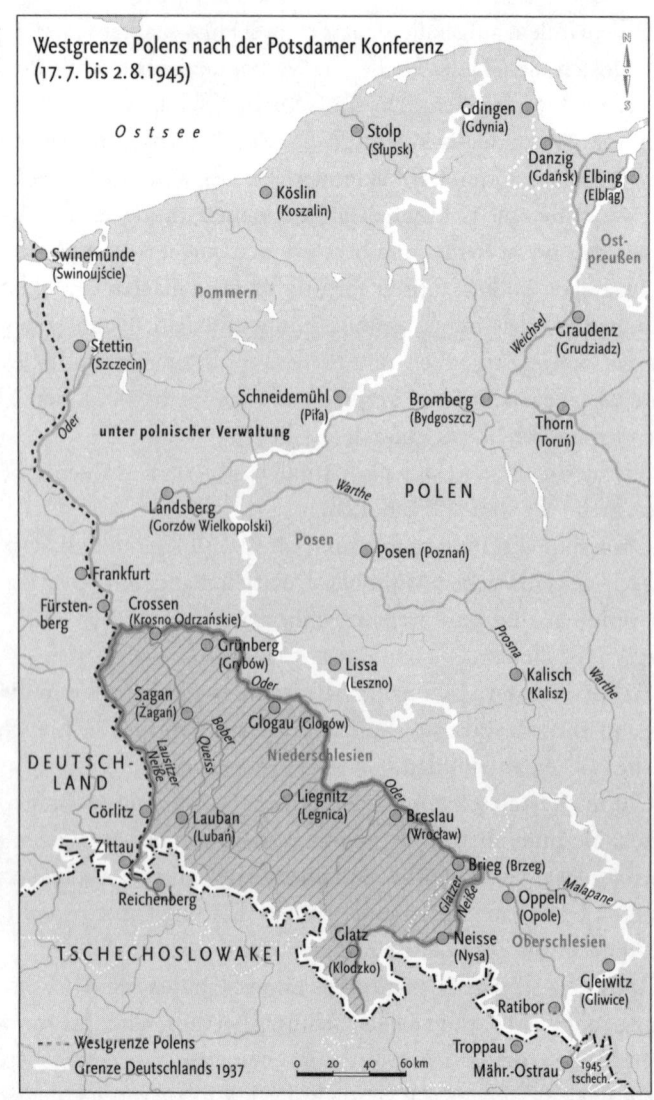

Westgrenze Polens nach der Potsdamer Konferenz
(17. 7. bis 2. 8. 1945)

O s t s e e

Stolp
(Słupsk)

Gdingen
(Gdynia)

Danzig
(Gdańsk) Elbing
(Elbląg)

Köslin
(Koszalin)

Ost-
preußen

Swinemünde
(Swinoujście)

Pommern

Stettin
(Szczecin)

Weichsel

Graudenz
(Grudziadz)

Schneidemühl
(Piła)

Bromberg
(Bydgoszcz)

Thorn
(Toruń)

Oder

unter polnischer Verwaltung

Warthe

POLEN

Landsberg
(Gorzów Wielkopolski)

Posen

Posen (Poznań)

Frankfurt

Fürsten-
berg

Crossen
(Krosno Odrzańskie)

Grünberg
(Grybów)

Lissa
(Leszno)

Prosna

Kalisch
(Kalisz)

Warthe

Sagan
(Zagań)

Oder

Bober

Queiss

Glogau (Głogów)

Niederschlesien

DEUTSCH-
LAND

Lausitzer
Neiße

Görlitz

Lauban
(Lubań)

Liegnitz
(Legnica)

Oder

Breslau
(Wrocław)

Zittau

Brieg (Brzeg)

Malapane

Reichenberg

Glatzer
Neiße

Oppeln
(Opole)

TSCHECHOSLOWAKEI

Glatz
(Kłodzko)

Neisse
(Nysa)

Oberschlesien

Gleiwitz
(Gliwice)

Ratibor

- - - - Westgrenze Polens
——— Grenze Deutschlands 1937

0   20   40   60 km

Troppau

Mähr.-Ostrau

1945
tschech.

Zweierlei Neiße: die Lausitzer Neiße, die weit westlich bei Fürstenberg in die Oder fließt und von Juni 1945 an die polnische Westgrenze bildete – sowie die Glatzer Neiße etwa 200 km südöstlich davon; sie hatten die Westalliierten ursprünglich als Teilungslinie im Sinn. Östlich der Lausitzer Neiße befindet sich die Queiss.

senschaftler. Außerdem suchte er die Sowjets für den von ihm vorge-
schlagenen Abstimmungsmodus im geplanten Weltsicherheitsrat der
Vereinten Nationen zu gewinnen. Dafür, dass Stalin in beiden Punkten Entgegenkommen zeigte, verzichteten Roosevelt und Churchill
darauf, den Kremlherrn in puncto Polen zu bedrängen.

Es blieb bei einer windelweichen Formulierung im Abschluss-
kommuniqué: «Die drei Regierungschefs ... erkennen an, daß Polen
im Norden und Westen beträchtlichen Gebietszuwachs erhalten
muß. Über die Größe dieses Gebietszuwachses muß nach ihrem
Dafürhalten vor allem die Auffassung der neuen Provisorischen Regierung der Nationalen Einigkeit eingeholt werden, worauf die endgültige Ziehung der Westgrenze Polens der Friedenskonferenz vorbehalten bleibt.» So wurde das Problem scheinheilig vertagt. Das
polnische Votum stand außer Zweifel, denn sowohl die Exilregierung
in London als auch die von den Sowjets gestützte Lubliner Gruppie-
rung hatten sich natürlich für die westliche Neiße ausgesprochen. Von
der Friedenskonferenz aber konnte niemand wissen, wann – und ob
– sie je kommen werde. Niemand konnte bezweifeln, dass in jedem
Falle bis dahin unumstößliche Tatsachen geschaffen sein würden.

Sechzig Jahre später wird man fragen dürfen: Hätten sich Roosevelt und Churchill beharrlicher für die östliche Neiße-Grenze einsetzen sollen? Die Antwort liegt auf der Hand: Es war ihnen schwerlich
zuzumuten. Warum hätten sie sich stärker für die Deutschen, den
Kriegsgegner, schlagen sollen als für die Polen, den gemarterten Verbündeten? Ihnen lag an einem souveränen, unabhängigen Polen. Hitler war aber noch nicht besiegt. Die Rote Armee stand an der Oder.
Der normativen Kraft des Faktischen vermochten die Westalliierten
außer Hoffnungen nichts entgegenzusetzen. Nur ein windiges Versprechen, alsbald freie Wahlen abhalten zu lassen, konnten sie Stalin
abringen. Es erwies sich bald, dass dieses Versprechen, wie sie be-
fürchtet hatten, auf kurzen Beinen stand. Als 1947 endlich gewählt
wurde, konnte von freien Wahlen nicht mehr die Rede sein; die
Satellisierung war abgeschlossen.

Churchill machte sich nichts vor. Es kam in Jalta darauf an, «die

Russen bei der Stange zu halten und das gute Einvernehmen mit diesem großen Verbündeten, der so furchtbar gelitten hatte, zu wahren». In seinen Memoiren stellte er die Frage: «Was wäre geschehen, wenn wir uns mit den Russen überworfen hätten, als die Deutschen noch zwei- bis dreihundert Divisionen an den Fronten stehen hatten?» Seine Antwort: «Unsere optimistischen Annahmen sollten nur zu bald Lügen gestraft werden. Dennoch waren sie in der damaligen Zeit die einzig möglichen.»[5]

Nach der Kapitulation Deutschlands gewannen die Differenzen zwischen den Siegermächten von Tag zu Tag schärferes Relief. Sie brachen vor allem in Osteuropa auf, wobei die Entwicklung in Polen die Westmächte am meisten beunruhigte. An dem Tag, an dem Hitler sich umbrachte, empfing Stalin von Churchill ein Schreiben, in dem ihn der Premier – «Ich beschwöre Sie, mein Freund Stalin!» – nahezu flehentlich bat, die Zukunft nicht in eine Ost-West-Konfrontation abstürzen zu lassen: «Es ist ganz offenbar, daß ein solcher Gegensatz die Welt in Stücke reißen würde und daß wir Führenden auf beiden Seiten, wenn wir auch nur im geringsten dafür verantwortlich wären, schmachbeladen in die Geschichte eingehen würden. Ja, sogar eine lange Periode des Argwohns, der Beschimpfungen und Gegenbeschimpfungen und politischen Gegensätze wäre eine Katastrophe für die Wohlfahrt der großen Massen in aller Welt.»[6]

Am Ende ließ sich die lange Periode des Argwohns, der Beschimpfungen und der Gegensätze nicht verhindern: der Kalte Krieg. Churchill tat sein Bestes, doch blieben all seine Anstrengungen vergebens. Drei Tage nach der Kapitulation Deutschlands kabelte er Truman, eine Konferenz mit Stalin müsse der nächste Schritt sein – «am besten in einer unzerstörten Stadt Deutschlands, falls sich eine solche finden läßt», wie er in einem langen Exposé für Eden formulierte. Darin argumentierte er gegen einen Rückzug der Amerikaner auf die vereinbarten Zonengrenzen – damit verlören die Westmächte ein wichtiges Faustpfand; und sie würden dann praktisch eine russische Grenze bekommen, die vom Nordkap über Lübeck mitten durch

Österreich bis Triest verlief. «Sämtliche großen Hauptstädte Mitteleuropas, Berlin, Wien, Budapest, Belgrad und Sofia, fielen in diese [russisch beherrschte] Zone.»

Churchills Analyse gipfelte in einer hellsichtigen Feststellung: «Wir stehen damit vor einem Ereignis in der Geschichte Europas, für das es keine Parallele gibt und das die Westmächte am Ende dieses langen wechselseitigen Ringens unvorbereitet trifft. Schon die russischen Reparationsforderungen werden so hoch sein, daß Rußland die Besetzung fast unbeschränkt hinausziehen kann – auf alle Fälle so lange, bis Polen und viele andere Länder in der riesigen Zone des russisch-kontrollierten Europa verschwunden sind und, wenn auch nicht notwendigerweise wirtschaftlich sowjetisiert, so doch jedenfalls unter einem Polizeiregime leben müssen.»[7]

In einem Telegramm an Truman verwendete der Premier in jenen Tagen zum ersten Mal das Bild vom «Eisernen Vorhang», der vor der russischen Front niedergegangen sei – ein Begriff, den Goebbels schon in seinem Schlagwort-Arsenal hatte, den Churchill aber nun mit handfestem Inhalt füllte. Eiserner Vorhang: «Was dahinter vorgeht, wissen wir nicht.» So drängte Churchill und drängelte. «Nichts kann die große Katastrophe verhindern», war seine Ansicht, «als nur eine schleunige Zusammenkunft und offene, harte Aussprache in irgendeiner amerikanisch-britisch besetzten deutschen Stadt, die anständige Unterkünfte bietet.»[8]

Aus dem Treffen in einer amerikanisch-britisch besetzten deutschen Stadt wurde nichts. Der letzte Trinkspruch in Jalta war auf ein Siegestreffen in Berlin ausgebracht worden. Berlin lag freilich in Trümmern. Nun schlug Stalin, der sich vor dem Fliegen fürchtete, Potsdam vor. Churchill war es recht. Allerdings konnte er sich mit seinem Drängen auf einen möglichst frühen Termin nicht durchsetzen. Am liebsten hätte er den 15. Juni gehabt – vor dem vereinbarten Rückzug der Amerikaner und Briten aus Sachsen, Thüringen und Mecklenburg und vor den für den 5. Juli anberaumten englischen Parlamentswahlen. Truman und Stalin aber einigten sich auf den 15. Juli. Der amerikanische Präsident schob das Dreiertreffen nicht ohne Hintergedanken hinaus: Bis Mitte Juli, so hoffte er, werde es Nachrichten vom Atomversuchsgelände Alamogordo geben, welche die Welt – und die Weltpolitik – von Grund auf verändern würden.

Die Lage, die Absichten, die Stimmung der Gipfelteilnehmer in Potsdam unterschieden sich in mehrfacher Hinsicht von den Umständen der vorangegangenen Dreier-Gipfel in Teheran und Jalta. Die Waffen schwiegen in Europa, die Nachkriegsprobleme standen nun im Vordergrund. An deren Behandlung jedoch schieden sich die Geister: Der Krieg hatte die Alliierten zum Zusammenhalten gezwungen, der Frieden trieb sie auseinander.

Das Misstrauen gegenüber Stalin war in London wie in Washington zusehends gewachsen – wegen der sowjetischen Widerborstigkeit bei den Verhandlungen über die Gründung der Vereinten Nationen, vor allem aber wegen der immer unverhohlener vorangetriebenen Sowjetisierung Osteuropas. Die übliche diplomatische Finesse machte groben Wortgefechten Platz, Hartnäckigkeit triumphierte auf allen Seiten über Harmoniesucht. Einen Vorgeschmack davon hatte Stalins Außenminister Wjatscheslaw Molotow abbekommen, als er im Mai im Weißen Haus vorsprach. Truman beklagte sich «offen und hart», wie er in seinen Memoiren schreibt, über die Moskauer Polen-Politik. «In diesem Ton hat noch nie jemand mit mir gesprochen», empörte sich Molotow. «Halten Sie sich an die Abkommen, und der Ton wird nicht mehr vorkommen», erwiderte Truman kühl.

Schließlich hatte sich auch das Personaltableau der Gipfelmannschaft einschneidend verändert.

In Jalta war Roosevelt ein todkranker Mann gewesen («Ich spürte, daß ihn nur noch lockere Bande mit dem Leben verknüpften», empfand Churchill beim Abschied). Sein Nachfolger Harry S. Truman war topfit, ein unersättlicher Aktenfresser, im Detail bestens mit den Problemen vertraut, auf harte Verhandlungen eingestellt. Die britische Delegation hingegen befand sich in einer ungemütlichen Zwischen- und Zwittersituation. England hatte am 5. Juli gewählt, doch wurde das Endergebnis wegen der langwierigen Stimmenauszählung bei den rund um den Globus postierten Soldaten erst für den 26. Juli erwartet. Obendrein war Churchill erschöpft. Zwar hatte er nach den Wahlen an der Biskaya-Küste eine Woche lang beim Malen ausgespannt, doch auf seine Mitarbeiter wirkte er fahrig, langatmig, zögerlich. Die Unsicherheit über den Wahlausgang lastete auf der Delegation, der für alle Fälle – obgleich Churchill fest mit seinem Sieg rechnete – schon der Oppositionsführer Clement Attlee beigeordnet worden war. Nur Stalin war noch der Alte. Er hatte tags zuvor einen leichten Herzanfall erlitten, weshalb sich seine Anreise um einen Tag verzögerte. Seiner meisterhaften Vorstellung am Konferenztisch tat dies indes keinen Abbruch.

Der Kreuzer «Augusta», auf dem Truman den Atlantik überquerte, brauchte acht Tage, bis er im Hafen von Antwerpen festmachte. Der Präsident nützte die Zeit, um sich intensiv auf die Potsdamer Konferenz vorzubereiten. Im Auto fuhr er nach Brüssel, wo er das Präsidentenflugzeug («Die Heilige Kuh») bestieg. Churchill flog von Bordeaux aus in seiner Skymaster nach Berlin. Stalin kam seiner Flugangst wegen in einem Sonderzug aus elf Waggons; vier davon, die Salonwagen der Zaren, hatte er aus dem Museum holen lassen. Schwer bewacht fuhr der Zug durch die kriegsverwüstete russische Landschaft über Litauen und Ostpreußen nach Berlin. Die Strecke war so gewählt, dass der Kremlherrscher den eigenen Machtbereich nicht verlassen musste.

Die Wahl des Konferenzortes war nicht ohne Symbolkraft. Potsdam galt sämtlichen Siegern als Herz und Hort des preußischen Militarismus. Klaus Mann, der für «Stars and Stripes» über das Gipfeltreffen berichtete, teilte ihre Einstellung: «Für jeden, der mit deutscher und europäischer Geschichte vertraut ist, bleibt Potsdam ein Name, der mit Erinnerungen und Assoziationen beladen ist – man denkt an im Stechschritt marschierende Grenadiere, schroffe Stimmen, zusammenschlagende Hacken und andere typische Requisiten aus der Junkertradition. Potsdam war die Wiege des preußischen Militarismus und Imperialismus. Während der letzten vierhundert Jahre hat diese harmlos aussehende Stadt die bedenklichsten Seiten des deutschen Wesens repräsentiert. Der Geist von Potsdam ist voll nationalistischer Aggressionen, bildungsfeindlicher Reaktion, rigider Disziplin und engstirniger Intoleranz. Genau diese Geisteshaltung erwies sich in der Form des Nationalsozialismus als tödlich und führte die Deutschen in die Katastrophe des totalen Krieges und der totalen Niederlage. Ohne das Vorbild der alten preußischen Armee hätte es keine Wehrmacht oder Luftwaffe gegeben. Ohne Friedrich den Großen – keinen Hitler, ohne Potsdam – kein Berchtesgaden.»[9]

Nirgendwo sonst ließ sich der Triumph der Alliierten über die deutsche Militärmacht besser demonstrieren. So war es auch kein Zufall, dass die Gipfelgespräche in Schloss Cecilienhof geführt wurden, dem Wohnsitz des letzten Kronprinzen Wilhelm und seiner Frau Cecilie. Cecilienhof war erst 1917, ein Jahr vor dem Ende des Ersten Weltkriegs, fertig gestellt worden, ein Landsitz mit 176 Räumen im überladenen Pseudo-Tudorstil: lauter Erker, ein Wald von Schornsteinen, efeuumschlungene Fachwerkfassaden. Im Vorhof empfing die Delegierten ein großer roter Stern aus roten Geranien, den die Sowjets hatten anpflanzen lassen (und der noch heute in jedem Frühjahr nachgepflanzt wird). In der Großen Halle tagten die Großen Drei vom 17. Juli bis zum 2. August, an einem in Moskau gebauten runden Tisch von 3,05 Metern Durchmesser, der fünfzehn Konferenzteilnehmern Platz bot.

Am 16. Juli nützten Truman und Churchill die Zeit bis zu Stalins verzögertem Eintreffen und stahlen sich getrennt hinweg nach Berlin. In brütender Hitze fuhren sie durch die Ruinen der Stadt; zuweilen kreuzten sich ihre Wege. Als «obszön» empfand Lord Ismay, Churchills Militärberater, die Verwüstung. Truman schrieb seiner Mutter: «Ein noch deprimierenderer Anblick als die kaputte Stadt war die lange, nicht enden wollende Prozession alter Männer, Frauen und Kinder, die ziellos umherwanderten, den Rest ihrer Habe schleppend, ziehend oder schiebend.» Sein Kommentar: «So weit kommt es, wenn ein Mensch Maß und Ziel verliert.»[10]

Den britischen Polit-Touristen bot sich in den Trümmern der Reichskanzlei ein chaotischer Anblick. Überall Glassplitter, Scherben von Kronleuchtern, Stucktrümmer, weggeworfene Eiserne Kreuze, Medaillen und verstreute Papiere auf dem Fußboden, Hitlers

Fototermin auf der Potsdamer Konferenz in der Halle von Schloss Cecilienhof: (v. l.) Josef Stalin, Harry S. Truman und Winston Churchill. Im Hintergrund rechts neben Truman der britische Oppositionsführer Clement Attlee, der Churchill noch während der Konferenz ablöste.

Schreibtisch umgestürzt, die Marmorplatte in tausend Stücke zerborsten. In Hitlers Esszimmer blickte Churchill an die Decke, wo eine Bombe das Glasdach durchschlagen hatte. Außenminister Anthony Eden merkte beiläufig an, er sei seit 1936 nicht mehr hier gewesen. Dann stieg Churchill die feuchten Stufen hinunter in den Führerbunker, die beißende, stinkende Luft einatmend. Im Schein der Taschenlampen blitzten Gasmasken, Kleidungs- und Ausrüstungsstücke auf. Churchills Leibarzt bückte sich nach einem Paar verbrannter Handschuhe. In Eva Brauns Zimmer stand noch ein verwelkter Zweig in der Blumenvase. Churchill stieg nicht ganz hinunter, sondern machte kehrt und setzte sich vor dem Bunkerausgang auf Hitlers goldverzierten Stuhl. Verschwitzt und atemlos murmelte er: «Hier muß Hitler herausgekommen sein, um Luft zu schnappen, und gehört haben, wie der Geschützdonner näher und näher kam.» Die Kanister, aus denen des Führers Leiche mit Benzin übergossen worden war, lagen auch noch herum. Inzwischen waren sie verrostet.

In den Arbeitssitzungen ging es ein weiteres Mal um die Fragen, die schon die vorangegangenen Konferenzen beschäftigt hatten. Russlands Kriegseintritt gegen Japan – wie versprochen, drei Monate nach Deutschlands Kapitulation, bestätigte Stalin. Das Schicksal der osteuropäischen Staaten, die schon jetzt kaum mehr als sowjetische Satelliten waren – Truman blieb unbeugsam, ihre Anerkennung komme erst in Frage, wenn Bulgarien, Finnland, Ungarn und Rumänien auf demokratischer Grundlage etabliert seien; westliche Wahlbeobachter aber lehnten die Sowjets rundweg ab. Einmal stellte Stalin den Abbruch der diplomatischen Beziehungen zu Franco-Spanien zur Diskussion, von dem er wider besseres Wissen behauptete, Hitler halte sich dort oder in Argentinien auf, doch kam er nicht weit damit. «Ich glaube nicht, daß wir uns in die inneren Angelegenheiten eines Staates einmischen sollten, mit dessen Ansichten wir nicht übereinstimmen»[11], beschied ihn Churchill kurz und bündig. Eine andere Kontroverse entzündet sich an der amerikanischen Absicht, Italien in die Vereinten Nationen aufzunehmen. Hier wehrte sich der britische Premier, der die Kriegserklärung Mussolinis vom Juni 1940 nicht vergessen hatte, gegen die amerikanischen Freunde. Streit gab es weiter über Jugoslawien, das die Westmächte zu 99 Prozent unter sowjetischer Kuratel sahen.

Die entscheidenden Diskussionen jedoch drehten sich um Deutschland. Wieder spitzten sie sich auf wenige Punkte zu. Die beiden wichtigsten waren, auf kuriose Weise ineinander verflochten, die Grenzziehung im Osten und die Reparationen.

In Jalta schon hatten sich Briten und Amerikaner dem Vorschieben der Grenze an die westliche Neiße widersetzt – aus moralischen Gründen wegen der Vertreibung von weiteren drei Millionen Deutschen, aus praktischen Gründen wegen der Schwierigkeiten, auf die solch eine Umsiedlungsaktion stoßen werde. Gleichwohl machte die sowjethörige polnische Regierung nicht an der Glatzer Neiße Halt, sondern rückte mit Miliz und Beamten bis an die Lausitzer Neiße vor. Die Russen übertrugen den Polen sogleich die Verwaltung, obwohl die Briten und Amerikaner Warschau wiederholt nahe gelegt hatten, dies nicht zu tun, bevor über die Grenze endgültig entschieden sei. Stalin hatte natürlich eine Erklärung bei der Hand: «Wir konnten uns nicht daran halten, weil die deutsche Bevölkerung sich im Kielwasser der zurückflutenden deutschen Truppen nach Westen abgesetzt hat. Die polnische Bevölkerung strömte ihrerseits nach Westen, und unsere Armee brauchte in ihrem Rücken eine lokale Verwaltung. Unsere Armee kann nicht zur selben Zeit eine Verwaltung im Hinterland aufziehen, den Kampf führen und das Gebiet vom Feind säubern.»

Truman konterte geschickt: «Wir sind doch übereingekommen, daß alle Teile Deutschlands der Kontrolle der Vier Mächte zu unterstellen sind!» Listig erkundigte er sich: «Ich möchte wissen, ob die Gebiete, um die es geht, ein Teil der sowjetischen Besatzungszone darstellen.» Und er konnte sich die Bemerkung nicht verkneifen: «Wenn die Sowjetregierung bei der Wiedereinrichtung einer deutschen Verwaltung in diesen Gebieten Hilfe benötigt, so können wir uns darüber unterhalten.»[12]

Stalin überging die Bemerkung. Er war in einer Zwickmühle. Gab er zu, dass Niederschlesien noch ein Teil Deutschlands war, geriet er unter Druck, die Polen zurückzuschicken. Gab er aber zu, dass die Polen von diesem Gebiet Besitz ergriffen hatten, würde er eine Verletzung der in Jalta getroffenen Abmachungen einräumen. Er saß zwischen Baum und Borke. Sein Ausweg: Er führte beide Argumente ins Feld: «Auf dem Papier sind es immer noch deutsche Gebiete. De facto sind sie polnisch.»

Hier aber verflochten sich die Diskussionsstränge «Grenzen» und «Reparationen».

Truman: «Was ist eigentlich aus der Bevölkerung geworden?»

Stalin: «Die Bevölkerung ist fort.»

Churchill: «Die Deutschen sind fortgegangen, weil sie die Kriegsereignisse fürchteten. Nun aber, da der Krieg vorbei ist, könnten sie zurückkehren.»

Stalin: «Ich fürchte, die Polen würden sie aufhängen ...»

Der Zusammenhang war klar: Wenn drei Millionen Niederschlesier in den Westen geflohen waren, so mussten sie dort von Amerikanern und Briten ernährt werden. Entsprechend müssten dafür aber die Reparationen gekürzt werden, die aus dem Westen nach Russland gehen sollten.

Churchill: «Polen verlangt nun bedeutend mehr, als es im Osten preisgegeben hat ... Auf keinen Fall haben die Polen das Recht, nun eine katastrophale Ernährungssituation für die Deutschen heraufzubeschwören ... Wir möchten uns nicht eine große deutsche Bevölkerung ohne Lebensmittelreserven aufhalsen lassen ... Wir betrachten diese Gebiete nicht als polnische Gebiete.»

Stalin: «Die Polen leben dort und haben die Felder bestellt. Wir können von den Polen nicht verlangen, daß sie die Feldarbeit tun und den Deutschen das Getreide überlassen.»

Truman blieb hart: Das östliche Deutschland könne nicht ohne Bezahlung an Polen überschrieben werden, die Frage müsse «im Zusammenhang mit den Reparationen und den Versorgungsproblemen des gesamten deutschen Volkes gesehen werden».

In einer der Sitzungen, als sich das Gespräch wieder einmal im Kreise dreht, stellte Churchill eine brisante Frage. Jemand hatte Deutschland erwähnt.

Churchill: «Ich stelle fest, hier wird das Wort ‹Deutschland› verwendet. Was bedeutet ‹Deutschland› heute? Soll man es im selben Sinne verstehen wie vor dem Kriege?»

Truman: «Wie versteht die sowjetische Delegation die Frage?»

Stalin: «Deutschland ist das, was es nach dem Kriege geworden ist. Es gibt kein anderes Deutschland. So verstehe ich die Frage.»

Nach dieser Definition gehörten einige Teile Deutschlands nicht mehr zu Deutschland, auch nicht jener Teil, den die Polen auf eigene Initiative, wenngleich mit sowjetischer Billigung, geschluckt hatten.

Truman: «Kann man Deutschland so nehmen, wie es 1937 war?»

Stalin: «Wie es 1945 ist ... Wir können uns den Ergebnissen des Krieges nicht verschließen.»

Truman, halsstarrig: «Vielleicht sollten wir Deutschland so verstehen, wie es im Jahr 1937 war?»

Stalin: «Formal können wir es so verstehen, aber in Wirklichkeit ist es nicht so. Wenn eine deutsche Verwaltung in Königsberg erschiene, würden wir sie hinauswerfen.»

Truman: «Können wir vielleicht Deutschlands Grenzen von 1937 zum Ausgangspunkt wählen?»

Stalin: «Ja, wir könnten auch das Deutschland von 1937 nehmen, aber nur als Ausgangspunkt.»

Churchill: «Nur als Ausgangspunkt.»

Truman: «Wir sind uns einig, das Deutschland von 1937 als Ausgangspunkt zu nehmen.»

Damit blieb alles im Ungefähren und Unbestimmten. Bei einem Ausgangspunkt verharrt man nicht. Zu welchem Endpunkt der Weg jedoch führen sollte, darüber waren sich die Großen Drei nach wie vor uneins. Jedenfalls konnte keine spätere deutsche Regierung sich auf einen aus den Potsdamer Beschlüssen abzuleitenden Rechtsanspruch auf das «Deutschland von 1937» berufen.

Ein Auftritt von Vertretern der neuen polnischen Regierung, die London und Washington mittlerweile anerkannt hatten, brachte auch keinen Fortschritt. Präsident Boleslaw Bierut (Kommunist) und auch Stanislaw Mikolajczyk (zuvor Ministerpräsident der Londoner Exilregierung) traten beide für die vorgeschobene Grenze an der westlichen Neiße ein. Polen habe 180 000 von den 388 000 Quadratkilometern, die es vor dem Krieg besaß, an Russland abgetreten und komme selbst mit Niederschlesien nur auf 309 000 Quadratkilometer; es brauche die Kontrolle über den Flussverkehr; die vorgeschlagene Grenze wäre die kürzeste und daher am leichtesten zu verteidigen – es fehlte den Polen nicht an Argumenten. Viel weiter halfen sie nicht.

Die Tage waren heiß in Potsdam. Die Delegationen logierten in komfortablen Babelsberger Villen, doch Klimaanlagen gab es nicht.

Bald brannte die Sonne, bald entluden sich Wolkenbrüche. Stechmücken plagten die Männer, die sich anschickten, Weltgeschichte zu schreiben. Nach den anstrengenden Plenarsitzungen erholten sie sich abends bei üppigen Staatsbanketten. Über das von Stalin gegebene Gastmahl schrieb Truman an seine Mutter: «Es war eine Wucht.» Der Präsident hatte ein paar Abende zuvor eingeladen und zur Unterhaltung seiner Gäste einen Pianisten und eine Geigerin auftreten lassen. Stalin, um ihn zu übertrumpfen, ließ zwei Pianisten und zwei schwergewichtige Geigerinnen aus Moskau kommen, die Chopin, Liszt und Tschaikowsky spielten. «Ich gratulierte ihm und den Künstlern», berichtete Truman seiner Mutter. «Sie hatten allerdings schmutzige Gesichter und waren ziemlich fett.» Churchill – «Ich werde mich für Eure musikalischen Darbietungen rächen!» – bestellte daraufhin für das Dinner, das er gab, die gesamte Big Band der Royal Air Force. Sie spielte den ganzen Abend in voller Lautstärke, sodass die Tischredner ihre Stimme heben mussten – bis Stalin der Band zuprostete und sich ein paar leichtere Melodien ausbat. Hinterher ging der Kremlherr umher und ließ sich seine Speisekarte von den Anwesenden signieren. «Nie hätte ich gedacht, ihn einmal als Autogrammjäger zu sehen», merkte Churchill in seinen Memoiren trocken an.

Im Schloss Cecilienhof hielt sich die Grenzfrage weiterhin hartnäckig auf der Tagesordnung, obwohl Truman den polnischen Abgesandten brüsk bedeutete, sie müsse der Friedenskonferenz vorbehalten bleiben. Gleichzeitig bekundete er allerdings sein Desinteresse an solch einer Friedenskonferenz, unbeschadet der Tatsache, dass sich die drei Staatsmänner darauf geeinigt hatten, einen Rat der Außenminister einzusetzen, der sie vorbereiten sollte. US-Außenminister James Byrnes erklärte seinen Kollegen Eden und Molotow, man müsse «eine Friedenskonferenz vermeiden, die von Delegierten aus fünfzig oder mehr Nationen beschickt» werde; sie würde nur zu endlosen Diskussionen führen und nicht zu einem befriedigenden Resultat gelangen. Besser, der neue Rat der Außenminister regle das Notwendige auf einer Ad-hoc-Basis. Es war dies eine überraschende Kehrtwendung – eine Kehrtwendung mit historischer Fernwirkung.

Die deutsch-polnische Grenzfrage blieb in der Schwebe, bis sie fünfundvierzig Jahre später, nach dem Zusammenbruch des Sowjet-
imperiums, durch eine Vereinbarung zwischen Polen und dem
wiedervereinigten Deutschland endlich erledigt wurde.
Churchill verbitterte die Wendung der Dinge zutiefst. «So bahn-
ten sich die Russen», schrieb er in seinen Memoiren, «indem sie die
Polen vorschoben, immer weiter ihren Weg, jagten die Deutschen vor
sich her und entvölkerten weite Gebiete, bis sie im Besitz der Weizen-
felder und wir in der überfüllten britischen und amerikanischen Zone
im Besitz hungriger Massen waren.»[13] In der letzten Sitzung, an der
er teilnahm, sagte er zu Stalin, er könne sich nicht mit einer Hungersnot im Ruhrgebiet abfinden, nur weil sich die Polen in den Besitz der
gesamten östlichen Getreideproduktion gesetzt hätten. Seine Worte
verhallten ungehört in der holzgetäfelten Großen Halle des Cecilien-
hofes.

Am Nachmittag flogen Churchill, Eden und Attlee nach London,
wo am nächsten Tag das Wahlergebnis verkündet wurde. Die Konser-
vativen erlitten wider Erwarten eine empfindliche Niederlage. Am
Abend fuhr Churchill zum Buckingham-Palast, übergab dem König
sein Rücktrittsgesuch und empfahl ihm, Clement Attlee zu berufen.
Der neue Premier kehrte am frühen Abend des 28. Juli nach Potsdam
zurück. Der neue Außenminister Ernest Bevin begleitete ihn.

Ohne Winston Churchill schleppte sich die Konferenz nur noch
träge dahin. Die Gesprächsthemen waren verbraucht, die Verhand-
lungspartner erschöpft. Stalin und Truman verloren das Interesse an
den Plenarsitzungen und drängten auf Abreise. Sie überließen es ihren Außenministern, die losen Enden so gut es ging zusammenzu-
knoten. Diese Aufgabe erledigten Byrnes und Molotow, indem sie
die beiden schwierigsten Themen zu einer Paketlösung zusammen-
schnürten: die Westgrenze Polens und die deutschen Reparationen.

Es begann ein diplomatischer Kuhhandel, der in ein hochpoliti-
sches, doch gleichwohl ermüdendes und unwürdiges Geschacher aus-
artete. Anfangs gestand Byrnes nur zu, dass Polen bis an die Oder und
die *östliche* Neiße von den Polen verwaltet und die betreffenden Ge-

173

biete nicht als Teil der sowjetischen Besatzungszone betrachtet werden sollten. Dafür schlug er vor, «jede Macht möge sich doch bei den Reparationen an die eigene Zone halten». Da – so Byrnes – 50 Prozent des deutschen Wirtschaftspotenzials in der sowjetisch besetzten Zone lagen, könne Russland die ihm zustehende Hälfte der Reparationen seiner eigenen Zone entnehmen. Molotow machte jedoch eine Gegenrechnung auf, nach der bloß 42 Prozent des deutschen Potenzials in der sowjetischen Zone lagen, die restlichen acht Prozent müssten daher aus dem Westen kommen. In diesem Zusammenhang erwähnte er Industrieanlagen an der Ruhr im Wert von zwei Milliarden Dollar. Die Amerikaner wiesen auf die Schwierigkeiten hin, Reparationsgüter in Dollar zu bewerten. Warum begnügten sich die Sowjets nicht einfach mit 25 Prozent der für Reparationen zur Verfügung stehenden Anlagen? Die allerdings sollten mit Lebensmitteln, Kohle und andere Lieferungen verrechnet werden. Eine Alternative bot Byrnes den Sowjets auch an: nur 12,5 Prozent ohne Gegenlieferungen.

Am Abend bedrängte Stalin die polnischen Minister, sich angesichts der amerikanischen Konzessionen auf einen geographischen Kompromiss einzulassen und die Queiss anstelle der Lausitzer Neiße als Grenze zu akzeptieren. Ein schmaler Streifen Niederschlesiens wäre damit bei Deutschland verblieben (siehe Karte S. 160). Die Polen zeigten sich insoweit flexibel, als sie sich bereit erklärten, wenigstens die Wasserscheide zwischen Queiss und westlicher Neiße als Grenze anzuerkennen. Ein winziges Stück Deutschland hätte hier also noch gerettet werden können. Am nächsten Tag jedoch teilte Byrnes seinem sowjetischen Widerpart Molotow mit, «daß wir in bezug auf die Westgrenze zu einem Zugeständnis bereit sind – und zwar die polnische Verwaltung statt bis zur östlichen bis zur westlichen Neiße zu akzeptieren». Der amerikanische Sowjetexperte Charles Bohlen vermerkte als Protokollant: «Mr. Molotow drückte seine Dankbarkeit für diesen Vorschlag aus.» Alle Einwände Bevins, der bei der bisherigen britischen Haltung blieb, trafen auf taube Ohren.

Das Geschacher um den russischen Reparationsanteil aus dem

Westen war damit noch nicht zu Ende. Byrnes schlug vor, den Russen 15 Prozent der industriellen Grundausstattung, die nicht für die Friedenswirtschaft benötigt wurden, gratis zu überlassen und 25 Prozent gegen die Lieferung von Lebensmitteln und Rohstoffen. Bevin hielt wenig von diesem Vorschlag, da er vor allem auf Kosten der Ruhr-Industrie in der britischen Besatzungszone ging. Stattdessen schlug er vor: zehn Prozent aus der britischen und amerikanischen Zone gratis, zehn Prozent gegen Warenlieferung.

Danach ging es im Schloss Cecilienhof zu wie unter Teppichhändlern: 10 : 10 Prozent schlug Bevin vor, 7,5 : 12 Prozent bot Byrnes; 10 : 15 Prozent verlangten die Russen, zuzüglich deutscher Aktien im Gegenwert von 800 Millionen Dollar und 30 Prozent des Reichsbankgoldes und der deutschen Auslandsinvestitionen. Die beiden letzteren Forderungen verfielen sofort der Ablehnung. Am Ende musste sich Bevin jedoch – nach einem Wortgefecht mit Stalin – in die Formel «10 Prozent gratis, 15 Prozent gegen Lieferung» schicken.

Dies war das Ende der Potsdamer Konferenz. Mit deren Ausgang war niemand ganz zufrieden, obwohl ein wortreiches Protokoll-Dokument eine lange Liste von Abmachungen und Übereinkünften aufführte. Sie standen alle auf schütterem Boden. Die Behauptung im Schlusskommuniqué, die Konferenz habe «die Bande zwischen den drei Regierungen gestärkt und die Tragweite ihrer Zusammenarbeit wie ihres gegenseitigen Verständnisses vergrößert», verkleisterte nur die Risse, ja Abgründe, die sich zwischen den Kriegsverbündeten aufgetan hatten. Die Realität widerlegte die Kommuniqué-Lyrik. Von Widerstand gegen die Territorial-Lösung, die Moskau durchgedrückt hatte, konnte keine Rede mehr sein. Ebenso wenig gab es irgendwelche verlässlichen Garantien für Osteuropas, vor allen Dingen Polens freiheitlich-demokratische Entwicklung.

Im Nachhinein hat Winston Churchill sich darauf versteift, dass der Westen besser abgeschnitten hätte, wäre es ihm vergönnt gewesen, bis zum Ende am Konferenztisch im Cecilienhof zu sitzen. Hart auf hart, schrieb er in seinem Memoiren, habe er die strittigen Punkte mit der Sowjetregierung ausfechten wollen: «Beispielsweise hätten weder ich noch Eden die westliche Neiße als Grenze akzeptiert.» Das war ein dürftig verhüllter Vorwurf gegen seinen Nachfolger Clement Attlee, den er einmal ein «Schaf im Schafspelz» genannt hatte und von dem er ein andermal sagte, «*Mr. Attlee is a very modest man, and he has plenty to be modest about*» – «Attlee ist ein sehr bescheidener Mann, aber er hat auch allen Grund zur Bescheidenheit». Doch zu einem guten Teil entsprang Churchills Urteil über Potsdam auch der Selbsttäuschung oder Selbstüberschätzung. Aus seinen Worten sprach die Bitternis des unerwartet aus der Verantwortung gekippten Staatsmannes («Keine Macht zur Gestaltung der Zukunft!», klagte er). Vielleicht hätte er ja minimale territoriale oder politische Zugeständnisse erwirken können, die Wasserscheide zwischen Lausitzer Neiße und Queiss etwa – mehr wohl kaum.

Den Deutschen brachte die Potsdamer Konferenz den Anfang der Teilung. Wohl hieß es im Abschlussprotokoll: «Während der Besatzungszeit soll Deutschland als eine einzige wirtschaftliche Einheit betrachtet werden.» Doch in Artikel II – Deutsche Reparationen – ist zugleich der erste Ansatz zur Spaltung Deutschlands zu entdecken: Reparationsansprüche der Union Sozialistischer Sowjetrepubliken sollten aus der sowjetisch besetzten Zone befriedigt werden, die der Vereinigten Staaten, des Vereinigten Königreichs und anderer Länder aus den Westzonen. Darüber hinaus wurde spezifiziert, dass deutsches Eigentum in Bulgarien, Finnland, Ungarn, Rumänien und Ost-Österreich dem sowjetischen Zugriff freistehe. Die bereits sich abzeichnende Zweiteilung Europas in Ost und West wurde damit in vorauseilender Anpassung an die Gegebenheiten anerkannt.

Die Deutschen hatten damals anderes im Kopf als das Studium diplomatischer Schriftstücke. Hätten sie gewusst, was in Potsdam vor sich ging, so hätten sie sich mit Sicherheit erregt: über die Abtrennung der Ostgebiete und über die ersten Anzeichen der beginnenden deutschen Teilung. Aus der heutigen Warte aber muss man wohl sagen, dass die deutsche Nation Glück gehabt hat: Sie wurde nur entzweigeschnitten, nicht aber in fünf oder sieben unabhängige Staaten aufgeteilt. Die alten Zerstückelungspläne waren vom Tisch; von ihnen blieb nur noch das – ja nicht unvernünftige – Prinzip der Dezentralisierung. Die Spaltung, die sich nun anbahnte, hatte nichts mehr mit dem hinter der Nation liegenden Krieg zu tun. Sie entsprang ganz anderen Wurzeln als dem Bestreben, Deutschland für Hitlers Politik zu bestrafen. Vielmehr war sie das Resultat des Kalten Krieges, in den die Welt nun unaufhaltsam hineinschlitterte. Aus Potsdam schrieb Truman an seine Mutter: «Solch störrische Leute wie die Russen kann man sich überhaupt nicht vorstellen. Ich hoffe, nie wieder mit ihnen eine Konferenz zu erleben – aber natürlich wird mir das nicht erspart bleiben.»

Während die Quartiermeister schon das Gepäck einsammelten, erklärte Präsident Truman die Konferenz für beendet. «Bis zu unserem nächsten Treffen», verabschiedete er sich, «das, wie ich hoffe, in Washington stattfinden wird.»

«So Gott will», fügte der ehemalige Priesterseminarist Stalin lächelnd an.

Seine Skepsis war berechtigt. Truman und Stalin haben sich nicht noch einmal getroffen. Die Potsdamer Konferenz markierte das Ende der Kriegsallianz und den Beginn des Kalten Krieges. Die Friedensregelung für Europa blieb dabei auf der Strecke. Es brach nun das neue Zeitalter an, in dem Kriege nicht mehr erklärt und nicht mehr mit Friedensverträgen beendet werden.

Und es brach das Atomzeitalter an.

Inbegriff eines neuen, bedrohlichen Zeitalters: der Atompilz über Hiroshima am 6. August 1945. Um 8.15 Uhr Ortszeit wurde die Bombe gezündet, drei Tage später explodierte die zweite über Nagasaki.

Die Bombe und der Tenno

Bei der Potsdamer Konferenz ging es darum, auf den Trümmern des Deutschen Reiches eine zukunftssichere Nachkriegsordnung zu errichten. Aber während sich die Großen Drei über Grenzen und Besatzungszonen, über Kriegsbeute und Reparationen in Europa stritten, dauerte auf der anderen Seite der Erde das gewaltige Völkerringen an: im Pazifik, wo das Kaiserreich Japan noch immer nicht bezwungen war. Wie ließe sich ihm, ausgeblutet und verwüstet, wie es war, am besten der Fangstoß versetzen?

Am 16. Juli, dem ersten Tag der Potsdamer Konferenz, suchte Winston Churchill den amerikanischen Präsidenten in seinem «Kleinen Weißen Haus» in Babelsberg auf. Der Meinungsaustausch der beiden Staatsmänner galt vor allem dem fernöstlichen Kriegsschauplatz. Churchill bot Truman britische Truppen an. Beide wussten, dass auch Stalin zum Eingreifen bereit war. Der Präsident zeigte sich dankbar für das großzügige britische Angebot, doch hoffte er, nicht darauf zurückkommen zu müssen. Zugleich sagten ihm seine Militärs, dass die Russen «nicht unentbehrlich» wären, um Japan niederzukämpfen. Daraufhin beschloss er, sie nicht zu bitten.

Harry S. Truman, der 33. Präsident der Vereinigten Staaten, hatte noch eine Trumpfkarte im Ärmel: die Atombombe. Für ebendiesen Tag – Montag, den 16. Juli 1945 – war der erste Atomversuch der Weltgeschichte anberaumt.

Die Story des amerikanischen Atomwaffenprogramms ist schon oft erzählt worden: Einsteins Brief vom 2. August 1939 an Präsident Roosevelt, geboren aus der Sorge, dass Hitler an Atomwaffen arbeiten ließ; das Anlaufen des «Manhattan»-Projekts, das bis 1945 zwei Milliarden Dollar verschlang und ein Viertel der amerikanischen Stromerzeugung; das Bangen der Wissenschaftler, ob aus ihren Formeln und Labor-Experimenten sich tatsächlich die Waffe entwickeln ließe, die ihnen vorschwebte; schließlich ihre moralischen Skrupel, diese Waffe, wenn sie denn nicht nur ein wissenschaftliches

Hirngespinst wäre, sondern funktionieren würde, wirklich einzusetzen.

Als Truman sich nach Europa einschiffte, war ihm bewusst, dass der entscheidende Versuch – Codewort «Trinity», Dreifaltigkeit – auf einem abgelegenen Wüstengelände der Air Force nahe dem Städtchen Alamogordo im Bundesstaat New Mexico unmittelbar bevorstand. Am 16. Juli war es so weit. Die Männer, die die Atombombe erdacht, erbaut und das erste Exemplar auf die Spitze eines fünfunddreißig Meter hohen Stahlgerüsts montiert hatten, verbrachten eine unruhige Nacht: Robert Oppenheimer, Direktor des Bombenlabors Los Alamos; General Leslie Groves, der militärische Koordinator des Projekts, und sein Stellvertreter General Thomas Farrell; die Wissenschaftler Enrico Fermi, Hans Bethe, Edward Teller, Leo Szilard und eine Reihe ihrer Kollegen. Sie hatten Wetten auf die Sprengkraft der Bombe abgeschlossen: Teller tippte optimistisch auf das Äquivalent von 45 000 Tonnen Trinitrotuluol, Bethe auf 8000, Oppenheimer auf bloße 300 Tonnen. Alle waren nervös.

In Berkeley hatte Oppenheimer Sanskrit studiert, auf seinem Schreibtisch lag stets ein abgegriffenes Exemplar der Bhagavad-Gita. In diesen Stunden trug er seinen Kollegen eine eigene Übersetzung vor: «In der Schlacht, im Walde, am Abgrund in den Bergen / Auf der dunklen großen See, inmitten von Speeren und Pfeilen / Im Schlaf, in der Verwirrung, in den Tiefen der Schande / Retten den Mann die guten Taten, die er zuvor getan.» Fermi sann laut darüber nach, ob die Bombe die Atmosphäre entzünden werde – und wenn ja, ob dann nur New Mexico oder die ganze Welt zerstört würde. «Mein Gott», sagte Oppenheimer zu einem Offizier im Kontrollgebäude, als der Countdown begann, «das schlägt einem aufs Gemüt.»

Um fünf Uhr dreißig in der Frühe wurde die Bombe gezündet – eine von dreien, die es bis dahin gab. Der Explosionsblitz – «heller als tausend Sonnen», um Robert Jungks nachmals berühmten Buchtitel zu zitieren – durchzuckte das Morgengrauen und war noch in dreihundert Kilometern Entfernung zu sehen. Das Echo des Donnerknalls wurde in der Jornada del Muerto, dem Pfad des Toten, wie die Spanier die gottverlassene Gegend genannt hatten, vielfältig hin und her geworfen. Robert Oppenheimer, erleichtert, ergriffen und ehrfurchtsvoll, sagte schlicht: «*It worked*» – «Es hat funktioniert.» Zwei Bomben hatten die Amerikaner noch in ihrem Arsenal, «Little Boy» und «Fat Man». Wenn auch sie funktionieren würden – ließe sich damit der Zweite Weltkrieg beenden?

Drei Wochen zuvor war Okinawa gefallen. Fast drei Monate lang war die Inselfestung umkämpft gewesen. Die Amerikaner hatten 12 500 Gefallene und Vermisste zu beklagen, viele davon Opfer von Kamikaze-Fliegern. Der hohe Blutzoll erregte die amerikanische Öffentlichkeit. Er warf die Frage auf, welche Opfer erst die Invasion des japanischen Mutterlandes kosten werde. Diese Frage bewegte in Potsdam auch Präsident Truman, Winston Churchill und ihre Stabschefs. Desgleichen beschäftigte sie Josef Stalin, der im April den 1941 mit dem japanischen Außenminister Matsuoka abgeschlossenen Neutralitätspakt gekündigt hatte und der nun in Potsdam nächtens mit seinen Marschällen über den Plänen für die Verlegung großer Teile der Roten Armee nach Fernost brütete. Er wollte sein Versprechen halten, drei Monate nach Beendigung der Kampfhandlungen im Westen in den Krieg gegen Japan einzutreten. Auf diese Weise konnte er es den Japanern heimzahlen, dass sie ihn 1939 am Amurbogen mit einem verlustreichen, wiewohl unerklärten Grenzkrieg überzogen hatten. Auch wollte er nicht zu spät kommen, um sich einen Teil der fernöstlichen Kriegsbeute zu sichern. Deshalb befahl er seinen Marschällen, mit großer Eile vorzugehen.

Während die Wissenschaftler in Alamogordo noch den Atompilz bestaunten, der binnen fünf Minuten die Höhe von 41 000 Fuß (ca. 12 500 Metern) erreichte, kehrte Truman von seiner Besichtigungstour durch Berlin ins «Kleine Weiße Haus» zurück. Kriegsminister Stimson legte ihm ein Telegramm aus Washington vor: «HEUTE MORGEN OPERIERT. DIAGNOSE NOCH NICHT KOMPLETT. RESULTATE SCHEINEN BEFRIEDIGEND UND ÜBERTREFFEN ERWARTUNGEN.» Tags darauf traf ein weiteres Kabel ein: «DOKTOR

KAM GERADE ENTHUSIASTISCH UND ZUVERSICHTLICH ZU-
RÜCK, DASS DER KLEINE JUNGE SO KRÄFTIG IST WIE SEIN
GROSSER BRUDER.» Die Offiziere, die das Kabel dechiffrierten, nahmen an, Stimson
sei gerade Vater geworden. Der «große Bruder» war indes die eben in
Alamogordo gezündete Atombombe. Und «Little Boy» – «Kleiner
Junge» – war das Codewort für die Bombe Nr. 2. Sie war bereits auf
dem Weg in den Pazifik.

Zur nämlichen Zeit, als der erste Atomblitz der Menschheitsge-
schichte den Morgenhimmel über New Mexico zerspaltete, wurden
Teile von «Little Boy» im Hafen von San Francisco in einer Holzkiste
von fünf Meter Länge an Bord des Schweren Kreuzers «Indianapolis»
gehievt. Separat davon, in einem Blei-Eimer an einem Brecheisen
aufgehängt und geschultert, trugen zwei Matrosen die Uran-Kugel,
die beim Abwurf die Bombe kritisch machen würde. Vier Stunden
nach der Explosion in der Wüste, um 8.36 Uhr Pazifischer Kriegszeit,
dampfte die «Indianapolis» mit ihrer tödlichen Fracht unter der Gol-
den-Gate-Brücke hindurch nach Westen. Ihr Bestimmungsort: die
kleine Pazifik-Insel Tinian in der Marianen-Gruppe. Andere
Bombenteile wurden von Transportflugzeugen aus Albuquerque
nach Tinian geflogen.

In Potsdam berieten Truman, Kriegsminister Stimson und die hohen amerikanischen Militärs – General Marshall, General Arnold
und Admiral King – über das weitere Vorgehen. Drei verschiedene
Möglichkeiten hatten sie vor Augen, um mit Japan fertig zu werden.

Die erste war, mit den verheerenden Luftangriffen fortzufahren,
mit denen die Air Force Japan überzogen hatte, seitdem die
Inselstützpunkte erobert waren, die das Reich des Tenno nicht nur in
Reichweite der Fernbomber, sondern auch in die der Mittel-
streckenbomber rückten: Saipan, Guam. Tinian. Seit November flogen die B-29, die neuen Fliegenden Superfestungen, Tag für Tag
gleichsam im Pendelverkehr ihre Einsätze. Bis Februar warfen die
Amerikaner hauptsächlich Sprengbomben und Luftminen ab. Dann
wechselte der Luftwaffenchef im Pazifik, General Curtis LeMay, dem

Beispiel von «Bomber Harris» folgend, die Taktik. Seine Geschwader verlegten sich auf den Einsatz von Brandbomben. Jede B-29 konnte davon sechs bis acht Tonnen mitführen, vierzig Paletten à 38 Stück. Jede einzelne reichte aus, um sechs oder sieben Hektar in Flammen zu setzen. Zeitweise mussten die Angriffe eingestellt werden, weil die Brandbomben ausgegangen waren.

In höllischem Crescendo legte die Air Force im Frühjahr Japans Städte eine nach der anderen in Schutt und Asche. Als sich Truman, Churchill und Stalin in Potsdam an den Konferenztisch setzten, waren in sechzig Prozent der Städte sechzig Prozent des bebauten Gebiets zerstört.

Der Unterschied zwischen Brandbomben und Atombombe lag damals nicht in erster Linie im Grad ihrer Wirkung. Die Atombombe gestattete lediglich eine Art von Sparprogramm der Grauenhaftigkeit – ein einziger Bomber konnte damit ebenso viel Unheil anrichten wie die bis dahin üblichen Bomberverbände von fünfhundert, achthundert oder tausend Maschinen. General LeMay brüstete sich: «Wir werden Japan in die Steinzeit zurückbomben!» (Zwanzig Jahre später benützte er, inzwischen Kommandeur des Strategic Air Command, dasselbe Bild gegenüber Nordvietnam.) Wie einige andere Berater Trumans war er überzeugt, dass Japan in die Knie gehen werde, wenn man es nur lange genug bombardierte.

Die Stabschefs glaubten nicht, dass dies gelingen könne. Sie plädierten für eine zweite Option, und Truman schloss sich ihnen an: die Invasion. Sie sollte sich in zwei Phasen abspielen. Am 1. November 1945, so sah die Planung vor, würde Kyushu angegriffen werden, die südlichste der vier japanischen Hauptinseln: Plan «Olympic». Für den 1. März 1946 war dann in der Bucht von Tokio die Landung auf der Hauptinsel Honshu geplant: Plan «Coronet». Sechsunddreißig Divisionen im Gesamtumfang von 1,5 Millionen Mann sollten für das Unternehmen bereitgestellt werden, mit Luftwaffe, Marine und Logistik-Einheiten alles in allem fünf Millionen Mann, eine Streitmacht, die doppelt so groß war wie jene, die Stalin zu Beginn des Jahres gegen Berlin aufgeboten hatte.

Truman und seine Militärs machten sich nach den verzweifelten Endkämpfen der Japaner in Manila, Iwo Jima und Okinawa keine Illusionen über das Ausmaß der Verluste, die Amerika bei der Invasion Japans hinnehmen müsste. Den Widerstand Mann für Mann zu brechen und das Land Meter um Meter zu erobern – das würde schwere Verluste mit sich bringen. 300 000 Mann war die niedrigste Schätzung, eine Million Tote noch nicht die höchste. 300 000 Tote! Der Erste Weltkrieg hatte die Vereinigten Staaten 53 000 Mann gekostet, der Triumph über Hitler-Deutschland rund 200 000 Mann. Aber eine Drittelmillion, eine halbe, womöglich sogar eine ganze Million, dazu mehrere Hunderttausend britischer Soldaten – die Aussicht schreckte. Die Atombombe schien einen Ausweg zu eröffnen: die dritte Möglichkeit.

Der amerikanische Kriegsminister Stimson unterrichtete Churchill in dessen Babelsberger Quartier: «Das große Experiment ist gelungen, die Atombombe ist da.» Seit Jahren arbeiteten britische Wissenschaftler eng mit ihren amerikanischen Kollegen zusammen, und am 4. Juli, dem amerikanischen Unabhängigkeitstag, hatten die Engländer im *Combined Policy Committee* bei einer Sitzung in Washington bereits ihr prinzipielles Einverständnis zum Einsatz der Bombe gegen Japan gegeben. Der Premier war in Hochstimmung: «Kein ernsthafter Wissenschaftler hatte eine Voraussage gewagt, was sich bei dem ersten wirklichen Atombombenversuch abspielen werde. Würden diese Bomben nutzlos oder würden sie vernichtend sein? Jetzt wußten wir es.» Man brauchte sich nicht mehr auf verheerende Luftangriffe und den verzweifelten Widerstand der Japaner in gewaltigen Schlachten einzustellen, auch nicht darauf, «jeden Graben und jeden Keller» freikämpfen zu müssen. «Jetzt war mit einem Mal dieser Alb vorüber, und an seine Stelle trat die helle und tröstliche Aussicht, ein oder zwei zerschmetternde Schläge könnten den Krieg beenden.»[1]

Manche Berater Trumans rieten von der Anwendung der Bombe ab. Dwight D. Eisenhower, der Architekt des Sieges über Hitler, zählte zu den Skeptikern. «Mein Krieg in Europa war vorbei», vermerkte er, «und es ging mich nichts an.» Aber der bloße Gedanke an den Einsatz der Atombombe deprimierte ihn: «Erstens waren die Japaner bereit zu kapitulieren, und es war nicht nötig, ihnen dieses fürchterliche Ding aufs Haupt zu schlagen. Zweitens war mir der Gedanke verhaßt, daß unser Land als erstes eine solche Waffe einsetzen sollte.» «Ike» hielt mit seiner Ansicht auch im Gespräch mit Truman nicht hinter dem Berg. Der Präsident hatte sich jedoch schon anders entschieden: «Ich glaube, daß die Japse klein beigeben, ehe Rußland eingreift», notierte er in seinem Tagebuch. «Ich bin ganz sicher, daß es so kommt, wenn *Manhattan* über ihrem Heimatland erscheint.»

Damit waren auch alle weiteren Diskussionen abgeschnitten: ob man die Japaner vorher warnen solle oder ob nicht vielleicht schon eine Atombombenexplosion zu Demonstrationszwecken sie zum Einknicken bringen werde. Beide Ideen waren schon vorher der Ablehnung verfallen. Oppenheimer glaubte nicht, dass das Kräfteverhältnis zwischen der Friedenspartei und der Kriegspartei in Tokio durch «einen enormen nuklearen Knallfrosch, der in großer Höhe detoniert und nur geringen Schaden anrichtet» zu verändern sei. Und sollten Warnungen bestimmte Städte als Ziele erwähnen, so sei nicht auszuschließen, dass die Japaner dann amerikanische Kriegsgefangene dorthin schaffen würden. Da mochte der aufrechte Kriegsminister Stimson noch so oft die «Gewissenlosigkeit und Mitleidslosigkeit» beklagen, die der Krieg habe einreißen lassen, seine Scham über die Bombardierung Hamburgs, Dresdens und Tokios bekunden – die Würfel waren gefallen.

Churchill und Truman waren sich einig. «Plötzlich schien uns das Mittel in die Hand gegeben, durch das sich nicht nur das Gemetzel im Fernen Osten gnädig abkürzen ließ», schrieb der Premier in seiner Darstellung des Zweiten Weltkriegs. «Auch die Aussichten für die Zukunft Europas schienen rosiger geworden.» Und dann das einigermaßen erstaunliche Bekenntnis: «Ob die Atombombe anzuwenden sei oder nicht, darüber wurde überhaupt nicht gesprochen. Es schien nach allem, was wir durchgemacht hatten, ein wahres Wunder der Erlösung, falls es uns wirklich gelang, mittels einiger weniger Explosionen und der damit verbundenen Demonstration unserer überwältigenden Macht den Krieg zu beenden, dem Schlachten Einhalt zu gebieten, die Welt zu befrieden und ihren gequälten Völkern mit heilenden Händen zu nahen.»[2] So blieb in Potsdam nur noch die verzwickte Frage, was man Stalin sagen solle, und wie. Schriftlich oder mündlich? In einer Sondersitzung oder am Rande einer der täglichen Sitzungen? Truman schlug vor, im Anschluss an eines der Treffen im Gespräch mit Stalin nebenbei zu erwähnen, «wir hätten einen neuen Bombentyp von solch ungewöhnlicher Zerstörungskraft, daß er unserer Meinung nach den japanischen Kriegswillen entscheidend brechen wird». So geschah es am Abend des 24. Juli. Nach der Sitzung, etwa gegen halb acht, schlenderte Truman wie unabsichtlich um den filzbedeckten runden Konferenztisch und sprach Stalin an. Hinterher, während sie auf ihre Autos warteten, fragte Churchill den Präsidenten: «Wie ist es gegangen?» – «Er hat nicht eine einzige Frage gestellt», antwortete Truman.

«Der russische Premier zeigte kein besonderes Interesse (an der Bombe)», erzählt Truman in seinen Memoiren. «Er sagte nur, daß er darüber erfreut sei und hoffe, daß wir im Kampf gegen die Japaner guten Gebrauch davon machten.» Churchill war sich sicher, «daß Stalin von der Bedeutung dessen, was ihm da gesagt wurde, keine Vorstellung hatte».

Beide täuschten sich. Stalin wusste vermutlich über das «Trinity»-Unternehmen Bescheid: Klaus Fuchs, der 1950 als Sowjetspion zu vierzehn Jahren Haft verurteilt wurde (und nach seiner Entlassung seinen Lebensabend hoch geehrt in der DDR verbrachte, wo er 1988 starb), war in Alamogordo dabei und hatte sicherlich Meldung erstattet. Mag sein, dass Stalin nicht sonderlich beeindruckt war. Aber er merkte durchaus auf, wie sich Marschall Schukow präzise erinnert: «Als er nach der Sitzung in seine Wohnung zurückkehrte, erzählte Stalin Molotow in meiner Gegenwart von seinem Gespräch mit Truman. Molotow reagierte sofort: ‹Laß sie nur. Aber wir müssen die Sache mit Kurtschakow besprechen und ihn veranlassen, daß er die Dinge beschleunigt.› Ich begriff, daß sie über die Forschungsarbeit an der Bombe sprachen.» Am selben Abend noch ging, wie der sowjeti-

186

sche Militärhistoriker Dimitri Wolkogonow schreibt, «ein chiffriertes Telegramm an Berija, in dem Stalin forderte, die Arbeit am Atomprogramm zu beschleunigen». Unter dem Physiker Igor Kurtschakow arbeiteten die Sowjets seit Anfang 1943 an ihrer eigenen Atombombe. Das Atomzeitalter war am 16. Juli in Alamogordo donnernd eingeläutet worden. Das atomare Wettrüsten begann acht Tage später in Schloss Cecilienhof, um 19.30 Uhr am Abend des 24. Juli 1945.

Am 26. Juli gaben Truman und Churchill eine Erklärung ab, der sich Marschall Chiang Kai-Shek in Chungking angeschlossen hatte. Diese «Potsdamer Erklärung» wies die Japaner auf das Schicksal Deutschlands hin und ließ an Deutlichkeit wenig zu wünschen übrig: «Die Macht, die sich jetzt über Japan zusammenballt, ist unermeßlich größer als jene, die den Widerstand leistenden Nazis entgegengesetzt wurde und die zwangsläufig das Land, seine Industrie und die Lebensweise des ganzen deutschen Volkes zerstört hat. Die volle Anwendung unserer militärischen Macht, gepaart mit unserer Entschlossenheit, bedeutet die unausweichliche und vollständige Vernichtung der japanischen Streitkräfte und ebenso unausweichlich die äußerste Verwüstung des japanischen Heimatlandes. Folgendes sind unsere Bedingungen. Wir werden nicht davon abgehen. Es gibt keine Alternativen. Wir werden keine Verzögerung dulden.»[3]

Diese Bedingungen waren: Ausmerzung aller, die das japanische Volk zum Streben nach Weltherrschaft verführt haben; Besatzung, bis das Kriegspotenzial des Landes zerstört ist; geographische Begrenzung Japans auf seine vier Hauptinseln und zu bestimmende kleinere Inseln; Bestrafung der Kriegsverbrecher; Stärkung demokratischer Tendenzen; Sachentschädigungen. Damit das besiegte Nippon Reparationsleistungen erbringen könne, sollten ihm die dafür nötigen Industrien belassen bleiben. «Am Ende», hieß es weiter, «wird den Japanern auch die Teilnahme am Welthandel wieder erlaubt.» (Damals erschien dies noch nicht vorstellbar, aber hier war der Freibrief für die künftige Handelsgroßmacht Japan, deren «Samurais im dunklen Tuch des Geschäftsmanns» Amerika und Europa dreißig Jahre später das Fürchten lehrten.) Der letzte Absatz der Deklaration rief die Regierung auf, unverzüglich die bedingungslose Kapitulation sämtlicher japanischen Streitkräfte anzuordnen. Er endete in der Feststellung: «Die Alternative für Japan ist sofortige und völlige Zerstörung.» Dies war keine leere Drohung Die «Indianapolis» traf an diesem 26. Juli mit «Little Boy» auf der Insel Tinian ein. Die ersten Komponenten für «Fat Man», die Bombe Nr. 3, befanden sich auf dem Luftweg dorthin. Im September sollten drei weitere Atombomben fertig gestellt, bis Dezember die Monatsproduktion auf sieben Stück gesteigert werden. Und noch aus Potsdam erteilten Stimson und Marshall General Carl Spaatz, dem neuen Befehlshaber der Strategischen Luftwaffe im Pazifik, die Weisung: «Die 509. Composite Group, 20. Air Force, wird, sobald das Wetter Bombenabwurf auf Sicht erlaubt, ihre erste Spezialbombe auf eines der folgenden Ziele abwerfen: Hiroshima, Kokura, Niigata und Nagasaki.»[4]

Den ganzen 27. Juli über diskutierten die Verantwortlichen in Tokio über die Potsdamer Deklaration. Das Gaimusho – das japanische Außenministerium – wies in einer ersten Analyse darauf hin, dass sie nur die Kapitulation der Streitkräfte verlange. Außenminister Togo behagte die Aussicht auf eine Besetzung Japans ebenso wenig wie die Abtretung aller überseeischen Besitzungen – Formosas also, Koreas und der Mandatsgebiete des Völkerbundes. Er plädierte dafür, das Ergebnis der Sondierungen abzuwarten, bei denen Botschafter Sato in Moskau eine sowjetische Friedensvermittlung zu erreichen suchte, offenbar nicht ahnend, dass Stalin längst zum Kriegseintritt gegen Japan entschlossen war. Admiral Kantaro Suzuki, der greise Ministerpräsident, schloss sich dieser Haltung an. Die Militärs hingegen forderten rundheraus die sofortige Ablehnung des Ultimatums. Alles andere, argumentierten sie, werde die Moral der Truppen untergraben.

Suzuki beugte sich dem Einspruch der Generalität. Auf einer Pressekonferenz verkündete er: «Die Regierung findet nichts von bedeutsamem Wert an der gemeinsamen Erklärung, und sie sieht daher keine andere Möglichkeit, als sie vollständig zu ignorieren und sich entschlossen für die erfolgreiche Beendigung des Krieges einzusetzen.» Es war klar: Japan würde weiter kämpfen.

Der amerikanische Kriegsminister Stimson erklärte rückblickend, dass nun keine andere Wahl mehr blieb, als die in dem Ultimatum enthaltene Drohung wahr zu machen und mit der vollen Anwendung der amerikanischen Militärmacht Japans Streitkräfte zu vernichten und das japanische Heimatland zu verwüsten. Er setzte hinzu: «Für diesen Zweck war die Atombombe eine höchst geeignete Waffe.» Am 29. Juli schickte General Spaatz ein Fernschreiben nach Washington: «Hiroshima ist laut Berichten über Kriegsgefangene die einzige der vier Zielstädte ..., in der es keine Gefangenenlager gibt.» Aus Washington kam am nächsten Tag die Antwort: «Es bleibt bei den zugewiesenen Zielen. Wenn Sie aber Ihre Information für verläßlich halten, sollte Hiroshima die oberste Priorität zukommen.»[5] Damit war das Schicksal der Stadt im Delta des Ota besiegelt.

Das Telex aus Washington enthüllte zugleich das erste Grundprinzip des atomaren Zeitalters: Sicher darf man sich nur fühlen, wenn man den Gegner zur Geisel machen kann. Damals waren die Geiseln Kriegsgefangene. Später, auf dem Höhepunkt des Kalten Krieges, als das Gleichgewicht des Schreckens sich eingependelt hatte, waren es ganze Nationen. Mit ihren atomaren Arsenalen nahmen die Amerikaner und die Sowjets sich gegenseitig zur Geisel. Beide wussten: Wer zuerst schießt, stirbt als Zweiter. Darin lag der Kern der Abschreckung. Umgekehrt erwies sich, zum Beispiel im Bosnien-Krieg 1985 und im Kosovo-Krieg 1999: Wer – wie Slobodan Milosevic – kein Abschreckungspotenzial besitzt, kann straflos angegriffen werden. Die Kehrseite ist freilich, dass in diesem Sachverhalt für alle Bösewichte – «Schurkenstaaten» in der Ausdrucksweise des Weißen Hauses und des Pentagons – auch ein Anreiz liegt, sich Kernwaffen zu verschaffen, um sich hinter deren Abschreckungsschirm unangreifbar zu machen.

Im Sommer 1945 war Japan wehrlos dem drohenden Unheil ausgesetzt: der Atombombe «Little Boy», die in den letzten Julitagen auf der Marianen-Insel Tinian montiert wurde. Der britische Weltumsegler Lord George Anson hatte das Eiland im achtzehnten Jahrhundert als Garten Eden beschrieben. Auch seinen Zeitgenossen galt Tinian als Paradies; Christoph Martin Wieland beschreibt sie so und auch Friedrich Hölderlin. Dann kamen die Kolonisatoren und brachten die Pest mit, die alle Bewohner ausrottete; allmählich erst siedelten sich wieder Menschen auf der 100 Quadratkilometer großen Insel an. Nach ihrer Rückeroberung Ende Juli 1944 setzten die Amerikaner Bulldozer ein und planierten das Gelände. Binnen weniger Monate erbauten sie dort den mit fünf Start- und Landebahnen größten Flughafen der Welt. Im Frühjahr 1945 hob auf Tinian jeden Abend alle 15 Sekunden eine mit Brandbomben beladene B-29 ab, anderthalb Stunden lang in einem fort. Und dort setzte nun ein Sonderkommando aus Los Alamos die zweite amerikanische Atombombe zusammen.

Am 31. Juli war «Little Boy» einsatzbereit. Mit einer Dummy-Bombe unternahmen mehrere B-29 an diesem Tag einen Übungsflug. Er führte sie bis Iwo Jima, dann kehrten sie um, warfen den Dummy nahe Tinian über dem Meer ab und praktizierten ein letztes Mal den kühnen Sturzflug, mit dem sie dem Explosionssog zu entkommen hofften. Am nächsten Tag schon hätten sie losfliegen können, doch hielt sie ein Taifun, der über Japan hinwegzog, davon ab. Noch wäh-

«Little Boy», die Atombombe, die von Bord der «Enola Gay» auf Hiroshima abgeworfen wurde.

190

rend sie auf besseres Wetter warteten, brachten drei B-29 aus New Mexico die ersten Einzelteile für die Bombe Nr. 3, «Fat Man».

Der dreißigjährige Oberst Paul W. Tibbets, Sohn eines Süßwaren-Großhändlers aus Florida, galt als bester Bomberpilot der Air Force. Als Kommandeur der 509. Group sollte er die Maschine nach Hiroshima fliegen, in deren Bombenschacht «Little Boy» hing. Nach seiner Mutter, die ihm entgegen allen Einwänden und Warnungen, das Fliegen werde sein Tod sein, zu seiner Luftwaffenkarriere geraten hatte, taufte er die bis dahin namenlose B-29 Nr. 82 auf den Namen «Enola Gay». Sieben Superfestungen waren insgesamt für das Unternehmen eingeteilt; zur Wettererkundung, Aufklärung und fotografischen Dokumentation sollten sie die «Enola Gay» begleiten. Bei der Einweisung am 4. August erfuhren die Besatzungen von Tibbets, dass die Waffe, die sie auf den Feind abwerfen sollten, jüngst in den Staaten getestet worden war. Sie sei etwas ganz Neues in der Kriegsgeschichte, die zerstörungsträchtigste Waffe, die jemals eingesetzt worden sei; vermutlich werde sie eine Fläche von fünf Kilometern Durchmesser total vernichten. Oberst Tibbets setzte hinzu, dass alles, was seine Männer und er selber früher jemals getan hätten, *«small potatoes»* sei im Vergleich zu dem, was nun vor ihnen liege. Mit dem, was sie vorhätten, würden sie den Krieg um mindestens sechs Monate verkürzen. Ein Offizier von der Seerettung beschrieb die Vorkehrungen für den Notfall. Briefe nach Hause, selbst Gespräche über den Auftrag im Kreise der Kameraden, wurden verboten.

Am 5. August versprach die Wettervoraussage besseres Wetter. Um vierzehn Uhr beraumte General LeMay den Angriff für den 6. August an. Nachmittags wurde «Little Boy» verladen. Die Bombe sah aus wie «eine verlängerte blecherne Mülltonne mit Flossen», zehn Fuß (3,05 m) lang, 29 Zoll (0,74 m) im Durchmesser, mit einer flachen, abgerundeten Nase. Sie wog 9700 amerikanische Pfund, das sind 4400 Kilogramm. Es war nicht einfach, sie in den engen Bombenschacht der «Enola Gay» zu hängen und zu stabilisieren. Doch vor dem Abendessen wurde Einsatzbereitschaft gemeldet. Die Bombe war sicher befestigt, die Flugzeuge waren aufgetankt. Um Mitternacht, während die Männer zum vorgezogenen Frühstück Schinken und Rührei verdrückten, wurden sie bei einer letzten Einweisung ermahnt, ihre Schutzbrillen zu tragen, wenn es so weit sei.

Um 2.47 Uhr am 6. August warf der Kopilot die Motoren der «Enola Gay» an. Ihr Deckname an diesem Tag lautete «Dimples Eight-Two», Grübchen Acht-Zwo. Tibbets meldete sich beim Tower. *«Dimples Eight-Two to North Tinian Tower. Taxi-out and take-off instructions.»* *«Dimples Eight-Two from North Tinian Tower. Take-off to the east on Runway A for Able.»* Die «Enola Gay» hob ab. Auf Kurs Nordnordwest flog sie, um Treibstoff zu sparen, in niedriger Höhe von 1500 Metern ihrem Ziel entgegen. Die Maschine wog 65 Tonnen. Sie hatte 31,5 Tonnen Treibstoff an Bord und eine Vier-Tonnen-Bombe. Das Übergewicht betrug 15 000 Pfund, etwa sieben Tonnen.

Um drei Uhr begannen die Waffentechniker, die Bombe scharf zu machen. Tibbets – seine Männer nannten ihn «Old Bull» – kroch nach hinten zu den Bordschützen. «Was meint ihr wohl, was wir geladen haben?», fragte er. «Den Alptraum eines Chemikers», antwortete der Heckschütze. Dann: «Den Alptraum eines Physikers.» – «Kommt nicht ganz hin», antwortete Tibbets. – *«Colonel, are we splitting atoms today?»*, fragte der Bordschütze: «Spalten wir heute Atome?» Tibbets blickte den Mann komisch an und sagte: *«That's about it.»* Das war es. Daraufhin schaltete Tibbets den Bordfunk ein: «Jungs, hier ist das letzte Stück des Puzzles. Wir haben eine Atombombe an Bord.»

Die Jungs tranken Kaffee und aßen Schinkensandwiches, als der Waffenoffizier um 7.30 Uhr die Bombensicherung ausschaltete. Die «Enola Gay» begann ihren fünfundvierzigminütigen Steigflug auf 31 000 Fuß, rund zehntausend Meter. Um 8.15 Uhr – 7.15 Uhr in Hiroshima – meldete das vorausgeflogene Wetterflugzeug günstige Sichtverhältnisse über der Stadt am Ota. «Hiroshima wird's», verkündete Tibbets seinen Männern. Sie setzten ihre Schutzbrillen auf und zwängten sich in die schusssicheren Westen. Japanische Jäger ließen sich jedoch nicht blicken, auch gab es kein Flakfeuer. Der Bombenschütze – etwa 24 Jahre alt, eigentlich hatte er Baseballspieler werden wollen – nahm die Aioi-Brücke in der Stadtmitte von Hiroshima ins Visier, den Richtpunkt des Angriffs. Kurz vor 8.15 Uhr gab der Funker per Radiosignal den Begleitflugzeugen eine letzte Warnung: «*In fifteen seconds she goes.*» Als der Signalton aufhörte, öffnete sich der Bombenschacht. Im Sturzflug drehte Tibbets ab.

In zwanzig Kilometer Entfernung von *Ground Zero* – dem Punkt, über dem «Little Boy» explodiert war – blendete das grelle Licht des Atomblitzes die Mannschaft. Schockwellen erschütterten das Flugzeug wie Flak-Einschläge. Später schilderte Tibbets den welthistorischen Augenblick: «Wir drehten uns um und blickten nach Hiroshima. Die Stadt war verborgen in dieser furchtbaren Wolke, die sich kochend auftürmte zum Pilz, schrecklich und unglaublich groß.» Einen Moment lang sagte niemand etwas. Dann redeten alle auf einmal: «*Look at that! Look at that! Look at that!*» Einer fragte, ob die Radioaktivität sie alle steril machen werde. Ein anderer bemerkte, er könne die Atomspaltung schmecken. Sie schmecke nach Blei.

«Little Boy» explodierte um 8.16 Uhr Ortszeit, dreiundvierzig Sekunden nachdem sie aus dem Bombenschacht der «Enola Gay» geglitten war, fünfhundertachtzig Meter über dem Hof des Shima-Hospitals, keine zweihundert Meter entfernt von der angezielten Aioi-Brücke. Ihre Sprengkraft entsprach der von 12500 Tonnen Trinitrotuluol. «Und wenn ich hundert Jahre alt werde», schrieb Robert Lewis, ein Besatzungsmitglied der «Enola Gay», in sein Tagebuch, «die Erinnerung an diese wenigen Minuten werde ich nie loswerden.» Jeder der Überlebenden in der Stadt hätte dies genauso so sagen können.

Um 7.09 Uhr hatte es in Hiroshima Fliegeralarm gegeben, ausgelöst von dem Wettererkundungs-Flugzeug der 509. Gruppe. Um 7.31 Uhr gaben die Sirenen wieder Entwarnung. Es war ein warmer Morgen. Die Straßenbahnen am Fukuja-Kaufhaus, zwei Straßenblocks entfernt von der Aioi-Brücke, waren überfüllt. Tausende von Soldaten absolvierten mit nacktem Oberkörper am nahe gelegenen Schloss ihre Morgengymnastik. Achttausend Schülerinnen, am Vortag abkommandiert, um beim Anlegen von Feuerschneisen zu helfen, vorsorglich für den Fall von Brandbombenangriffen, waren im Stadtzentrum bei der Arbeit. Als kurz vor 8.15 Uhr drei weitere B-29 am Morgenhimmel auftauchten, ging kaum jemand in Deckung. Dann wurden alle von dem Atomblitz geblendet. Und mit dem Blitz kam das Höllenfeuer.

Innerhalb von drei Kilometern versengte die Hitze – 2944 Grad Celsius – alles Leben. Tausende von Menschen im Umkreis von neunhundert Metern vom Hypozentrum schrumpften zu kleinen schwarzen Bündeln zusammen, die an Straßen, Gehwegen und Brücken klebten. Auf den Stufen einer Bank blieb von einem Menschen nur sein Umriss, eingebrannt in den Granit. Die Vögel gingen mitten im Flug in Flammen auf. Shuichi Kato, ein junger Arzt, der als Mitglied eines amerikanisch-japanischen Teams einen Monat nach der Katastrophe zur ersten medizinischen Untersuchung der Atombombenopfer in die Stadt kam, war entsetzt: «Was ich dort sah, war wie ein schreckliches Wunder. Aus einer seltsamen flachen Wüste ragten einige verkohlte Bäume und halbzerstörte Betonwände empor. Nur das Straßennetz und einige Flußbrücken zeugten davon, daß es hier einmal eine Stadt gegeben hatte. Hiroshima war ganz einfach verschwunden. Es fehlten alle Anzeichen des Lebens: Kein Grün, kein Gras, keine Blätter, nicht einmal Insekten belebten die Wüste. Hier und da begegneten mir Männer mit entstellenden Gesichtsnarben. Manche Frauen hatten den Kopf mit Tüchern verhüllt, weil ihr Haar ausgefallen war. Richtungslos streifen die Menschen wie Geister durch die zerstörte Landschaft.»[6]

Bis heute gibt es keine Klarheit darüber, wie viele Menschen in Hiroshima umkamen – sofort oder verstrahlt, nach längerem Siechtum. Die amtliche japanische Statistik nennt die Zahl von 70 000 Toten bis zum 1. September. Bis Ende 1945 starben weitere 70 000. 140 000 Tote – das waren 54 Prozent der Einwohnerschaft. Nach fünf Jahren verzeichnete das Sterberegister insgesamt 200 000 Opfer von «Little Boy».

Präsident Truman, auf der Heimreise von Potsdam, befand sich

Tabula rasa nach dem Inferno: die Straßenzüge von Hiroshima kurz nach dem Abwurf der ersten Atombombe auf besiedeltes Gebiet.

am 6. August mitten auf dem Atlantik an Bord der «Augusta». Die Bombardierung Hiroshimas wurde ihm beim Mittagessen gemeldet. «*This is the greatest thing in history*», sagte er zu einer Gruppe von Matrosen, die mit ihm an seinem Tisch speisten. «Höchste Zeit für uns, nach Hause zu kommen.» Wenige Stunden nach dem Bombenabwurf auf Hiroshima ließ der Präsident die Japaner abermals zur Kapitulation aufrufen, sonst werde es weiteres «Verderben aus der Luft regnen».

In Tokio war die Friedenspartei schon sei längerer Zeit erstarkt. «Die außen- und innenpolitische Lage des Kaiserreiches ist sehr ernst», hatte Außenminister Shigenori Togo am 11. Juli schon an Naotake Sato gekabelt, den japanischen Botschafter in Moskau, «und selbst die Beendigung des Krieges wird privat schon erwogen.» Der Botschafter wurde gebeten zu sondieren, wie weit die Sowjetunion zur Friedensvermittlung eingeschaltet werden könne. Am 12. Juli fasste Togo noch einmal nach: «Es ist Seiner Majestät ein Herzensbedürfnis, den Krieg schleunigst beendet zu sehen. Solange indessen Amerika und England auf bedingungsloser Kapitulation bestehen, hat unser Land keine andere Alternative als durchzuhalten, um das Überleben und die Ehre der Heimat zu retten.»[7] Aber kurz darauf wurde Sato instruiert, bei Molotow das sowjetische Einverständnis für einen Moskau-Besuch des Fürsten Konoye zu erwirken. Der frühere Ministerpräsident solle als Sonderbotschafter des Kaisers die japanischen Bedingungen für einen Friedensschluss übermitteln und auf eine sowjetische Vermittlungsaktion drängen. Vor Stalins und Molotows Abreise nach Potsdam kam aus Moskau keine Antwort mehr. «Dummerweise dämmerte mir die Wahrheit nicht», schreibt Togo in seinen Erinnerungen: «daß die Russen drauf und dran waren, uns anzugreifen.»[8]

In Tokio ging die Diskussion zwischen Durchhalte-Verfechtern und Kapitulationsbereiten weiter. Mittlerweile war die Lage des Landes verzweifelt.

Die amerikanische Luftwaffe, unterstützt durch die Maschinen, die von den englischen Flugzeugträgern aufstiegen, flogen nach Belieben kreuz und quer über Japan. Die japanischen Luftstreitkräfte konnten ihnen wenig entgegensetzen, es mangelte ihnen an Piloten wie an Treibstoff. «Es war, als ob wir während der Angriffe mit verschränkten Armen dasaßen», schreibt Shigenori Togo. Neun Zehntel der Kriegsmarine-Einheiten waren versenkt worden, zuletzt noch die beiden Schlachtschiffe «Yamato» und «Musashi», mit 70 000 Tonnen Wasserverdrängung die größten der Welt. Amerikanische U-Boote hatten die Handelsflotte dezimiert, besonders die Tankerflotte. Erdöl, kriegswichtige Rohstoffe wie Kupfer, Kobalt, Nickel und Eisenerz, aber auch dringend benötigte Lebensmittel gelangten nicht mehr nach Japan. Es fehlte an allem, selbst an Salz. Die tägliche Ration für die Menschen musste auf 1500 Kalorien heruntergesetzt werden. Der Eisenbahnverkehr brach zusammen. Die Fähren nach Hokkaido im Norden und Kyushu im Westen waren zerstört, die Verbindungen zu diesen Inseln unterbrochen. Eine Million Japaner wurden in die Wälder beordert, um dort Kiefernwurzeln auszugraben; daraus wurde eine Art Ersatzbenzin hergestellt.

«Die Eingeweihten, Amtspersonen wie Private, waren sich bewußt, daß man den Kampf unmöglich fortsetzen könne», schildert Togo die Stimmung im Tokioter Ministeriumsviertel. «Von allen Seiten erhöhte sich der Druck, Frieden zu schließen.»[9] Die Vernichtung Hiroshimas erhöhte den Druck noch weiter.

In dem schreckenserfüllten Chaos, das die Bombardierung der Stadt hinterlassen hatte, brauchte es einige Zeit, bis in Tokio Klarheit darüber herrschte, ob wirklich eine Atombombe eingesetzt worden war. Die Amerikaner waren verblüfft, ja schockiert, dass die Japaner nicht sofort die Waffen streckten. Der Text eines Flugblatts, eilends verfasst, wurde am 8. August über Rundfunk nach Japan übermittelt; sechs Millionen gedruckte Exemplare warf die Air Force anschließend über siebenundvierzig japanischen Großstädten ab. Das Flugblatt beschrieb die Sprengkraft einer einzigen Atombombe als ebenso groß wie die der Bombenladungen von zweitausend B-29. Wer diese Angabe bezweifle, «der möge sich bitte danach erkundigen, was Hiroshima widerfahren ist». Das japanische Volk wurde aufgefordert, in Eingaben an den Kaiser die Beendigung des Krieges zu fordern. Andernfalls «werden wir entschlossen diese Bombe wie auch unsere anderen überlegenen Waffen einsetzen». In der Tat wurde um diese Zeit auf Tinian die Bombe «Fat Man» montiert.

Der Einsatz der zweiten Atombombe war für den 11. August anberaumt, aber die Wettervorhersage für diesen Tag war schlecht. Aus diesem Grunde wurde das Abwurfdatum vorverlegt auf den 9. August. Die Montage-Crew musste deshalb das Tempo erhöhen und eine Reihe von Kontrollschritten auslassen. Die Männer waren hundemüde, doch sie schafften es. Angespornt wurden sie dabei durch eine Nachricht, die sie alle erschütterte: Die «Indianapolis», die am 26. Juli «Little Boy» auf Tinian ausgeladen hatte, war drei Tage später versenkt worden.

Der Schwere Kreuzer war in Richtung Guam ausgelaufen. Ohne Begleitschutz nahm er von dort aus Kurs auf die Philippinen. Kurz vor Mitternacht am 29. Juli wurde er von dem japanischen U-Boot I-58 entdeckt und mit sechs Torpedos versenkt. Von den 1196 Mann Besatzung konnten sich achthundert oder achthundertfünfzig aus dem sinkenden Wrack retten. Einige kamen in der im Leerlauf sich drehenden Schiffsschraube Nummer 3 um, als sie über Bord gingen; andere erlagen bald im verölten Salzwasser der Unglücksstelle ihren Verwundungen. Dann kamen die Haie, achtundachtzig Attacken zählte der Schiffsarzt allein in seiner Gruppe von Schwimmern. Nach den Haien kam der Durst. Viele tranken Meerwasser und fielen erst ins Delirium, dann ins Koma; sie ertranken. Es dauerte achtundvierzig Stunden, bis die Überlebenden entdeckt wurden. Nur 318 Seeleute konnten gerettet werden, nackte, ausgemergelte Gestalten. Alle anderen, über fünfhundert Mann, waren ein Opfer der Haie oder der See geworden.

Die schlimme Nachricht feuerte die Montage-Crew an. Am 8. August, abends um zehn, wurde «Fat Man» auf die B-29 namens «Bock's Car» verladen. Die Bombe – im Jargon der Militärs – saß, passte und hatte Luft.

In Tokio rührte sich noch immer nichts. Um 3.47 Uhr in der Frühe des 9. August hob Sweeneys Maschine ab. Ihr Ziel war Kokura mit seinem riesigen Marinearsenal, an der Nordküste von Kyushu gelegen. Als Ausweichziel war dem Kommandanten Nagasaki aufgegeben, ebenfalls auf Kyushu. Es galt als «Japans San Francisco». Holländer und Portugiesen hatten dort im sechzehnten Jahrhundert die ersten Handelsposten gegründet; Grover Mansion, eine Sehenswürdigkeit der Stadt, war die Szene von «Madame Butterfly»; hier gab es die zweitgrößte christliche Gemeinde des Reiches. Zugleich war Nagasaki der Standort des Mitsubishi-Werkes, in dem die in Pearl Harbor eingesetzten Torpedos produziert worden waren.

Als «Bock's Car» Kokura überflog, lag das Ziel in dichtem Dunst und Rauch verborgen. Der Richtpunkt war nicht zu erkennen. Nach drei Anflügen drehte Sweeney in Richtung Nagasaki ab. Er hatte gerade noch genug Treibstoff für einen einzigen weiteren Zielanflug und eine Notlandung auf Okinawa. Auch Nagasaki lag unter einer Wolkendecke. Sweeney und sein Waffenoffizier, Commander Frederick Ashworth, standen vor der Wahl: Radaranflug oder Abwurf der mehrere hundert Millionen Dollar teuren Bombe ins Meer? Sie entschieden sich für den Radaranflug. Im letzten Moment tat sich zwanzig Sekunden lang eine Wolkenlücke auf. Ein Sportstadion wurde sichtbar, einige Kilometer flussaufwärts vom eigentlichen Ziel nahe der Bucht. Ashworth öffnete den Bombenschacht. «Fat Man» explodierte um 11.02 Uhr Ortszeit in einer Höhe von 540 Metern über den Hügeln der Stadt. Seine Sprengkraft wurde später auf 22 Kilotonnen TNT geschätzt. Die Berge dämpften die Wirkung der Explosion. Es gab weniger Opfer und geringeren Sachschaden als in Hiroshima. Doch starben 25 000 Menschen gleich, nach anderen Angaben 36 000; 70 000 bis Ende 1945 und binnen der nächsten fünf Jahre insgesamt 140 000. Dies war dieselbe Todesrate wie in Hiroshima: 54 Prozent. Ein Drittel der Stadt wurde zerstört.

Die Nachrichten aus Nagasaki waren nicht die einzigen, die Tokio an diesem Tage erschütterten. Am 8. August, spätnachmittags Moskauer Zeit, hatte der sowjetische Außenkommissar endlich Botschafter Sato zu sich gerufen. Der Japaner glaubte, es werde ihm das Einverständnis Moskaus mit Fürst Konoyes Friedensmission mitgeteilt. Stattdessen übergab Molotow ihm die Kriegserklärung der Sowjets. Das Kabel, in dem der Botschafter darüber Bericht erstattete, kam nie nach Tokio durch. Die Meldungen waren schneller, dass die Russen, die 1,5 Millionen Mann an der Grenze hatten aufmarschieren lassen, in der Mandschurei eingefallen waren, in Sachalin die Grenze überschritten hatten und auch auf den Kurilen-Inseln vordrangen; sogar auf eine sowjetische Invasion Hokkaidos schien manches hinzudeuten. (Die Russen stellten übrigens ihre Offensive nicht sofort nach der japanischen Kapitulation ein, sondern stießen erst bis Dairen und Port Arthur vor und besetzten Südsachalin und die Kurilen. Gekämpft wurde noch bis zum 12. September. Die Rote Armee nahm 594 000 Japaner gefangen und tötete etwa 80 000 im Gefecht; die Sowjets zählten 8000 Gefallene und 22 000 Verwundete.)

Zwei Minuten bevor die «Fat Man» aus dem Bombenschacht von «Bock's Car» glitt, um 11.00 Uhr am Vormittag des 9. August, versammelte sich in Tokio der Oberste Kriegsrat. Außenminister Togo drängte darauf, angesichts der sich verschlimmernden Lage unverzüglich Frieden zu schließen. Die Militärs jedoch sträubten sich weiterhin, auf die Forderung nach bedingungsloser Kapitulation einzugehen. Dem Anschein nach waren sie bereit, sich dem Wunsch des Kaisers zu fügen, doch stellten sie vier Bedingungen, die ihre Billigung entwerteten, da die Alliierten sich niemals darauf einlassen konnten: Der Tenno müsse als nationale Institution erhalten bleiben; der Feind dürfe Japan nicht besetzen; die japanischen Truppen in Übersee sollten in eigener Verantwortung abgerüstet und heimgeführt werden; Kriegsverbrecher müssten von japanischen Gerichten abgeurteilt werden. Die Debatte im Obersten Kriegsrat wurde leidenschaftlich, endete jedoch ohne Beschluss.

Die Meldung über die Zerstörung Nagasakis gab dann der Diskussion, die sich in Tokio nun schon tagelang hinschleppte, eine dramatische Wendung. Man musste befürchten, dass eine dritte Atombombe auf Tokio niedergehen werde; die Befragung eines abgeschossenen B-29-Piloten, der etwas vom «12. August» gesagt hatte, ließ darauf schließen. Daran war immerhin so viel richtig, dass eine weitere Bombe dank der beschleunigten Produktion am 12. August auf Tinian eintreffen sollte und am 17. oder 18. August eingesetzt werden konnte. General Spaatz schlug vor, sie auf Tokio abzuwerfen, wo sie eine heilsame psychologische Wirkung auf die Verantwortlichen haben werde.[10]

Die Ungewissheit lastete auf Tokio. Der junge Schriftsteller Yukio Mishima, nach dem Kriege schon vor seinem Ritualselbstmord im Jahre 1970 eine Kultfigur, fand die Stimmung unerträglich: «Die Leute sagten, Tokio wäre als nächstes dran. Sie hatten die Grenzen der Verzweiflung erreicht und gingen nun mit lächelnden Gesichtern umher. Doch nichts passierte, von Augenblick zu Augenblick – nichts. Überall ein Anflug heiterer Erregung. Fast so, als ob man einen bereits prallen Luftballon immer noch weiter aufbläst und sich fragt: Platzt er jetzt? Platzt er jetzt?»[11]

Am Nachmittag trat das Kabinett zusammen. Außenminister Togo trat dafür ein, nur die einzige Bedingung zu stellen, dass das Kaisertum erhalten bleibe; der Kriegsminister beharrte auf den vier Bedingungen des Militärs. Wenn es auf japanischem Boden zur Endschlacht käme, trug er vor, könne man den Gegner wenigstens eine Zeitlang zurückschlagen und irgendwie «neues Leben dem Tod abringen». Togo hielt ihm entgegen, dass selbst nach Meinung des Oberkommandos die Chancen nicht gut stünden, den Feind ins Meer zu treiben. Die Diskussion wogte bis spät in den Abend hin und her. Danach begab sich der Ministerpräsident mit dem Außenminister in den bei einem der jüngsten Luftangriffe übel mitgenommenen Palast. Sie berichteten dem Kaiser über die festgefahrenen Beratungen und ersuchten ihn, unverzüglich eine Kaiserliche Konferenz einzuberufen.

Kurz vor Mitternacht fanden sich Ministerpräsident, Außenminister, Heeres- und Marineminister, die beiden Oberkommandierenden und der Präsident des Kronrats im kaiserlichen Luftschutzbunker ein. Im Park des Palastes schien der Mond auf die Pinien, die den Brandbomben entgangen waren. Hirohito hatte den Vorsitz inne. Er, der bis dahin als Gott verehrt wurde, aber in Wahrheit nichts zu sagen hatte, die stumme Verkörperung des Reichs der Sonnengöttin Amaterasu, wurde in dieser schicksalhaften Stunde zum Schiedsrichter zwischen seinen widerstreitenden Granden und damit zum wirklichen Führer der Nation. Das erste Mal sprach der nach altem Herkommen ohnmächtige Monarch ein Machtwort.

Wieder ging die Diskussion hin und her. Da erhob sich der greise Admiral Suzuki, der Premier, der bis dahin nicht in die Diskussion eingegriffen hatte. Es war zwei Uhr in der Frühe, am 10. August. «Meine Herren», sagte er, «wir diskutieren seit Stunden und gelangen zu keinem Ergebnis, während die Entscheidung, die wir treffen müssen, keine weitere Minute Aufschub duldet. Ich schlage vor, Ihre Kaiserliche Majestät um die Entscheidung zu ersuchen, welcher Vorschlag angenommen werden soll – der vom Außenminister vertretene oder der andere, der die vier Bedingungen enthält.»[12]

Dergleichen hatte es noch nie gegeben. Suzuki verlieh dem Augenblick zusätzliche Dramatik, indem er sich vor dem Tenno zu Boden warf. Der schmächtige Hirohito, ein in sich gekehrter Meeresbiologe, der in seinem Arbeitszimmer ein Bild Abraham Lincolns an der Wand hängen hatte, befahl ihm, sich wieder zu erheben. Dann erklärte er mit leiser Stimme, die von den Vereinigten Staaten, Großbritannien und China am 26. Juli in Potsdam beschlossene und später auch von der sowjetischen Regierung unterzeichnete Erklärung sei anzunehmen. In der Nacht noch fasste das Kabinett einen entsprechenden Beschluss. Das Außenministerium übermittelte den Alliierten über seine Vertretungen in Bern und Stockholm die japanische Antwort. Ein Zusatz besagte, Tokio interpretiere die Potsdamer Erklärung so, dass sie keine Bestimmung enthalte, welche die Rechte des Kaisers als souveräner Herrscher beeinträchtige.

Präsident Truman beriet sich unverzüglich nach Eintreffen der japanischen Antwort mit seinen Beratern. Kriegsminister Stimson, der schon länger der Ansicht war, eine japanische Kapitulation sei leichter zu erreichen, wenn die Monarchie unangetastet bleibe, plädierte für Annahme: «Die Frage nach dem Kaiser ist von untergeordneter Bedeutung, verglichen mit dem Hinauszögern des Sieges, den wir nun in Händen haben.» Außenminister Byrnes argumentierte dagegen: «Warum denn den Japanern jetzt weiter entgegenkommen als in Potsdam, wo wir noch keine Atombombe hatten und die Russen sich noch nicht im Krieg befanden?» Am Ende einigte man sich auf eine mehrdeutige Kompromissformulierung: «Vom Zeitpunkt der Kapitulation an wird die Autorität des Kaisers und der japanischen Regierung dem Oberbefehlshaber der alliierten Mächte unterstellt.»[13]

Von neuem begann in Tokio das Tauziehen. Die amerikanische Antwort wurde dort am Sonntag, dem 12. August, bekannt. Wieder gab es heftigen Streit. Außenminister Togo befürwortete die Annahme. Der Vorsitzende des Kronrats fand es unannehmbar, den Tenno einer ausländischen Obrigkeit unterzuordnen. Kriegsminister Anami verfasste einen Aufruf an die Armee: Der Sieg sei sicher, wenn nur die Soldaten zu jedem Opfer bereit wären, um die Invasoren zurückzuschlagen. Der stellvertretende Admiralstabschef schlug vor, zwanzig Millionen Japaner sollten ihr Leben als Mitglieder eines Sonderangriffskorps opfern.

Für den 14. August berief Hirohito ein weiteres Mal die Kaiserliche Konferenz ein. Wieder gab es ein Patt der Meinungen. Wieder entschied sich der Kaiser für den Frieden. Er verstehe, sagte er, die Gefühle der Patrioten, aber seine Pflicht als Kaiser sei es, die Nation zu retten. «Mein Beschluß ist unabänderlich ... Ich fürchte, daß das Gemeinwesen zerstört, die Nation vernichtet wird. Daher ist es mein Wunsch, das Unerträgliche zu ertragen, den Staat als Staat zu retten und meinen Untertanen weiteres Leiden zu ersparen ... Ich möchte, daß die Streitkräfte dazu gebracht werden, meine Wünsche zu verstehen.»[14] Er werde sich selber an das Volk wenden und es bitten, sich um der Zukunft willen der Gegenwart zu beugen.

Seit Tagen schwirrten Gerüchte über einen bevorstehenden Staatsstreich der Militärs durch Tokio. Die jüngeren Offiziere begehrten auf. Am Abend des 14. August putschten sie. Eine Einheit der Kaiserlichen Palastdivision erschoss deren Kommandeur, General Takeshi Mori, besetzte Radio Tokio und suchte nach der Schallplatte, auf der des Kaisers Rede an sein Volk kurz vor Mitternacht aufgezeichnet worden war. Die Häuser des Ministerpräsidenten und des Kronratsvorsitzenden wurden von den Rebellen in Brand gesteckt. Dem Standortkommandeur von Tokio, General Tanaka, gelang es, die Putschisten durch eine dreistündige Rede wieder zu disziplinieren. Die Anführer der Revolte stürzten sich danach in ihre Schwerter. Das war das Ende des Staatsstreichs. Daraufhin beging auch Tanaka Harakiri, weil er pflichtgemäß, doch gegen seine Überzeugung gehandelt hatte. Kriegsminister Anami brachte sich ebenfalls nach dem ehrwürdigen Seppuku-Zeremoniell um; er hatte mit dem Gedanken gespielt, den Kaiser in Schutzhaft zu nehmen und den Krieg mit einer Militärregierung fortzuführen.

Während die Amerikaner am 15. August in einem letzten Luftangriff sechstausend Tonnen Spreng- und Brandbomben auf Kumsagaya und Isezaki niederregnen ließen, versammelte sich das japanische Volk auf den Straßen und Plätzen des zerstörten Landes. Um 16.00 Uhr ertönte aus den Lautsprechern die Stimme des Kaisers. Nie zuvor hatten die hundert Millionen Untertanen des Tenno dessen

hohe, tonlose Stimme vernommen, die «Stimme des Kranichs».
Hirohito sprach in gekünsteltem, archaischem, den einfachen Leuten
kaum verständlichem Hof-Japanisch. Aber sie begriffen den Sinn seiner Rede: «Die militärische Lage kann sich nicht mehr zu Japans
Gunsten wenden. Die allgemeinen Entwicklungstendenzen in der
Welt sind für uns auch nicht von Vorteil. Was noch schlimmer ist:
Der Feind hat jüngst eine unmenschliche Waffe eingesetzt und unserem unschuldigen Volk schlimme Wunden zugefügt. Die Verwüstung
hat unberechenbare Dimensionen erreicht. Den Krieg unter diesen
Umständen fortzusetzen, würde nicht nur zur völligen Vernichtung
unserer Nation führen, sondern zur Zerstörung der menschlichen Zivilisation ... Aus diesem Grunde haben Wir angeordnet, die Forderungen der Gemeinsamen Erklärung der Mächte anzunehmen.»[15]
Japan weinte. Viele Menschen warfen sich während der kaiserlichen Ansprache flach auf die Erde und berührten mit der Stirn den
Boden. In manchen Kasernen rann das Blut der Selbstmörder über
die Treppen. Einige Fanatiker, untröstlich, dass der göttliche Wind,
der einst die mongolischen Eindringlinge vernichtete, diesmal Japan
nicht gerettet hatte, brachten sich auf der Nigu-bashi-Brücke vor dem
Haupteingang des Palastes um. Kamikaze-Flieger stiegen mit ihren
Flugzeugen auf und stürzten sich in die Bucht von Tokio. General
Ohnishi, Schöpfer und Kommandeur des Selbstmordkorps, gab sich
ebenfalls den Tod. In einem Abschiedsschreiben rühmte er seine
Männer: «Sie haben gut gekämpft und sind tapfer gestorben. Im Tode
wünsche ich Buße zu tun für meinen Anteil daran, daß uns der Sieg
versagt blieb. Ich bitte die Seelen der toten Flieger und ihre trauern-
den Familien um Verzeihung.» Einige Maschinen überflogen den Palast und warfen Flugblätter ab, die alle Verräter verdammten und den
Kampf bis zum Äußersten verkündeten. Am Ende jedoch erstickte
Resignation den Aufruhr, die Empörung, die Erregung. Das japanische Volk ergab sich in sein Schicksal.
Der kaiserliche Befehl zur Einstellung der Feindseligkeiten erging
am Mittag des 16. August. Bis er alle Einheiten im japanischen Heimatland erreichte, verstrichen zwei Tage; sechs Tage, ehe die Garni-

sonen in der Mandschurei, in China und im Pazifik davon Kenntnis erhielten, zwölf, bis die auf Neuguinea und den Philippinen stationierten Truppen ihn in Händen hatten. Inzwischen übernahm in Tokio ein Onkel Hirohitos, Prinz Higashikuni, die Regierung. Sein «Kabinett der kaiserlichen Familie» sollte die ordnungsgemäße Durchführung der Kapitulation verbürgen. Mehrere Prinzen von Geblüt wurden auf die verschiedenen Kriegsschauplätze entsandt, um den Willen des Tenno zu verdeutlichen.

Die Situation war den Japanern gänzlich neu: Nie zuvor hatten sie eine Niederlage erlitten. Außenminister Shigemitsu und Generalstabschef Yoshijiro Umezu fiel die Aufgabe zu, als Vertreter des Kaisers, der Regierung und der Streitkräfte die Kapitulationsurkunde zu unterschreiben. Andere hatten sich dieser schweren Aufgabe verweigert; lieber wollten sie Selbstmord begehen, als solche Schande auf sich zu nehmen.

«Japan hatte seine Waffen niedergelegt», schildert Shigemitsu die Lage in seinen Memoiren. «Sein Feind betrat nun, das blutgerötete Schwert entblößt, das Land jener Japaner, die er noch gestern als wilde kämpfende Tiere angesehen hatte.»[16]

Ende August landeten die ersten Einheiten der amerikanischen Besatzungsarmee in Japan. Es wurde ihnen nirgendwo Widerstand geleistet. In Yokohama schlug die 8. Armee ihr Hauptquartier auf. Dort traf kurz danach auch General Douglas MacArthur ein, der Feldherr des Pazifikkrieges und künftige US-Prokonsul im Kaiserreich Japan. Dreißigtausend japanische Soldaten säumten seinen Weg vom Fliegerhorst Atsugi bis Yokohama und präsentierten das Gewehr.

Am 2. September, einem frisch-frühherbstlichen Tag, begab sich MacArthur auf das Schlachtschiff «Missouri», das 45 000 Tonnen große Flaggschiff der Pazifischen Flotte. Wenige Monate zuvor erst hatte die «Missouri» einen Kamikaze-Angriff überstanden. Die Vertreter der verbündeten Nationen – Briten und Australier, Neuseeländer und Kanadier, Holländer und Franzosen, Chinesen und Russen – und ein Pulk von Journalisten erwarteten am Oberdeck die Unterwerfung der Besiegten. So weit das Auge reichte, lagen alliierte Kriegs-

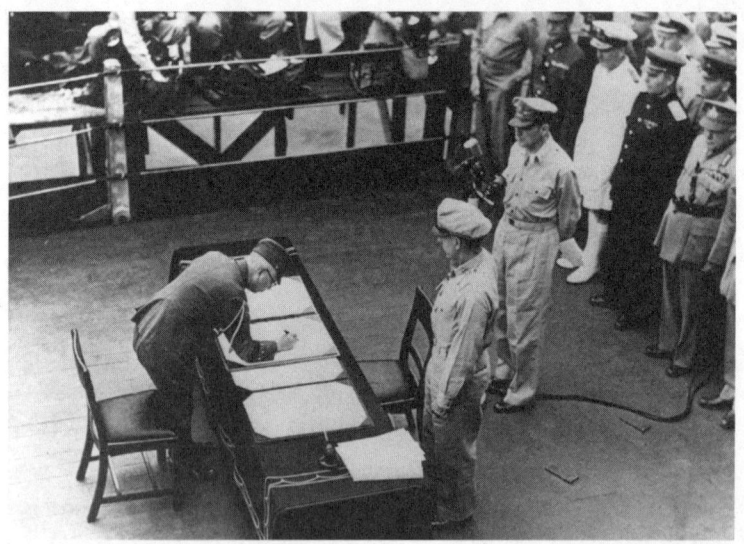

Der japanische General Yoshijiro Umezu unterzeichnet an Bord des US-Schlachtschiffes «Missouri» in der Bucht von Tokio die Kapitulations-urkunde. Vor dem Tisch General Douglas MacArthur (mit den Händen auf dem Rücken).

schiffe, über die Toppen geflaggt, in der Tokioter Bucht vor Anker. Zweiundneunzig Jahre zuvor, 1853, hatten an dieser Stelle die Schwarzen Schiffe des amerikanischen Kommodore Matthew Perry geankert und die Öffnung des Kaiserreichs Japans erzwungen. Über der «Missouri» flatterte dieselbe Flagge, die am Tage von Pearl Harbor über dem Kapitol in Washington geweht hatte.

Kurz vor zehn Uhr morgens humpelte Außenminister Shigemitsu, der fünfzehn Jahre zuvor in Schanghai ein Bein verloren hatte, an seinem Stock das Fallreep der «Missouri» empor. Er trug Frack und Zylinder. Grüner Filz bedeckte auf dem Achterdeck den Tisch, auf dem die Kapitulationsurkunden lagen. Die Mitglieder der japanischen Delegation schluckten ihre Tränen hinunter. Dann erschien MacArthur. Außenminister Shigemitsu und General Umezu unterschrieben die englische und japanische Fassung des Dokuments. Anschließend trat MacArthur vor, an seiner Seite zwei hohe Generale, die aus japanischen Kriegsgefangenenlagern befreit worden waren: der Amerikaner Jonathan Wainwright, der sich auf den Philippinen hatte ergeben müssen, und der Brite Sir Arthur Percival, der in Singapur vor der Übermacht des Angreifers die Waffen gestreckt hatte. General MacArthur und Admiral Nimitz unterzeichneten für die Vereinigten Staaten, danach unterschrieben die Vertreter der Alliierten. Unerwarteterweise hielt MacArthur eine Rede. Er feierte den Frieden. Er verwarf den «Geist des Mißtrauens, der Bosheit und des Hasses».

Er rief Sieger wie Besiegte, *victors and vanquished*, dazu auf, eine Welt aufzubauen, die sich der Würde des Menschen verpflichtet fühlt. Und er versprach, der Verantwortung seines Amtes mit Gerechtigkeit und Duldsamkeit nachzukommen.

Die Flaggen flatterten in der Sonne. Der Fujiyama trat aus dem Dunst hervor. Als die japanische Delegation sich zurückzog, pfiff der Stabsbootsmann am Fallreep Seite, die Offiziere der «Missouri» erwiesen dem kleinen Trupp eine Ehrenbezeugung.

Mamoru Shigemitsu brachte Jahre später seine Empfindungen zu Papier. «Unsere ernste Aufgabe war erfüllt. An diesem Tage hatte eine vieltausendjährige Geschichte ihr Ende gefunden. An diesem Tage dämmerte einer neue Epoche herauf. Nein, mehr noch, es war nur durch diesen Tag, dass unsere Geschichte fortdauern konnte ... Manche sagen: ‹Siegen durch Unterliegen›. Sollte Japan sich aber wieder so verhalten wie in der Vergangenheit, dann würde sich sein Sieg noch einmal in Asche verwandeln. Nur wenn Japan ein neues Blatt aufschlägt, wird es gedeihen und das Leben lebenswert sein. Japans Höllenfahrt wird einen Sinn haben, wenn es seiner selbst würdig daraus hervorkommt. Ich versuchte in die Zukunft zu schauen, aber Gram überflutete meine Gedanken.»[17]

«These proceedings are closed» – mit diesen Worten beendete MacArthur die Zeremonie. Der Zweite Weltkrieg war zu Ende, fast auf die Stunde genau sechs Jahre nach seinem Beginn. Er hatte 2194 Tage gedauert. Für Japan begann nun der Frieden. Es wurde ein harter Frieden – wie in Deutschland, das den Japanern in dieser Hinsicht vier Monate voraus war.

Die Trümmerfrauen wurden zum Symbol des Wiederaufbaus. Hier ein Foto aus dem Berliner Bezirk Neukölln.

Der Anfang nach dem Ende

Wie benommen waren die Deutschen aus den kataklysmischen Strudeln des Krieges aufgetaucht, taub noch von den Explosionsgeräuschen der Fliegerbomben und Artilleriegranaten, abgestumpft durch die Tristesse der Umstände, erschöpft von der schieren Mühsal des Überlebens. Nun gingen sie daran, sich in den Trümmern ihrer zerschossenen Welt notdürftig einzurichten. Es fiel ihnen nicht leicht. «Wollt ihr den totalen Krieg?», hatte Joseph Goebbels im Februar 1943 im Berliner Sportpalast gefragt, und es war ihm, frenetisch herausgebrüllt, ein tausendfaches «Ja» entgegengeschallt. Die Deutschen hatten den totalen Krieg bekommen – und nun die totale Niederlage. Hitlers Versprechen aus dem Jahre 1933, «Gebt mir vier Jahre Zeit, und ihr werdet Deutschland nicht wiedererkennen!», hatte sich auf makabre Weise erfüllt.

Im Jahre 1945 lag mehr in Trümmern als nur die Welt der deutschen Städte. Zertrümmert war nicht allein die Kriegsmacht des Reiches – das Reich selbst war zerstört. Seine Souveränität war aufgehoben, übergegangen in die Hände der Siegermächte. Es war territorial amputiert: Seine Grenzen hatten die Sieger im Osten drastisch verschoben, ein Viertel des Staatsgebiets war Polen und Russland zugesprochen, im Westen richtete Frankreich seinen Ehrgeiz, ein weiteres Mal, auf das Saarland und das Rheinland. Und auch das deutsche Volk in seiner gewachsenen Zusammensetzung sollte bald schon nicht mehr wieder zu erkennen sein. Die Davongekommenen wurden entwurzelt und zerrissen, durcheinander gewirbelt und neu vermischt, wobei die überkommenen gesellschaftlichen, konfessionellen und stammesgeschichtlichen Strukturen im Schmelztiegel der Nachkriegszeit untergingen und zu etwas völlig Neuem wurden.

Als die Deutschen sich nach der Kapitulation der Wehrmacht umblickten in ihrem Land, entdeckten sie als Erstes den ungeheuren Grad der Zerstörung. Schutt war das Einzige, was es mehr als reichlich gab in der Trümmerwelt, die der Krieg hinterlassen hatte: rund

400 Millionen Kubikmeter. In Hamburg, um ein Beispiel herauszu-
greifen, waren 43 Millionen Kubikmeter Trümmerschutt zu beseitigen, 25 Kubikmeter pro Einwohner der Hansestadt; man hätte damit
die Außenalster zuschütten und einen Hügel von zwanzig Meter
Höhe obenauf setzen können. Überall in den deutschen Städten, in
denen jetzt die Aufräumungsarbeiten begannen, wuchsen die
Trümmerberge aus dem Boden: der «Monte Scherbelino» in Stuttgart
etwa oder in Berlin der «Monte Klamotte» genannte Teufelsberg und
noch drei, vier andere aufgeschüttete Erhebungen.

Ein Viertel des Wohnungsbestandes hatten die Bomben zerstört
oder beschädigt, in den Großstädten mehr als die Hälfte. Die Berliner Einwohnerschaft war von vier auf 2,8 Millionen geschrumpft, die
Frankfurter von einer halben Million auf 270 000, die Hamburger von
1,7 Millionen auf 900 000, die Kölner von 790 000 auf weniger als die
Hälfte. Erst Mitte der fünfziger Jahre erreichten die Einwohnerzah-
len wieder den Vorkriegsstand.

Die Vergeltung sei viel weiter gegangen, als man sich dies in Amerika vorstelle, kabelte General Clay an John McCloy, den Staatssekretär im US-Kriegsministerium. «Unsere Flugzeuge und unsere Artillerie haben … den Krieg bis in die Wohnstätten der Deutschen
getragen.» Der Tübinger Politikwissenschaftler Theodor Eschenburg
hat die daraus resultierenden Zustände beschrieben: «Die Zahl der
Obdachlosen ging in die Millionen. Ein Zimmer diente in vielen Fällen als Wohnraum für eine ganze Familie. Keller und Boden, Baracken und Wellblechhütten, Ruinen und Lagerhallen nutzte man als
Unterschlupf. In den zerbombten Innenstädten zogen sich da, wo
ehemals schmale Straßen und Gassen verliefen, Trampelpfade über
die staubigen Trümmer. Forsythien, Flieder und Jasmin blühten dagegen verschwenderisch und verwilderten in Gärten, deren Häuser
nicht mehr standen.»[1] Nach der amtlichen Statistik kamen in der britischen Zone durchschnittlich 6,2 Quadratmeter Wohnraum auf eine
Person, knapp acht Quadratmeter in der amerikanischen, rund neun
in der sowjetischen und französischen Zone.

Für Zigtausende hieß die Parole nun monatelang Schippen, Enttrümmern, Ziegel und Backsteine stapeln. Jeder konnte zu Aufräumungsarbeiten herangezogen werden, doch mussten ehemalige Mitglieder der NSDAP Sonderschichten ableisten.

Und die Menschen hungerten. Sie «schoben Kohldampf», wie es im Jargon der Zeit hieß. Lebensmittel blieben rationiert. Angesichts der kargen Zuteilungen – um zwölfhundert, manchmal aber auch nur achthundert Kalorien pro Person – wurde Schmalhans Küchenmeister. Die Hamburger Lebensmittelkarte addierte sich zu 35 616 Kalorien für achtundzwanzig Tage, 1260 Kalorien täglich, aber nicht immer gab es das auch zu kaufen, wozu die «Marken» einen berechtigten. Hinzu kam die gravierende Energieknappheit. Die Kohleförderung lag darnieder. Die Briten entließen Kriegsgefangene vorzeitig, sofern sie sich zur Arbeit in den Bergwerken an die Ruhr verpflichteten. Am Anfang belief sich die Förderleistung mit Mühe und Not auf 25 000 Tonnen täglich (Vorkriegsdurchschnitt: 400 000 Tonnen). Die erhalten gebliebenen Fabriken hatten darunter ebenso zu leiden wie die Privathaushalte, denen es an Hausbrand fehlte. Lange Zeit gab es nur stundenweise Strom.

Die Dinge änderten sich auch nicht wesentlich, als die Kohleförderung wieder anstieg. Das lag an der Misere des Transportsektors, der bei den Bombenangriffen schlimmer verheert worden war als die Gütererzeugung. Bahnhofsgebäude und Reparaturdepots, Stellwerke und Weichen-, Signal- und Gleisanlagen, Brücken und Häfen hatten unermesslichen Schaden genommen. Von 60 000 Kilometern Reichsbahnnetz war ein Drittel unbefahrbar, von 578 000 Güterwagen die Hälfte unbrauchbar, 10 000 von 22 400 Lokomotiven waren schrottreif. Eine Zugfahrt von Hamburg nach München dauerte vierundzwanzig Stunden. Auslandsreisen waren ohnehin verboten, auch hatte ja niemand Devisen. Reisen zwischen den vier Besatzungszonen waren nur in Ausnahmefällen gestattet und erforderten einen Passierschein. Lange Zeit verkehrten nicht einmal die Straßenbahnen in den Städten; in München taten die Schaffner Dienst als Leichenbestatter. Ein Auto besaß sowieso kaum jemand. Vor dem Krieg hatten sich erst wenige eines leisten können; im Kriege wurden sie beschlagnahmt und zum großen Teil zerstört. In Berlin waren im Oktober 1945 nur siebentausend Personenwagen zugelassen, fast ausschließlich Dienstfahrzeuge.

Der tägliche Kampf ums Überleben verzehrte die Kräfte. Er verzehrte die Kräfte zumal der Frauen, von denen es 1945 in Deutschland 7,3 Millionen mehr als Männer gab. Ein Wunder war dies nicht, denn im Krieg waren 3,7 Millionen Soldaten gefallen, und über elf Millionen Männer befanden sich in Gefangenschaft. Die Frauen mussten nun die Familien unterhalten und dafür sorgen, dass genug halbwegs Genießbares auf den Tisch kam. Sie waren es auch, die in den verwüsteten Städten den Schutt beiseite räumten: Die «Trümmerfrauen» sind zur Legende geworden, zum Symbol für unerschrockenes Anpacken, für Zähigkeit und Lebenswillen unter widrigsten Umständen – Heldinnen des Durchhaltens in einem ganz anderen als dem von den Fanatikern des Endkampfes im Führerbunker verfochtenen Sinne.

Was die Deutschen auf den ersten Blick von ihrem Nachkriegsumfeld wahrnahmen, war erschütternd und deprimierend genug. Nicht minder schockierend war indessen, was sich den Nachdenklichen auf den zweiten Blick erschloss. Es gab keinen deutschen Staat mehr. In der Konkursmasse Deutschland waren alle drei Elemente untergegangen, die herkömmlicherweise einen Staat ausmachen: Es gab weder eine Staatsgewalt noch ein Staatsgebiet noch ein Staatsvolk in der völkerrechtlich und staatsrechtlich gebotenen Eindeutigkeit der Definition.

Die Juristen haben jahrzehntelang darüber gestritten, was Deutschland denn nach der Kapitulation gewesen sei, ein «Kondominium» der Sieger, ein «Koimperium» der Supermächte oder aber doch ein Rechtssubjekt, das lediglich vorübergehend in seiner Handlungsfähigkeit beschränkt ist. Es war ein müßiger Streit. Im Jahre 1945 litt es keinen Zweifel: Die Deutschen hatten im eigenen Lande nichts mehr zu sagen. Die Besatzungsmächte übten die oberste Gewalt aus. Sie waren im Besitz der unumschränkten Herrschaft; sie regierten das Land; sie waren die Alleingesetzgeber. Wo Deutsche in Behörden und

Verwaltungsstellen handelten, taten sie dies im Auftrag der Sieger, nicht in eigener Verantwortung.

Damit keinerlei Missverständnis aufkommen konnte, es habe ja in Reims und Karlshorst nur die Wehrmacht bedingungslos kapituliert, nicht jedoch das Deutsche Reich, als Staat bestehe Deutschland daher fort, buchstabierten die Oberbefehlshaber der vier Siegermächte am 5. Juni in ihrer Berliner «Erklärung in Anbetracht der Niederlage Deutschlands und der Übernahme der obersten Regierungsgewalt in Deutschland» noch einmal genau aus, wie die Alliierten die Kapitulation verstanden. Es ließ sich nicht daran deuteln: «Deutschland unterwirft sich allen Forderungen, die ihm jetzt oder später auferlegt werden.» Sämtliche Befugnisse der deutschen Regierung, der «des Oberkommandos der Wehrmacht, der Regierungen, Verwaltungen oder Behörden der Länder, Städte und Gemeinden» gingen an die alliierten Konkursverwalter über. Den Deutschen blieb nur der Trost, dass eine Annektierung ihres Landes ausdrücklich nicht vorgesehen war. Die Grundsätze der 1941 von Roosevelt und Churchill unterzeichneten Atlantik-Charta jedoch – Selbstbestimmung und das Recht eines jeden Volkes, seine Regierungsform frei zu wählen – fanden auf Deutschland keine Anwendung. Auf Gedeih und Verderb war es fortan den siegreichen Mächten ausgeliefert.

Was dies bedeutete, bekamen die Besiegten zu spüren, als die Kriegsallianz ihre ursprüngliche Absprache über die Grenzziehung zwischen den Besatzungszonen nach kurzem Tauziehen verwirklichte. Anfang Juli zogen sich die Briten und Amerikaner, die in den letzten Kriegswochen weit über die vorgesehene Grenze nach Osten vorgestoßen waren, von der Linie Wismar–Schwerin–Magdeburg–Leipzig–Zwickau zurück. Sie räumten damit ein Drittel der neuen sowjetischen Besatzungszone, obendrein ein Gebiet mit wichtigen Industriegebieten. Im Gegenzug rückten sie in die Westsektoren Berlins ein, wo sie zwölf von zwanzig Bezirken übernahmen. Bei ihrem Einmarsch entdeckten sie, dass die Russen seit Anfang Mai *tabula rasa* gemacht hatten: Drei Viertel aller Industrieanlagen waren demontiert und in die Sowjetunion geschafft worden. Mit den aus Mecklenburg,

213

Rückzug nach Westen

DÄNEMARK

N o r d s e e

Schleswig-
Holstein

Bremerhaven
amerik. Zone

Hamburg

Bremen

Niedersachsen

Hannover

Nordrhein-
Westfalen

Köln   Kassel

Hessen

Rheinland-
Pfalz

Saar-
land

Frankfurt

Württembg.
Baden
Karlsruhe

Württembg.

Baden   Hohen-
zollern

SCHWEIZ

Rügen

Rostock

Mecklenburg

sowjetische
Zone

Potsdam

Sachsen-
Anhalt

Leipzig

Erfurt   Sachsen
Thüringen

Nürnberg

Bayern

München

O s t s e e

Pommern

unter poln.
Verwaltung

Stettin

Berlin

Brandenburg

Schlesien

Breslau

TSCHECHO-
SLOWAKEI

Danzig

unter sowjet.
Verwaltung

unter
poln. Verwaltung

Ostpreußen

Posen   Warschau

Lodz

POLEN

von den Westmächten
Anfang Juli 1945 geräumt

amerikanische Zone

britische Zone

französische Zone

seit 1946 franz. Zoll-
und Wirtschaftsgebiet

Oder-Neiße-Linie

0 50 100 150 km

Abzug nach Westen: Die Karte zeigt die Besatzungszonen und das Gebiet,
aus dem sich die Westmächte im Juli zugunsten der Roten Armee zurückzo-
gen. Dafür hielten sie Einzug in Berlin.

Sachsen-Anhalt, Sachsen und Thüringen abziehenden Westalliierten
ergoss sich ein Strom von Menschen in den Westen, die sich vor dem
sowjetischen Besatzungsregime in Sicherheit zu bringen suchten.

Zusammen mit den Briten und den Amerikanern hielten auch die
Franzosen Einzug in Berlin. Gleichzeitig wurde im Süden die französische Besatzungszone gebildet, der die angelsächsischen Alliierten
weite Teile der von ihnen eroberten Gebiete zuschlugen. General de
Gaulle, den London und Washington bis dahin von der Nachkriegs-
planung völlig ausgeschlossen hatten, wollte sich allerdings mit einer
eigenen Besatzungszone nicht begnügen. Mindestens strebte er eine
Abtretung des Saarlands an. Es wurde dann auch schon am 11. Juni
der französischen Verwaltung unterstellt.

In Wahrheit jedoch reichte de Gaulles Ehrgeiz weit darüber hinaus. Baden, Württemberg, die Pfalz und Hessen wollte er zwar nicht annektieren, aber «sie müssen mit uns zusammenleben», erklärte er im April. Eine Art von Satellitenverhältnis zu Frankreich stellte er sich für sie vor. Am liebsten hätte er freilich das Rheinland langfristig besetzt und als autonomes Gebiet vom übrigen Deutschland abgetrennt. Außerdem drängte er auf die Internationalisierung des Ruhrgebiets; der Wiederaufbau Frankreichs sollte in erster Linie mit Reparationslieferungen aus dem dortigen Industrierevier bewerkstelligt werden. Die gleiche Absicht verfolgte freilich Stalin. Die Ähnlichkeit der französischen und sowjetischen Vorstellungen machten Paris und Moskau zu Konkurrenten bei der Ausbeutung Deutschlands.

Auf keinen Fall wollte der geschichtsbewusste Franzose wieder ein einheitliches Deutschland. *«Pas de Reich, retour aux Allemagnes»*, lautete seine Devise. Der Plural sagte alles: *les Allemagnes*, mehrere Deutschländer schwebten ihm vor. Noch in seinen Memoiren kommt die Formel vor. Sie erklärt, weshalb Frankreich sich damals nicht weniger schroff als die Sowjetunion gegen alles wandte, was auf eine Verknüpfung der Zonen zum Zwecke der Koordination, auf Zentralisierung oder Integration hinauslief.

So waren denn nach der Niederlage zwei der Merkmale, die einen Staat ausmachen, in Deutschland nicht mehr vorhanden. Die oberste Staatsgewalt lag in den Händen der Sieger. Die Grenzen des Staatsgebiets waren unbestimmt. Im Osten hatten Sowjets und Polen vollendete Tatsachen geschaffen. Zwar stand die formelle Besiegelung der Gebietsannexionen noch aus; sie war auf eine künftige Friedenskonferenz vertagt worden, aber schon in Potsdam war abzusehen, dass es zu einer Friedenskonferenz niemals kommen werde, Truman wollte sie nicht. Auf jeden Fall hatten die drei Siegermächte bei ihrem Berliner Gipfeltreffen die Austreibung der Deutschen ausdrücklich gebilligt. Die Ausführungsbestimmungen dazu verabschiedete der Alliierte Kontrollrat am 20. November. Im Westen jedoch nagten die französischen Begehrlichkeiten an der deutschen Staatsgrenze.

Was für die äußeren Grenzen Deutschlands galt, traf nicht weniger auf die inneren zu. Vielfach zerschnitten die Besatzungszonen historische Gebietszusammenhänge. So wurde Baden auseinander gerissen, desgleichen Württemberg und die preußische Rheinprovinz. Im Osten bestanden zunächst noch die alten Ländergrenzen fort, bis die fünf Länder 1952 durch fünfzehn Bezirke ersetzt wurden. Wie aber sollte im Westen die staatliche Gliederung in Zukunft aussehen? Die Antwort gaben die Alliierten. Sie traten dabei in Napoleons Fußstapfen, der hundertvierzig Jahre vor ihnen in Deutschland eine Flurbereinigung großen Stils vorgenommen hatte.

Dabei gingen die Amerikaner voran. Im Mai schon richteten sie regionale Militärregierungen ein: Bayern (ohne die Pfalz), Nordwürttemberg plus Nordbaden, Groß-Hessen (aus der Provinz Hessen-Nassau und dem Land Hessen, ohne Rheinhessen). Die Proklamation Nr. 2 der US-Militärregierung erhob diese Gebiete in den Rang von Ländern. Ihnen wurde die volle gesetzgebende, vollziehende und richterliche Gewalt zugestanden. Das Zugeständnis stand unter dem Vorbehalt, dass die alliierten Machtbefugnisse dadurch nicht berührt würden. Aus den Ministerpräsidenten der drei neuen Länder konstituierte sich im Oktober 1945 der «Länderrat der amerikanischen Besatzungszone» – in geographischer Begrenzung ein Ersatz für die in Potsdam vorgesehene zentrale deutsche Verwaltung, deren Einsetzung am französischen Veto im Kontrollrat scheiterte.

Die Briten zogen mit der Bildung von Ländern erst im nächsten Jahr nach. Im Sommer 1946 fügten sie die drei nördlichen Regierungsbezirke der preußischen Rheinprovinz, Aachen, Köln und Düsseldorf, mit Westfalen zu Nordrhein-Westfalen zusammen. Aus der Provinz Hannover-Oldenburg und Braunschweig wurde Niedersachsen. Zugleich erhielt Schleswig-Holstein Landesstatus. Bremen wurde Anfang 1947 ein Land der amerikanischen Zone. Als Koordinationsorgan für diese neuen Länder entstand im Norden der Zonenbeirat.

Bald schon erzwang die wirtschaftliche Lage Überlegungen über einen Zusammenschluss. Die amerikanische Zone war dringend auf Kohle und Stahl von der Ruhr angewiesen, die britische auf Lebensmittel aus dem Süden. Anfang 1947 schlossen Amerikaner und Briten ihre Besatzungszonen zur «Bizone» zusammen. Erst 1948 erklärten sich die Franzosen zum Anschluss ihrer Zone bereit. Aus Bizonesien wurde Trizonesien – die Vorstufe der Bundesrepublik Deutschland. «Wir sind die Einwohner von Trizonesien» – das Blödellied von Karl Berbuer wurde nicht nur beim Kölner Karneval zum Gassenhauer. Zunächst verweigerten sich die Franzosen allen Integrationsbestrebungen. Wie die Russen, so grenzten auch sie ihre Zone streng gegen die anderen ab. Aus dem südlichen Teil Württembergs bildeten sie das Land Württemberg-Hohenzollern, aus dem nordwestlichen Teil das Land Rheinland-Pfalz. Dem Saarland, das sie sofort nach der Besetzung vom übrigen Zonengebiet abgetrennt hatten, oktroyierten sie zwei Jahre später in einer manipulierten Wahl eine Verfassung, die den wirtschaftlichen, außenpolitischen und sicherheitspolitischen Anschluss an Frankreich vorsah und die politische Unabhängigkeit vom Deutschen Reich festschrieb. Die Engländer und Amerikaner stimmten der Abspaltung des Saarlandes zu – als Kompensation für die Gründung des Landes Nordrhein-Westfalen, die ja die Internationalisierung des Ruhrgebiets vereitelte, wie Frankreich sie – ähnlich Russland – angestrebt hatte. Erst Anfang 1957 ist das Saarland nach einer weiteren, diesmal unmanipulierten Volksabstimmung der Bundesrepublik Deutschland eingegliedert worden.

All diese Entwicklungen lagen im Sommer 1946 noch im Dunkel der Zukunft verborgen. Mehr Sorgen als die künftige staatliche Gliederung des Landes bereiten den Deutschen andere Fragen: Wer sind wir eigentlich? Was kann aus uns werden? Es sind dies Fragen nach dem dritten Merkmal eines Staates: Fragen nach dem Staatsvolk.

Es existierte noch, aber in einem Zustand unsäglicher Beengtheit, Bedrückung und Erniedrigung. Wo so viel Wohnraum zerbombt war, mussten schon die Einheimischen zusammenrücken. Nun aber kamen, über ein, zwei, drei Jahre, in ständigem Zustrom die Flüchtlinge und Vertriebenen aus den ehemals deutschen Ostgebieten, aus dem Sudetenland, aus den Siedlungsinseln der Deutschen in Südosteuropa. «Gott schenke den Christen in aller Welt offene Ohren», betete Propst Heinrich Grüber, der als Mann der Bekennenden Kirche im

KZ gewesen war, «die Notschreie der deutschen Menschen zu hören, die auf den Landstraßen sterben und verkommen.» Neuneinhalb Millionen treckten allein im Jahre 1945 aus dem Osten in den Westen. Alles in allem erhöhte sich die deutsche Bevölkerungszahl um rund zehn Millionen Menschen, geflüchtet oder vertrieben aus Polen, der Tschechoslowakei, dem Balkan. Nach alliierten Berechnungen waren es im Durchschnitt 1700, die seit dem Kriegsende jeden Tag einströmten. Im Durchgangslager Friedland, eingerichtet Ende September, wurden bis Jahresschluss 553 000 Flüchtlinge registriert. Bis 1948 stieg der Anteil der Flüchtlinge und Vertriebenen in Schleswig-Holstein auf 38,4 Prozent, auf 32 Prozent in Niedersachsen. Bayern, Hessen und Württemberg-Baden kamen auf 24, 21 und 20 Prozent; unter 12 Prozent blieben nur das weithin zerstörte Nordrhein-Westfalen (11,9) und die französisch besetzten Länder Württemberg-Hohenzollern (11,4), Baden (9,8) und Rheinland-Pfalz (5,8). Der Osten kam vergleichsweise etwas besser weg, dafür hatte er andere Bürden zu tragen.

Es gab gar keine andere Wahl: Es hieß noch enger zusammenrücken. Kaum eine einheimische Familie, der nicht Flüchtlinge in die Wohnung gesetzt wurden, an die sie Zimmer abzugeben hatte und mit denen sie sich Küche und Bad teilen musste. Auch waren in manchen Gegenden Sonderabgaben für die Flüchtlinge zu entrichten. Reibereien blieben nicht aus, konnten nicht ausbleiben. Das enge Aufeinanderleben, die unterschiedlichen Erfahrungswelten, die da mit einem Male aufeinander prallten, die verstörende Verschiedenheit der Dialekte, der Wettbewerb um knappe Arbeitsplätze – das alles gab Anlass zu ständigem Ärger. Hinzu kam, dass der Flüchtlingszustrom das konfessionelle Grundmuster fast aller deutschen Landschaften umstülpte. Erst im Wirtschaftswunder der späten fünfziger Jahre – an dem die «Neubürger» ihren gehörigen Anteil hatten – schliffen sich die Gegensätze ab. Im Wirbel der Zeiten entstand das neue deutsche Volk. Ähnlich, wenngleich in geringerer Größenordnung, vollzog sich die Entwicklung in der Ostzone.

Zur Beengung kam 1945 die Bedrückung. Die Industrieproduk-

Vor einem Notquartier irgendwo in Berlin: Eine Frau bereitet eine Mahlzeit auf einer offenen Kochstelle. Die Verzweiflung über ihre Lage steht ihr und den beiden kleinen Mädchen ins Gesicht geschrieben.

tion funktionierte nur noch zu einem Bruchteil. Man behalf sich: Aus Stahlhelmen wurden Siebe gefertigt, Sandalen aus alten Autoreifen, Kannen aus Gasmaskenbehältern. Abgesehen von der Trümmerbeseitigung gab es kaum Arbeit. Wer das Glück hatte, eine Stelle zu finden, verdiente nicht viel. Seit 1935 waren die Löhne und Gehälter eingefroren (erst im Oktober 1948 wurde der Lohnstopp aufgehoben). Die Schulen blieben noch monatelang geschlossen; vor ihrer Wiedereröffnung mussten erst die Lehrer auf ihre Gesinnung überprüft werden. Ein striktes nächtliches Ausgangsverbot sperrte die Menschen anfangs an Werktagen von fünf Uhr abends bis sieben Uhr morgens in ihre Häuser, sonntags von halb sechs bis fünf Uhr. Monate später erst würde die abendliche Sperrstunde auf neun, dann auf halb elf verlegt. Ausquartierungen zuhauf – zugunsten der Besatzung oder der DPs – brachten zusätzliche Unbill.

Die Erniedrigung, bewusst in Szene gesetzt, tat ein Übriges. Sie fügte – Anglisten mochten an die Zeile des englischen Barockdichters Edward Moore «*This is adding insult to injuries*» gedacht haben – den Verletzungen die Beleidigung, ja: die Schikane hinzu. So war den Deutschen in der französischen Zone das Radfahren verboten. Wollten Sie sich mit dem Fahrrad fortbewegen, so durften sie es nur schieben. «*À pied, avec sa bicyclette*», hieß das auf den Passierscheinen. Theodor Eschenburg, damals Staatsrat der Tübinger Regierung von Württemberg-Hohenzollern, hat daran erinnert, dass die Worte «deutsch» und «Deutschland» verpönt waren. Auf Druck der französischen Besatzungsbehörden musste die SPD das «D» aus ihrem Kürzel streichen und sich SPB nennen; das «B» stand für Baden. Bei den Russen ging es robuster zu. Der spätere Bundesminister Ernst Lemmer bekam eines Tages Besuch von einem jungen Offizier, der ihn aufforderte, das Bürgermeisteramt im Bezirk Klein-Machnow zu übernehmen. Als Lemmer zögerte, weil er keine kommunalpolitische Erfahrung besaß, griff der Russe zur Pistole und sagte mit kalter Entschiedenheit: «Du Bürgermeister – oder ... tott!» In Berlin führten die Sowjets die Moskauer Zeit ein, bis dann der Kontrollrat einheitlich für alle Zonen wieder die Mitteleuropäische Zeit festlegte. Anfang Juni erging ein Befehl, dass jedes Haus in Berlin je eine sowjetische, amerikanische, britische und französische Flagge anzufertigen hatte, 1,80 mal 0,85 Meter.

In der amerikanischen Zone war die amerikanische Flagge «mit abgenommener Kopfbedeckung» zu grüßen. Bajuwaren werden es auch für eine erniedrigende Schikane gehalten haben, dass Mitte Oktober die bayerischen Bierbrauer angewiesen wurden, das Brauen einzustellen. Im Dezember 1945 schließlich wurde es Deutschen verboten, länger als drei Nächte außerhalb des eigenen Wohnsitzes zu verbringen.

Auch das Fraternisierungsverbot der Amerikaner und Engländer gehört in diesen Zusammenhang. Es wurde geboren aus reinstem Morgenthau-Denken, wie es sich anfangs noch in Aufrufen des amerikanischen Soldatensenders wie dem folgenden ausdrückte: «Jeder freundliche deutsche Zivilist ist ein getarnter Soldat des Hasses, bewaffnet mit der inneren Überzeugung, daß die Deutschen noch immer überlegen sind ... und daß es eines Tages ihre Bestimmung sein wird, dich zu vernichten. Ihr Haß und ihr Zorn und ihre Überzeugung stecken ihnen tief im Blut. Ein Lächeln ist ihre Waffe, um dich zu entwaffnen. Fraternisiere nicht! Im Herzen ist jeder Deutsche Hitler ... Schließ keine Freundschaft mit Hitler! Fraternisiere nicht!»[2]

In den ersten Monaten ist das Fraternisierungsverbot strikt eingehalten worden. Janet Flanner berichtete damals: «Auf Fraternisieren steht in Köln eine hohe Strafe. Was man in Aachen, wo wir unsere ersten Erfahrungen mit Deutschen *en masse* sammelten, die Fünfundsechzigdollarfrage nannte – die von General Eisenhower angeordnete Geldstrafe für Soldaten, die ein deutsches Mädchen ansprechen –, hat sich in Köln zu zehn Jahren Gefängnis gesteigert. Dort war ich Zeuge, wie ein Soldat länger als nötig mit einem Fräulein das Problem seiner Wäschereinigung verhandelte, an sich ein kurzer, platonischer Dialog. Er wurde von der Militärpolizei festgenommen; theoretisch erwarten ihn zehn Jahre.»[3] Dieses «Sororisierungsverbot», das den Umgang mit den «Fräuleins» untersagte, bröckelte allerdings rasch ab. Die «Veronika Dankeschöns» (nach V. D., der Abkürzung für *venereal disease*, Geschlechtskrankheit) prägten bald das Erscheinungsbild in der Nähe der Kasernen.

Die Menschen legten sich, um mit solchen Zumutungen der alliierten Politik fertig zu werden und die Unbilden des Alltags zu überstehen, eine Mischung aus Stoizismus und Geschmeidigkeit zu. Sie beobachteten genau, wie die Siegermächte sich in Deutschland einrichteten. Die Amerikaner ließen sich mit ihrem Hauptquartier im Frankfurter IG-Farben-Hochhaus nieder; die Franzosen machten es sich im Baden-Badener Hotel Stephanie bequem; die Briten kamen im Kurhaus von Bad Oeynhausen unter; die Russen schließlich etablierten ihre Sowjetische Militäradministration in der ehemaligen Pionierschule in Karlshorst. Von dort aus wurde Deutschland nun umgekrempelt.

Das Leben geht weiter: Ein Soldatengrab an der Havel in der frühen Nachkriegszeit; am provisorischen Grabkreuz hängen drei deutsche Stahlhelme,
das Grab ist mit Blumen bepflanzt. Im Hintergrund findet unbekümmertes
Strandleben statt.

Neues Leben blüht aus den Ruinen

Die Deutschen wussten, was auf sie zukam. Die Alliierten hielten mit ihren Absichten nicht hinter dem Berg. So nahm General Dwight D. Eisenhower am 6. August – dem Tag von Hiroshima – in einer Rundfunkrede «An das deutsche Volk in der Amerikanischen Besatzungszone» kein Blatt vor den Mund: «Die kommenden Monate werden für euch eine schwere Prüfung sein. Es ist unvermeidlich, daß sie hart sein werden. Alle Anzeichen deuten auf Knappheit an Lebensmitteln, Heizungsstoffen, Wohnraum und Transportmitteln. Das sind die Folgen des Angriffskriegs. Es steht jedoch in eurer Macht, durch beharrliche Arbeit und gegenseitige Hilfe diese Not zu lindern. Müßiggang darf es nicht geben.

Die Ernteaussichten sind gut. Jedoch ist es zur vollen Einbringung der Ernte notwendig, daß die Stadtbevölkerung auf das Land geht und dort arbeitet.

Für die Beheizung von Wohnhäusern wird in diesem Winter keine Kohle zur Verfügung stehen. Zur Deckung des notwendigen Bedarfs müßt ihr in den nächsten Monaten in den Wäldern genügend Holz fällen und einsammeln.

Eure dritte Hauptsorge ist die Beschaffung von Wohnraum. Solange die Witterung es gestattet, müssen beschädigte Häuser ausgebessert werden, um während dieses Winters so viel Schutz wie möglich zu bieten. Zu diesem Zweck müßt ihr in größtmöglichem Umfange Altmaterial und in den Wäldern gefälltes Holz verwenden.»

Das waren klare Worte. Niemand konnte sich etwas vormachen. Einen Lichtblick wenigstens eröffnete Eisenhower mit dem Satz: «Sobald eure Gerichte und Schulen von Nazi-Einflüssen gereinigt sind, werden sie wieder geöffnet werden.»

Zugleich jedoch machte er den Deutschen ein weiteres Mal mit Nachdruck deutlich, worauf es den Alliierten ankam: nie wieder eine Bedrohung des Weltfriedens durch Deutschland zuzulassen. «Nationalsozialismus und Militarismus in jeglicher Erscheinungsform werden ausgerottet. Kriegsverbrecher werden vor Gericht gestellt und der gerechten Strafe zugeführt. Deutschland wird vollkommen entwaffnet.»

Die Entmilitarisierung Deutschlands war das dringlichste Anliegen der Sieger. Die Niederlage des Dritten Reiches war dazu der erste, entscheidende Schritt. Was blieb, waren Aufräumarbeiten. Während die Kriegsgefangenen noch auf den Rheinwiesen darbten oder – wie in Schleswig-Holstein – zunächst weiterhin unter der Aufsicht ihrer Offiziere zu verschiedenen Arbeiten eingesetzt wurden, begannen alliierte Spezialkommandos das Land zu durchstreifen, Waffenlager aufzuspüren und alles militärische Gerät systematisch zu vernichten, das sie nicht selber gebrauchen konnten. Diese Aktion wurde zwei Jahre lang fortgesetzt.

Nächst der Entmilitarisierung stand die Entnazifizierung an oberster Stelle der Sieger-Agenda. «Die Nationalsozialistische Partei mit ihren angeschlossenen Gliederungen und Unterorganisationen ist zu vernichten», sah das Potsdamer Abkommen vor. «Nazistische Parteiführer», bestimmte es weiter, «einflußreiche Nazi-Anhänger und die Leiter der nazistischen Organisationen sowie alle anderen Personen, die für die Besatzungsmächte und deren Ziele gefährlich sind, sind zu verhaften und zu internieren.» Nach diesen Grundsätzen gingen die Alliierten jetzt vor, wobei die Potsdamer Bestimmungen nicht überall mit gleicher Strenge, sondern mit ganz unterschiedlicher Flexibilität gehandhabt wurden.

In einer ersten Entnazifizierungswelle wurden in Westdeutschland zunächst alle Amtsträger entlassen: 150 000 aus dem öffentlichen Dienst, 73 000 aus Positionen in Handel und Industrie. Sie erhielten weder Gehalt noch Pension, auch war ihnen nur «gewöhnliche Arbeit» erlaubt. Rund 180 000 wurden inhaftiert und saßen – zum Teil noch jahrelang – in Internierungslagern; die braune Prominenz der US-Zone versammelte sich in Ludwigsburg. Das Ergebnis im Westen bestand zum Jahresende 1945 «in vollen Internierungslagern und leeren Ämtern». Im Osten aber nahmen die Sowjets bald schon Konzentrationslager wie Sachsenhausen oder Buchenwald (wo der KPD-Vorsitzende Ernst Thälmann umgebracht worden war) aufs Neue in Betrieb. Sie füllten sie mit NS-Chargen, aber zunehmend auch mit unliebsamen Demokraten, die sich der heraufdämmernden roten Diktatur nicht fügen wollten. Der ersten Entnazifizierungswelle folgte die zweite. Mehr und mehr gerieten die Entnazifizierungsverfahren zu einer bürokratischen Inquisition. Deren Gipfel war die Fragebogenaktion, mit denen die Westalliierten die Deutschen auf Herz und Nieren zu prüfen suchten. Wohl ersparten sie den Erben Hitlers ein anarchisches Wüten der langen Messer wie in Frankreich, wo nach der Befreiung über zehntausend Kollaborateure umgebracht, oder wie in Italien, wo zwölftausend Faschisten in einem Anfall gerechtigkeitsstiftender Raserei totgeschlagen worden waren. Sie brachten die Deutschen allerdings auch um die Chance, dass danach, wie in Italien und Frankreich, der Vorhang des Vergessens fiel – nach der Devise: Wer überlebt hat, ist allein dadurch entlastet.

Der Fragebogen der Westalliierten enthielt 131 Fragen. Er wurde zugleich gefürchtet und bespöttelt. Nach den Funktionären sollte er nun auch die kleinen Anhänger des Regimes durchleuchten; das machte vielen Angst. Bespöttelt wurde er, weil er viele sinnlose Einzelfragen enthielt, zum Beispiel: «Aufzählung aller Ihrerseits oder seitens Ihrer Ehefrau innegehabten oder Ihrer beiden Großeltern innegehabten Adelstitel», oder: «Geben Sie auf einem Extrabogen die Titel und Verleger aller von Ihnen seit 1923 bis zur Gegenwart ganz oder teilweise geschriebenen, zusammengestellten oder herausgegebenen Veröffentlichungen und alle von Ihnen gehaltenen öffentlichen Ansprachen und Vorlesungen, mit Angabe des Themas, Datums, der Auflage und Zuhörerschaft an.» Gefürchtet aber war der Fragebogen, weil vieler Menschen Zukunft von seiner Auswertung abhing. Ernst von Salomon veröffentlichte darüber 1951 bei Rowohlt einen der ersten deutschen Nachkriegs-Bestseller: «Der Fragebogen», eine eher sarkastische Abrechnung mit dem Questionnaire-Wahn.

Bis März 1946 wurden in der amerikanischen Zone 1,4 Millionen

Fragebogen eingereicht, 742000 bearbeitet. Die Entnazifizierungs-
stellen, überflutet von «Persilscheinen», Gefälligkeitsgutachten für
Freunde und Bekannte, entschieden für 19 Prozent: Entlassung, für
7 Prozent: Entlassung empfohlen, für 25 Prozent: Entlassung anheim
gestellt. In 49 Prozent aller Fälle fanden sich keine Anhaltspunkte für
nationalsozialistische Betätigung. Einem halben Prozent der Durch-
leuchteten wurde nachweisbarer Widerstand bescheinigt.

Die Mängel dieses Verfahrens, die Beunruhigung, die es auslöste,
und letztlich: die Solidarisierung, die es bewirkte, veranlasste die US-
Militärregierung schon im Januar 1946 zum Einlenken. Die Deut-
schen wurden nun einbezogen; am 5. März 1946 unterzeichneten die
Länderchefs das «Gesetz zur Befreiung von Nationalsozialismus und
Militarismus». Es richtete 545 deutsche Spruchkammern mit 22000
Bediensteten ein, die nun auf der Grundlage von dreizehn Millionen
eingereichter Fragebogen ihre Urteile fällen sollten: noch immer ein
Mammutunterfangen mit zwangsläufig fragwürdigem Ausgang.

Es kam zu 3,5 Millionen Anklagen und 950000 Verfahren. In den
dreieinhalb Jahren Entnazifizierung bis 1948 wurden 1549 Leute als
«Hauptschuldige» eingestuft, 21600 als «Belastete», 104000 als «Min-
derbelastete», 475000 als «Mitläufer». Die Spruchkammern sprachen
9000 Gefängnisstrafen aus, über 500000 Geldstrafen und 25000 Ver-
mögensbeschlagnahmungen. 22000 Personen wurden aus öffentlichen Ämtern entfernt. Die Franzosen und Engländer vollzogen die
Entnazifizierung mit weniger Elan – sie gingen das Problem mit «op-
portunistischer Gleichgültigkeit» an. Den Sowjets diente die Entnazifizierung in erster Linie dazu, «Klassenfeinde» auszuschalten.

In der Ostzone wurden 30000 Kriegsverbrecherprozesse ange-
strengt, 200000 Nazis aus Verwaltung und Wirtschaft geworfen, 20000
Lehrer (von 40000) entlassen, 500 Todesurteile gefällt. Die kleinen Ex-
Pgs (NSDAP-Parteigenossen) wurden aber bald schon umworben. Im
Westen endete die Entnazifizierung am 31. März 1948, im Osten un-
gefähr um die gleiche Zeit.

Wie ein Volk mit den Schandphasen seiner Geschichte umgehen
soll, ist schon immer eine schwierige Frage gewesen. In der Theorie

drängt eine schlichte Vorstellung von Vergangenheitsbewältigung gemeinhin auf Abrechnung und Abstrafung. In der Praxis freilich erlahmt der Drang dazu meist ziemlich rasch. Die Mühen und die Pein der Bewältigung überfordern die Gesellschaft; Schuld ist ein schillernder Begriff; neue Existenzängste überdecken alte Leiden. Die Konzentration auf die Gegenwart lässt für die Auseinandersetzung mit der Vergangenheit kaum Energien übrig. Und je mehr Menschen sich durch Mitmachen oder Mitlaufen befleckt haben, desto geringer wird die Chance, sie alle in die Ecke zu stellen. In der Massenhaftigkeit liegt geradezu die Garantie dafür, dass der säubernde Impuls bald erstirbt. Genau so ist es nach dem Krieg gekommen.

Auch Fachleute sind gegen Verführung nicht gefeit – gerade sie aber werden in Notzeiten, selbst nach grundstürzenden Umbrüchen, am dringendsten gebraucht. Hätte man auf alle Ex-Pgs verzichtet, so wären die Verwaltung und Versorgung nicht wieder in Gang gekommen. Adenauer hat später die Weiterbeschäftigung so vieler Parteigenossen – über sechzig Prozent etwa im Auswärtigen Amt – lapidar mit der Bemerkung entschuldigt, man schütte nun einmal «kein dreckiges Wasser aus, wenn man kein reines hat». Nichts anderes meinte Bertolt Brecht mit seinem Satz: «Das Haus wurde gebaut aus Steinen, die vorhanden waren.» Es waren «Steine» aus den Trümmern des Dritten Reiches.

Im zweiten Halbjahr 1945 war dies noch nicht abzusehen; die Entnazifizierung hing wie ein Damoklesschwert über vielen. Zugleich waren die Menschen beunruhigt von den Reparationslieferungen, die ihnen nun abverlangt wurden. Die Reparationsfrage war beim Potsdamer Dreigipfel eines der großen Streitthemen gewesen. Der mathematische Formelkompromiss, in den die Auseinandersetzung mündete, gab für die Praxis nicht viel her. Immer deutlicher geriet den Westmächten vor Augen, dass sie, wollten sie die sowjetischen Reparationsansprüche erfüllen, das dadurch ausgepowerte Westdeutschland selber in großen Umfang materiell und finanziell würden unterstützen müssen; dies aber wiesen sie mit guten Gründen weit von sich. Es blieb beim Dissens. Jede Besatzungsmacht bediente sich aus der eigenen Zone. Am Ende erwiesen sich die alliierten Meinungsverschiedenheiten in der Reparationsfrage als unüberbrückbar. Neben den unterschiedlichen politischen Zielsetzungen der Besatzungsmächte wurde der Reparations-Konflikt zu einem der wesentlichen Sprengsätze, die am Ende die Kriegskoalition zum Platzen brachten.

Zunächst einmal ging es allerdings noch gar nicht um Reparationsleistungen, über deren Umfang und Aufteilung sich eine in London tagende Kommission die Köpfe heiß redete. Vor den Reparationen kam erst einmal das Einsammeln und Einsacken der Kriegsbeute – all dessen also, was vor Anlaufen des geplanten, organisierten und geordneten Reparations-Programms im freien Zugriff von den Siegermächten fortgeschleppt wurde. Dies war nicht wenig.

Vor allem die Sowjets taten sich dabei hervor. Im Juni und Juli leiteten sie – weit über das hinaus, was sich die Armeeangehörigen schon einzeln angeeignet hatten – eine groß angelegte Ausplünderungsaktion ihrer Besatzungszone ein. Die Schilderung eines amerikanischen Beobachters, wie es Unter den Linden aussah, mag hier für viele ähnliche stehen: «Die ganze Allee ist mit Trümmerschutt verstopft. Vor dem Adlon stehen zwei Lastwagen. Der erste ist hoch beladen mit Blasinstrumenten: Tubas, Trompeten und Posaunen, zugedeckt mit schweren Buchara-Brücken. Oben auf den Teppichen sitzen drei finster dreinblickende Soldaten mongoloiden Typs. Ihre Uniformen sind nur noch Fetzen. Sie essen Brot. Der zweite Lastwagen steht, halb umgekippt, auf drei Rädern und versperrt die Durchfahrt. Er ist beladen mit Tausenden von Schreibmaschinen ohne Deckel, und mittendrin steht eine Elchkuh. Zwei sehr junge russische Offiziere haben das vierte Rad vom Wagen abgenommen und überprüfen, beobachtet von einer schweigenden Schar zerlumpter Kinder, einen Autoschlauch in einer Schüssel mit schmutzigem Wasser.»[1]

Ein britischer Kontrollratsbeamter erzählt eine damals weit verbreitete Geschichte: «Ein russischer Soldat hielt ein deutsches Mädchen an und verlangte ihre Uhr. Sie sagte, sie besitze keine. Der Soldat wollte das nicht glauben, doch trotz der Sprachschwierigkeiten gelang es dem Mädchen schließlich, ihn zu überzeugen. ‹Ein hübsches Mädchen wie du sollte eine Uhr haben›, sagte er, streifte den Ärmel zurück, enthüllte den mit einer ganzen Auswahl von Armbanduhren geschmückten Unterarm, wählte die schönste aus und gab sie ihr.»[2]

Doch ging es in der russischen Zone nicht bloß um gleichsam private Requirierungsinitiativen der Rotarmisten. Die Sowjetbehörden warteten nicht erst auf eine Viermächtevereinbarung über die zu demontierenden Werke. Sie bauten viele Fabriken auf eigene Faust und aufs Geratewohl ab und verfrachteten sie nach Osten, wo sie immer wieder riesige Staus auf den Bahnstrecken verursachten, so viele Beutezüge waren gleichzeitig unterwegs. Unter anderem bauten sie 6322 Kilometer Bahngleise ab. Selbst die Nachschubstrecken, die den Westalliierten für die Versorgung ihrer Berliner Garnisonen zur Verfügung gestellt worden waren, sind dabei rücksichtslos auf ein einzi-

Eine Straßenszene aus dem Mai oder Juni: Ein sowjetischer Soldat versucht, einer jungen Frau ihr Fahrrad wegzunehmen.

ges Gleis reduziert worden. Großes Gewicht maßen die Sowjets Stahl-
werken, der Sperrholzindustrie und Hydrieranlagen bei. Auch für
das, was bis heute als «Beutekunst» umstritten ist, zeigten sie früh re-
ges Interesse. Regelrechte «Beutebataillone» zogen durch die
Ostzone, um ausfindig zu machen, was nützlicherweise in die Sowjetunion geschafft werden konnte.

Die westlichen Besatzungsmächte waren für derlei Schleppzüge
weniger anfällig. Zwar gingen auch die Franzosen unverzüglich
daran, sich aus der laufenden Produktion für die erlittenen Schäden
zu bedienen und Rüstungsbetriebe zu demontieren; allerdings plan-
los, wo die Sowjets massiv und systematisch vorgingen. Und immerhin ließ General Clay im November 400 Kunstwerke aus deutschen
Museen nach Amerika bringen, wo sie seiner Meinung nach sicherer
untergebracht werden konnten. Es ehrt ihn jedoch, dass er, ehe er
Deutschland Jahre später verließ, sich mit Erfolg für ihre Rückkehr
einsetzte, als er hörte, dass die National Gallery sie behalten wollte.

Aber im Allgemeinen hielten sich Amerikaner, Briten und Franzosen an die vereinbarten Reparationsregeln. Sie waren harsch genug.
Die alliierte Politik verfolgte ein doppeltes Ziel. Zum einen sollte
Deutschland Wiedergutmachung leisten für die Zerstörungen, die es
zwischen Atlantik und Wolga angerichtet hatte. Zum anderen sollte
sein Industriepotenzial so gestutzt werden, dass es als Fundament
einer deutschen Militärmacht nie wieder dienen konnte. In der Prä-
zisierung der Potsdamer Abmachungen durch den Kontrollrat
(26. März 1946) wurde vorgesehen, die deutsche Produktionskapazi-
tät auf fünfzig bis fünfundfünfzig Prozent der Kapazität von 1938 zu
beschränken, was ungefähr dem Stand des trostlosen Krisenjahres
1932 entsprach. Die deutsche Grundstoffindustrie sollte auf vierzig
Prozent des Standes von 1936, die pharmazeutische Industrie auf
achtzig Prozent gedrückt werden. Die Produktion von Benzin, Ku-
gellagern, synthetischem Kautschuk und radioaktivem Material war
danach gänzlich verboten, desgleichen Handelsschifffahrt und Luftfahrt. Nur die Herstellung von Möbeln, Gläsern und Fahrrädern
wurde keiner Beschränkung unterworfen, auch nicht die Kohleförde-

rung, die mit Rücksicht auf das energiehungrige Europa sogar erhöht werden sollte. Außerdem wollten die Alliierten die deutsche Schwerindustrie entflechten.

Die Deutschen wurden damals von den Siegern daran erinnert, dass sie es selber, als sie noch hoch zu Ross saßen, ja weit schlimmer getrieben hatten. Und in der Tat, wenn sie darüber klagten, dass der Schwarzwald und die norddeutschen Wälder abgeholzt wurden – die Franzosen holten sich nur ein Drittel des Nutzholzes, dessen sich die Deutschen in Frankreich bemächtigt hatten, und die Briten rechtfertigten sich mit dem Argument, dass sie durch den Krieg, der sie von ihren Commonwealth-Lieferanten abschnitt, zur weitgehenden Abholzung ihrer eigenen Wälder gezwungen worden waren.

Die von der Wehrmacht besetzten Gebiete hatten große Mengen Lebensmittel und Konsumgüter nach Deutschland liefern müssen, 200 000 geraubte Werkzeugmaschinen ließen den deutschen Bestand an solchen Maschinen von 976 000 im Jahr 1938 auf 1,3 Millionen im Jahre 1945 anwachsen. Und wenn aus dem Steueraufkommen der drei Westzonen 1946 über vierzig Prozent für Besatzungskosten aufgebracht werden mussten, so war zu bedenken, dass Frankreich allein 700 Millionen Francs Besatzungskosten abgepresst worden waren. «Es läßt sich kaum etwas vorstellen, was die Nazis nicht als Beute betrachtet hätten», sagt der Brite Michael Balfour. Er zitiert aus einer langen Liste der Alliierten Kontrollkommission: «Die Wiedererstattungsanträge umfaßten unter anderem 1113 Kirchenglocken, 2000 Flußschiffe, 1100 Kähne, 700 Lokomotiven, 1670 Pferde, 2800 Eisenbahnwagen, 14 500 Kleidungsstücke, 2600 Rundfunkgeräte, zahllose Maschinen, Hollerith-Geräte, Möbel, Benzinpumpen, Zirkusinventar, eine wissenschaftliche Sammlung von Kolonialhölzern aus dem Museum von Vincennes, den Sonderzug der Königin von Holland, Laboratorien, Radium, Oberleitungsbusse, Feuerwehrwagen, Teppiche, Klaviere, Flugzeugpropeller, Karakulschafe aus dem Kaukasus, Zigarren und 36 Wagenladungen von Kunstgegenständen.»[3]

Es ist Michael Balfour kaum zu widersprechen, wenn er sagt, Deutschland habe sich bis 1944 an der Beute bereichert, jedes Land habe mehr erdulden müssen als es selbst; ebenso wenig dem (aus Frankfurt stammenden) Franzosen Alfred Grosser: «Die von Deutschland geschädigten Nationen hatten ganz unbestreitbar einen Anspruch auf Reparationen.» Gleichwohl empfanden die Deutschen in ihrer tiefen Misere das Reparationsprogramm als einen herben Schock. Nicht ohne Grund bangten sie um ihre Arbeitsplätze. Nicht ganz unberechtigt sahen sie hinter dem Vorhaben vor allem die Absicht, die deutsche Konkurrenz auszuschalten: Wenn sie weniger exportierten, so schüfe dies auf dem Weltmarkt Raum für die Not leidende britische Industrie. Statistischer Trost verfing nicht: dass ja die Reparationen aus den Westzonen nur fünf Prozent der gesamten Industriekapazität ausmachten. Auch blieb zunächst ungewürdigt, dass Briten und Amerikaner schon bald mit umfangreichen Hilfslieferungen einsprangen, um den Deutschen zu helfen – nicht nur mit privaten Care-Paketen oder mit Hoover-Speisung, sondern in großem Maßstab mit öffentlichen Lieferungen.

Zwanzig Milliarden Dollar sollte Deutschland an Reparationen leisten, die Hälfte davon an die Sowjetunion. Zwanzig Milliarden entsprachen damals achtzig Milliarden Reichsmark. Davon sollten drei Milliarden Mark aus Demontagen kommen, der Rest der laufenden Produktion entnommen werden. Öffentlich wahrgenommen wurden vor allem die Demontagen. Sie riefen große Beunruhigung hervor und lösten allenthalben eine Flut von Protesten, Streiks und Drohungen aus. Den Abriss von Munitionsfabriken verstanden die Menschen ja, nicht jedoch die Zerstörung der Werften von Blohm & Voß oder der Krupp'schen Stahlwerke und vieler anderer wichtiger Anlagen.

Eigentlich sollte die Demontage-Aktion schon 1947 abgeschlossen sein, aber sie schleppte sich aus vielerlei Gründen hin bis 1951. So ergab sich die widersinnige Situation, dass die Westalliierten Deutschland schon zur Wiederbewaffnung drängten, als in der inzwischen ins Leben getretenen Bundesrepublik noch immer Fabriken abgebaut wurden. Bis dahin hatte sich überdies herumgesprochen, dass die Demontagen den Empfängern nicht sehr viel brachten. Oft ging ein Teil

Aus dem bayerischen Kraftwerk Gendorf in der amerikanischen Besatzungszone werden Maschinenteile als Reparation in die UdSSR abtransportiert; ein
Foto aus dem Jahr 1946.

einer Anlage nach Belgien, ein anderer nach Frankreich, ein dritter
verrottete in Deutschland. In der Sowjetunion aber rostete das de-
montierte Gerät, ohne Sachverstand abgebaut und ohne Sinn über
das weite Land verteilt, zu einem nicht geringen Teil auf Abstellgleisen der Bahn dahin.

Was damals noch nicht zu erkennen war, ist die Tatsache, dass die
Deutschen ihren veralteten Maschinenpark durch die Demontagen
zum guten Teil losgeworden sind. Nach der Währungsreform vom
Juni 1948 konnten sie es sich leisten, ihre Industrie auf das modernste
neu auszurüsten. Dies erleichterte ihren Start in das Wirtschaftswunder der fünfziger Jahre.

Am Ende gerieten die Sieger bei der Demontage in dieselbe
Zwickmühle wie bei der Entnazifizierung. Sie mussten sich entscheiden, ob sie Deutschland bestrafen oder aber wieder in Schwung
bringen wollten. Gaben sie der Bestrafung Vorrang, so war es unvermeidlich, dass das verelendete Land ihnen auf der Tasche lag und

obendrein als schwärende Wunde im Herzen Europas die Gesundung des geschundenen Kontinents vereitelte; räumten sie der Wiederankurbelung seiner Wirtschaft und der Wiederherstellung seiner Produktionskraft Priorität ein, konnten sie ihr Strafprogramm nicht durchhalten. Wie bei der Entnazifizierung erwies sich auch bei der Demontage die praktische Vernunft als stärker denn der ideologische Impuls. «Um Deutschland zu einem vernünftigen Lebensstandard zu verhelfen», urteilte eine britischer Beobachter, «um demokratischen Einrichtungen Dauerhaftigkeit zu verleihen, um die Deutschen zur Mitarbeit zu gewinnen, ohne die eine wirtschaftliche Erholung unmöglich war, musste die Demontierungspolitik gelockert werden.»[4]

Das wirtschaftliche Abrüstungsprogramm erreichte daher nie den ursprünglich anvisierten Umfang von 80 Milliarden Reichsmark. Nach UN-Schätzungen entnahmen die Sowjets bis 1950 Kapitalwerte in Höhe von 4,1 Milliarden Reichsmark, Erzeugnisse aus der laufenden Produktion im Wert von 6,4 Milliarden und Lebensmittel im Wert von 970 Millionen – insgesamt 11,4 Milliarden Reichsmark, ein Viertel dessen, was sie erwartet hatten. Im Westen entfielen auf die Vereinigten Staaten 418,8 Millionen Reichsmark, auf Großbritannien 336,9 und auf Frankreich 272 Millionen. Diese Zahlen umschließen auch die beschlagnahmten Auslandsguthaben und die unter den Verbündeten aufgeteilte deutsche Handelsflotte.

Nicht enthalten sind in dieser Berechnung die ebenso systematische wie skrupellose Aneignung deutscher Patente, die den siegreichen Konkurrenten für einige Zeit einen gewaltigen Wettbewerbsvorteil einräumten. Amerikanische, englische und französische Suchteams stöberten alles auf, was industriell verwertbar war. Allein im Patentamt Berlin verfilmten die Amerikaner über eine Million Seiten, bei den IG-Farben 311000 Seiten. Die Briten beschlagnahmten 70000 Patentdokumentationen. Amerikanische und britische Firmen konnten die Unterlagen kopieren oder kaufen. Ähnlich rabiat gingen die Sowjets vor. Auch ist dabei nicht in Mark und Pfennig mit veranschlagt, welcher Werte sich alle vier Sieger bemächtigten, als sie Hunderte von deutschen Spezialisten in einer intensiv betriebenen

Jagd auf Raketeningenieure und Atomwissenschaftler in ihren Herrschaftsbereich schafften – Wernher von Braun im Westen und Manfred von Ardenne im Osten waren nur die prominentesten Beispiele. Obwohl Eisenhower im September den Startschuss zur Demontage gegeben hatte, lief die Aktion im Ernst erst im Frühjahr 1946 an. Zugleich wurde die Demontage-Liste zum ersten Mal drastisch auf 1680 Betriebe gekürzt (1947 wurde sie noch weiter reduziert). Was die Deutschen im Herbst 1945 umtrieb, war denn noch nicht der Vollzug der Abriss-Aktion. Es genügte schon die bloße Ankündigung, um die Menschen tief zu beunruhigen.

Zwei andere Dinge beschäftigten sie in jenen Monaten weit unmittelbarer: der Beginn der Nürnberger Kriegsverbrecherprozesse, bei denen symbolisch das ganze Volk mit auf der Anklagebank saß, und das immer deutlichere Auseinanderdriften von Ost und West in Deutschland. Die Nürnberger Prozesse beschworen die Vergangenheit in all der Düsternis von Schuld und Verstrickung herauf. Die Kluft jedoch, die sich von Tag zu Tag breiter und tiefer zwischen der Sowjetzone – bald nur noch «die Zone» genannt – und den Westzonen auftat, verhieß nichts Gutes für die Zukunft. Die Teilung Deutschlands warf ihre Schatten voraus.

Die Alliierten hatten seit 1943 den Vorsatz, die Hauptkriegsverbrecher ihrer gerechten Strafe zuzuführen. Am 8. August 1945 trafen sie ein Abkommen über die Verfolgung und Bestrafung der Hauptkriegsverbrecher und erließen das Statut für den Internationalen Militärgerichtshof, in den jede der vier Mächte ein ordentliches und ein stellvertretendes Mitglied entsandte. Das Gericht hatte den Auftrag, Verbrechen gegen die Menschlichkeit zu untersuchen und zu ahnden; angeklagt wurden sowohl einzelne Verantwortliche als auch zu «verbrecherischen Organisationen» erklärte Gruppen wie das Führungskorps der Partei, SA und SS, Gestapo und SD, der Generalstab und die Reichsregierung. Es tagte in dem zu neunzig Prozent zerstörten Nürnberg, der Stadt der Reichsparteitage.

Im Hauptkriegsverbrecherprozess, der am 20. November 1945 begann und am 1. Oktober 1946 endete, erhob das Gericht Anklage gegen vierundzwanzig Männer, alles Chargen des NS-Regimes. Von den zwei Dutzend fehlten auf der Anklagebank der in den letzten Kriegstagen in Berlin verschollene Martin Bormann, Hitlers Sekretär und graue Eminenz, und Gustav Krupp von Bohlen, den die Ärzte für verhandlungsunfähig erklären mussten. Zwölf der Angeklagten wurden zum Tode durch den Strang verurteilt: Reichsmarschall Hermann Göring, Reichsaußenminister Joachim von Ribbentrop, der SD-Chef Ernst Kaltenbrunner, Generalfeldmarschall Wilhelm Keitel und Generaloberst Alfred Jodl, in Abwesenheit Reichsleiter Martin Bormann – das *death by hanging*, in der Urteilsverkündung monoton wiederholt, klingt der älteren Generation noch heute schneidend in den Ohren. Drei Angeklagte wurden zu lebenslänglicher Haft verurteilt: der «Stellvertreter des Führers» Rudolf Heß, Reichswirtschaftsminister Walther Funk und Großadmiral Erich Raeder; zwanzig Jahre erhielten der frühere Reichsjugendführer und Reichsstatthalter Baldur von Schirach und Rüstungsminister Albert Speer; fünfzehn Jahre der frühere Außenminister und Reichsprotektor von Böhmen und Mähren Konstantin von Neurath; zehn Jahre Großadmiral Karl Dönitz. Freigesprochen wurden der frühere Reichsbankpräsident Hjalmar Schacht, der ehemalige Reichskanzler Franz von Papen und Hans Fritzsche, Leiter der Rundfunkabteilung im Propagandaministerium. Als Haftort wurde der riesige Komplex des Spandauer Gefängnisses eingerichtet, wo sich die Siegermächte im monatlichen Wechsel bei der Bewachung ablösten. Nach 1966 saß als letzter Häftling nur noch Rudolf Heß ein; im Jahre 1987, im Alter von 93 Jahren, erhängte er sich mit einem Elektrokabel.

An dem Nürnberger Hauptkriegsverbrecherprozess ist damals herbe Kritik geübt worden. Einesteils bezog sie sich auf die Beteiligung sowjetischer Richter – «Repräsentanten eines Regimes», in den Worten von George Kennan, «das nicht nur für die grenzenlosen Grausamkeiten der Russischen Revolution, der Kollektivierung und der Säuberungen der dreißiger Jahre verantwortlich war, sondern darüber hinaus während des Krieges vielfältige Scheußlichkeiten gegen die Polen und die Bevölkerung des Baltikums begangen hatte.»

Anderenteils bezog sich die Kritik auf die Tatsache, dass die Aburteilung der Kriegsverbrecher nicht deutschen Gerichten überlassen wurde – wobei freilich die Frage unbeantwortet blieb, ob es damals überhaupt genug unbelastete deutsche Richter gegeben hätte.

Die amerikanische Reporterin Janet Flanner berichtete damals aus Nürnberg: «Was immer die deutsche Bevölkerung denken mag, über den Nürnberger Prozeß zerbricht sie sich nicht den Kopf. Die *Nürnberger Nachrichten*, die örtliche, von der Militärregierung lizensierte Zeitung, mußte angestoßen werden, dem Prozeß etwas mehr Platz einzuräumen. Seit kurzem hat sie ihm innerhalb ihrer vier Seiten drei Viertel der zweiten Seite zugewiesen.» Die Journalistin zitiert die Erklärung eines deutschen Professors für diesen Mangel an Interesse: «Erstens, jedermann habe zu viele private Sorgen, etwa den Verlust des Ehemanns oder des Sohnes, keine Kohlen, keine Fensterschei-

Auf der Anklagebank im Nürnberger Hauptkriegsverbrecherprozess von links: in der vorderen Reihe Hermann Göring, Rudolf Heß, Joachim von Ribbentrop, Wilhelm Keitel; dahinter von links: Karl Dönitz, Erich Raeder, Baldur von Schirach, Fritz Sauckel und Alfred Jodl.

ben, nicht genug zu essen. Niemand interessierte sich für politische Figuren wie Göring, sondern jeder wollte wissen, wo der Sohn gefallen ist und welches Unheil den Nachbarn traf. Zweitens, nach zwölf Jahren der Propaganda glauben die Deutschen der Presse nichts mehr, so bemühen sie sich gar nicht erst, sie zu lesen, sondern sehen nur in die Zeitung, um zu erfahren, welche Züge fahren, oder um etwa die Verordnung der amerikanischen Militärregierung zu studieren. Drittens, die unteren Klassen sind jetzt zu betäubt, um sich mit Leitartikeln zu befassen. Viertens, die gebildeten Klassen lehnen es ab, Gespräche über den Prozeß anzuhören. Sie haben schon genug über diese zweiundzwanzig Männer gehört und wollen nicht schon wieder über deren Schuld hören müssen. Sie halten den Prozeß ohnehin eher für ein Mittel der Propaganda denn der Gerechtigkeit. Fünftens, alle deutschen Klassen sind heute geschädigt, wie Menschen, die aus einer Kesselschmiede herauskommen und keine feineren Töne mehr wahrnehmen können.»[5]

Theodor Eschenburg gab der amerikanischen Prozessberichterstatterin insoweit Recht, als auch er konstatierte: «Die Apathie nach zwölf Jahren Nazi-Herrschaft mit einem sechs Jahre währenden Krieg und die Elendslage der Nachkriegszeit hatten das allgemeine Bewußtsein zu sehr gelähmt und es daran gehindert, das Prozeßergebnis in seiner vollen Bedeutung zu erfassen.»[6]

Doch ist dies nur die eine Seite der Medaille. Was immer die Schwächen und Mängel des Verfahrens gewesen sein mögen – die Tatsachen, die es anhand der deutschen Geheimakten über die Kriegsversessenheit und die Schreckensmaßnahmen des Nazi-Regimes ans Tageslicht förderte, hatten eine enorme aufklärerische Wirkung. In einer Zeit, in der es noch kein Phoenix-Fernsehen gab und Stromsperren selbst den Rundfunkempfang über weite Strecken unmöglich machten, war eine Dreiviertelseite in der Tageszeitung schon sehr viel. Sie verfehlte ihren Eindruck auf die Menschen so wenig wie der schockierende Anblick der braunen Schandtaten in den Konzentrationslagern Dachau und Bergen-Belsen, zu deren Besichtigung die Besatzungsmächte die Einwohner der umliegenden Orte gezwungen hatten. Wie die Bürger von Bad Nauheim vor den Riesenfotos der KZ-Grausamkeiten reagierten sie schweigend und reglos. Angesichts der deutschen Akten, die in Nürnberg vorgelegt wurden, gab es kein Ausweichen, kein Leugnen mehr. Der Kieler Historiker Karl Dietrich Erdmann hat dies früh erkannt: «Vor allem», urteilt er, «ist das deutsche Volk durch die Nürnberger Prozesse mit dem ganzen Ausmaß der Verbrechen konfrontiert worden, die in seinem Namen gegen Wehrlose begangen wurden: gegen Juden, Kranke, Verschleppte, Gefangene.»

Dem Nürnberger Hauptkriegsverbrecherprozess schlossen sich noch zwölf Folgeprozesse gegen Diplomaten, Generale und Wirtschaftsführer an. Gleichzeitig wurden in allen Besatzungszonen Verfahren gegen die schlimmsten Übeltäter angestrengt. Dem Kommandanten von Bergen-Belsen, Josef Kramer, und zehn seiner Mordgehilfen machten die Briten im Herbst den Prozess; im Dezember wurden sie in Hameln hingerichtet. Vierzig Angehörige der Lager-SS von Dachau wurden Ende 1945 angeklagt: von ihnen wurden sechsunddreißig zum Tode verurteilt. Alles in allem sind in den Westzonen 5025 Angeklagte verurteilt worden. In 806 Fällen wurde die Todesstrafe verhängt, in 486 Fällen wurde sie vollstreckt. In der Ostzone wurden in Militärstrafverfahren oder auf administrativem Wege ohne Einschaltung der Justiz schätzungsweise 45 000 Angeklagte verurteilt. Ein Drittel kam zur Zwangsarbeit in die Sowjetunion. Die Zahl der Todesurteile liegt bis heute im Dunkeln.

Die beginnende Spaltung Deutschlands in Ost und West zeichnete sich in der immer schärferen Abriegelung der sowjetischen Besatzungszone von den Westzonen ab. Noch war der Osten nicht durch Stacheldraht oder Mauern verbarrikadiert, aber amtlich zugelassenen Grenzverkehr gab es kaum. Wer von Ost nach West oder von West nach Ost wechseln wollte, der musste sich «über die grüne Grenze» durch Wald und Feld schlagen, vorbei an sowjetischen Streifen und Patrouillen. Viele wurden beim Grenzgang aufgegriffen und festgesetzt. Eine Thüringerin, die Verwandte im Schwabenland besuchen wollte, wurde zwischen Probstzella und Hof abgefangen und

musste mehrere Tage in einer Gefängniszelle verbringen. In den Kalk
der Zellenwand hatte ein Vorgänger die Zeilen eingeritzt: «Hier sitz
ich, als Deutscher in Deutschland gefangen / weil ich von Deutsch-
land nach Deutschland gegangen.»
Die Sowjets waren mit klaren Vorstellungen in Deutschland ein-
gerückt. Es sollte möglichst das ganze Deutschland, doch auf jeden
Fall der ihrer Herrschaft unterstehende Teil nach dem sowjetischen
Bild umgeformt werden. Am 30. April flog die «Gruppe Ulbricht», ein
Trupp von zehn emigrierten deutschen Kommunisten, aus Moskau
über Minsk zu einem Militärflughafen in der Nähe von Kalau. Am
Abend – noch wurde in Berlin gekämpft, und Hitler war erst wenige
Stunden tot – führten sie in Bruchmühle bei Strausberg mit Marschall Schukows Politischer Hauptverwaltung längere Besprechun-
gen. Am 2. Mai begannen sie in Berlin mit dem Aufbau neuer
Verwaltungsstrukturen. Bewusst hielten sie sich bei der Bestallung
von Bürgermeister und Dezernenten zurück, wobei sie jedoch sorgsam darauf achteten, dass Personal, Polizei und Volksbildung «zuver-
lässigen Genossen» anvertraut wurden. «Es muß demokratisch aussehen, aber wir müssen alles in der Hand haben», war die Losung, die
Walter Ulbricht ausgab, der spätere Generalsekretär der SED und
Staatsratsvorsitzende der DDR. Daran hielten sich auch die Gruppe
Ackermann in Sachsen und die Gruppe Sobottka in Mecklenburg,
die kurz nach dem Ulbricht-Team in Deutschland eintrafen.
Die deutschen Kommunisten, die allmählich aus Zuchthäusern
und Lagern kamen, schaltete Ulbricht brutal aus; ihr Verlangen, gegen die Übergriffe der sowjetischen Soldaten und die Vergewaltigungen zu protestieren, wies er brüsk zurück. Desgleichen löste er alle an-
tifaschistischen Komitees auf, die sich spontan gebildet hatten – sie
hätten seine Kreise stören können. Intensiv betrieb er die Neugrün-
dung der KPD, die Herstellung einer Aktionseinheit mit der SPD und
die Bildung eines «antifaschistisch-demokratischen» Blocks, dem als
bürgerliche Partei auch das christliche Zentrum und die Deutsche Demokratische Partei angehören sollten. Im Herbst hielten sich die
Kommunisten für stark genug, um die Bedingungen für einen Zu-

sammenschluss der KPD mit der SPD diktieren zu können. Sie begannen die Kampagne für die Vereinigung der beiden Parteien.

Trotz des Versprechens, das demokratische Bestimmungsrecht der Mitglieder zu achten, wurde die von den Sozialdemokraten angestrebte Urabstimmung über die Vereinigung im Sowjetsektor Berlins und in der Sowjetzone verboten. In den westlichen Bezirken sprach sich eine überwältigende Mehrheit der Sozialdemokraten für ein Bündnis mit der KPD, aber gegen eine Vereinigung aus. Auch in der britischen und amerikanischen Zone lehnten die Sozialdemokraten eine Fusion einmütig ab. Trotzdem wurde im April 1946 die SED gegründet. Keine der Hoffnungen, die auf der Gründungsversammlung ausgedrückt wurden, hat sich erfüllt, und keines der Versprechen, die sie damals abgaben, haben die Ulbricht-Leute gehalten. Weder wurde die SED unabhängig, noch verfolgte sie einen «spezifisch deutschen Weg der Entwicklung»; noch hielt die zugesagte Abkehr vom Prinzip des «demokratischen Zentralismus» (sprich: der fraglosen Unterordnung unter die Parteispitze) lange an.

War es ein Zusammenschluss – oder eine Zwangsvereinigung? Die Historiker haben darüber heftig gestritten, auch nach der Wende 1989/90 noch einmal. Richtig ist sicherlich, dass die Idee eines Bündnisses, sogar einer Fusion der beiden Arbeiterparteien im Lichte der Erfahrungen nahe lag, die ihre Mitglieder in den Konzentrationslagern gemacht hatten. Ebenso richtig ist jedoch, dass die Moskauer Vollstreckungsgruppe um Walter Ulbricht, des Rückhalts an der Besatzungsmacht gewiss, mit Versprechungen und Einschüchterung unablässigen massiven Druck ausgeübt hat. Der Mannheimer Historiker Peter Graf Kielmansegg gelangt zu dem plausiblen Urteil: «Dafür, daß eine Mehrheit der SPD den Weg in die SED im Frühjahr 1946 mit Enthusiasmus ging, spricht nicht viel. Dafür, daß die Vereinigung ohne den enormen Druck nicht zustande gekommen wäre, eine ganze Menge.»[7]

Als Fazit bleibt auf jeden Fall, dass das deutsche Parteiensystem durch die Zwangsfusion gespalten wurde. Im Osten marschierten die politischen Formationen in die Sackgasse der Blockparteien, besser:

in die nur fadenscheinig bemäntelte Diktatur. Im Westen beschritten sie den Weg des freien Wettbewerbs der politischen Geister. Der erste Keil war damit in die gesamtdeutschen Zusammenhänge getrieben.

Der zweite Keil kam in Gestalt der Bodenreform, die in der Ostzone im Herbst 1945 anlief. Unter dem Motto «Junkerland in Bauernhand» wurden siebentausend Großagrarier entschädigungslos enteignet. Als Großagrarier galt jeder, der mehr als hundert Hektar Grundbesitz sein Eigen nannte. Nimmt man hinzu, dass die SED sich auch bald schon die Enteignung des Mittelstandes und die Unterdrückung aller «bourgeoisen Elemente» auf die Fahne schrieb, so wird deutlich, dass die Teilung Deutschlands auf vielen Feldern gleichzeitig Gestalt annahm. Die Zonengrenze wurde zur Grenze zwischen zwei Welten. Und wenngleich beide, Ost wie West, gern das ganze Deutschland ganz kontrolliert hätten, so setzte sich in verhältnismäßig kurzer Zeit auf beiden Seiten des zusehends dichter werden-

Kampf gegen den Schwarzhandel im Auftrag der Militärregierung: Deutsche Polizisten stoppen im September einen Lastwagen auf dem Weg nach Hamburg, der verbotswidrig Kartoffeln geladen hat.

den Eisernen Vorhangs die Maxime durch: Lieber das halbe Deutschland ganz als das ganze Deutschland nur halb.

Wenn die geschlagenen Deutschen ein halbes Jahr nach der Kapitulation zurückschauten, so war gleichwohl nicht alles Düsternis und Beschwernis. Es gab auch Lichtblicke, und je länger, je mehr. Allmählich begann sich das Leben in den Ruinen zu normalisieren. Die Menschen richteten sich in der Trümmerlandschaft ein, gewöhnten sich an den schwarzen Markt mit seiner Zigarettenwährung, fanden sich mit der Besetzung ab, bauten neue politische Verbände, neue Verwaltungen auf. Sie krempelten die Ärmel hoch, spuckten in die Hände und gingen an die Arbeit. Unter den widrigsten Bedingungen lernten sie, Initiative zu entfalten, zu improvisieren, hauszuhalten. Sie lernten, sich zu bescheiden und sich durchzuschlagen. Leicht war es nicht.

Selbst jene, die Arbeit hatten, verdienten nicht viel; auf zweihundert Reichsmark brachte es ein Facharbeiter. Das war zum Sterben zu viel und zum Leben zu wenig. Mit den Lebensmittelrationen kam keiner aus. So versuchten alle zunächst, Überflüssiges, Entbehrliches gegen Notwendiges zu tauschen. Das Geld war nichts wert, nur Ware zählte. Überall entstanden Tauschbörsen. Deren Pinnwände waren voller Anzeigen nach dem Muster «Biete zwei Schlafzimmerstühle, suche zwei Fahrradreifen mit Schläuchen» (allerdings auch voller Vermisstenanzeigen oder banger Fragen: «Wer hat Ida Müller gesehen?»). Firmen schlossen Kompensationsgeschäfte miteinander ab. Die neu entstandenen Betriebsräte fungierten weithin als Warenverteilungsstelle für den alltäglichen Bedarf: Man machte Tauschgeschäfte mit anderen Betrieben, besorgte Obst, Kartoffeln, Schmalz gegen Schrauben, Werkzeug, Textilien. Viele Firmen entlohnten ihre Werksangehörigen zum Teil mit Erzeugnissen aus der eigenen Produktion; die konnten sie dann tauschen. Für fünfzehn Zentner Kohle, beispielsweise, gab es einen Zentner Kartoffeln.

Aus dem Tauschhandel entstand der schwarze Markt. Dort gab es alles: Pelze, Schmuck, Teppiche, Möbel, Kunstgegenstände, Lebens-

243

mittel, Schuhwerk und Kleidung. Im Juli 2945 notierte Erika Mann folgende Preise: Butter 1000 Mark das Pfund, Zucker 175 Mark, Kaffee 500 Mark, Tee 600 Mark. Ein Brot kostete 30 Reichsmark. Heiß begehrt waren auch Nylonstrümpfe, Kaugummi, Seife und Süßigkeiten. Ein Großteil der Schwarzmarktware stammte aus den Läden der Besatzungsarmeen, PX bei den Amerikanern, Naafi bei den Engländern. Dies galt vor allem für amerikanische Zigaretten, die zur Leitwährung des schwarzen Marktes wurden. Eine Stange Zigaretten – zehn Päckchen à zwanzig Stück – kostete zwischen 1000 und 1500 Mark; fünf Mark, zuweilen auch zehn Mark pro Glimmstängel waren gängige Preise. Die Reichsmark, die den Arbeitern und Angestellten ausbezahlt wurde, spielte demgegenüber keine Rolle, mit ihr konnte man nur noch die amtlichen Zuteilungen auf Lebensmittelkarte und Kleiderkarte bezahlen.

Ein anschauliches Beispiel dafür, wie der Schwarzmarkt funktionierte, hat Theodor Eschenburg aus den Akten des amerikanischen Kongresses ausgegraben. Es geht um «den Fall eines Bergarbeiters, der in der Woche 60 Reichsmark verdiente. Gleichzeitig besaß er ein Huhn, das in der Woche durchschnittlich fünf Eier legt. Eines davon aß der Bergmann gewöhnlich selbst, die vier übrigen tauschte er gegen zwanzig Zigaretten ein. Diese stellten auf dem Schwarzen Markt bei einem Tagespreis von acht Reichsmark einen Gegenwert von 160 Reichsmark dar. Das Huhn verdiente also mit seiner Leistung nahezu dreimal soviel wie sein Besitzer.»

Nach damaligen Schätzungen vollzog sich die Hälfte des gewerblichen Umsatzes durch Tausch- und Schwarzhandel außerhalb der Bewirtschaftung. Selbst Behörden, aber auch die Post und die Reichsbahn ließen sich notgedrungen auf Kompensationsgeschäfte ein. Naturgemäß blühte auf dem Schwarzmarkt die organisierte Kriminalität. Für viele Rechtschaffene jedoch war er die Rettung aus der Not. Er gestattete es, immer wieder einmal ein Loch zu stopfen.

Der schwarze Markt – der erst mit der Währungsreform vom 20. Juni 1948 zum Erliegen kam – brachte keine Lösung der wirtschaftlichen Probleme, wohl aber schaffte er Erleichterung.

Solche Erleichterung zeichnete sich allmählich auch auf anderen Feldern ab. Das Fraternisierungsverbot wurde zuerst gegenüber Kindern gelockert, dann im September gänzlich aufgehoben; nur das Verbot, bei Deutschen zu wohnen oder Deutsche zu heiraten, fiel erst ein Jahr später. Der Aufbau der deutschen Verwaltung schritt auf Orts- und Länderebene voran. Es bildeten sich Parteien, wenngleich sie ihre Arbeit oft in ungeheizten Versammlungsräumen beginnen mussten. Die Gewerkschaften traten auf den Plan. Im Herbst wurde der Schulunterricht wieder aufgenommen, zum Wintersemester öffneten die meist zerstörten Universitäten ihre Pforten und machten in hoffnungslos überfüllten Hörsälen einen neuen Anfang. In der amerikanischen Zone wurden für Januar 1946 die ersten freien Gemeindewahlen anberaumt.

Auch die Kultur erlebte eine erstaunliche Blüte. In den Theatern, die Goebbels im September 1944 hatte schließen lassen, hieß es «Vorhang hoch!». Lessings «Nathan der Weise» und Thornton Wilders «Unsere kleine Stadt» waren die meistgespielten Stücke, doch dem nach Unterhaltung dürstenden Volk boten auch der Operetten-Graf von Luxemburg und Kálmáns «Gräfin Mariza» willkommene Ablenkung. Die Eisrevue und der Zirkus Krone in München dienten demselben Zweck. Fürs Jahresende probte das Hamburger Kabarett «Bonbonniere» ein Eröffnungsprogramm unter dem beziehungsreichen Titel «Das ganze Leben ist ein Karussell». Vor den notdürftig hergerichteten Kinos standen die Leute Schlange. In den Konzertsälen und Kirchen kamen endlich wieder die Werke der unter den Nazis verfemten Komponisten Mendelssohn-Bartholdy, Paul Hindemith, Arnold Schönberg und Igor Strawinsky zur Aufführung. Die Kammer der Kunstschaffenden in Berlin zeigte Werke von Max Beckmann, Karl Hofer und Max Pechstein. Das Weimarer Nationaltheater gab im Juli schon sein erstes Konzert. In Darmstadt fand die Ausstellung «Befreite Kunst» mit Werken von Marc Chagall, Oskar Kokoschka und Emil Nolde großen Zulauf; in Stuttgart stellte die Ausstellung «Kunst gegen Krieg» Werke von Otto Dix und Käthe Kollwitz vor. Mit Beethovens «Fidelio» eröffnete die Münchner

Staatsoper die neue Spielzeit. Als erster Buchverleger erhielt Peter Suhrkamp eine Lizenz, als nächster Ernst Rowohlts Sohn Heinrich Maria Ledig, der bald danach eine Anregung Theodor Eschenburgs aufgriff und Romane der Weltliteratur im Zeitungsformat veröffentlichte: die Reihe «RoRoRo», Rowohlts Rotations-Romane, die den Deutschen preiswert die zeitgenössische Literatur der Welt nahe brachte; als erstes Werk erschien Kurt Tucholskys «Schloß Gripsholm».

Es herrschte Aufbruchstimmung auf dem Felde der Kultur. Erich Kästner gab ihr im Juni 1945 Ausdruck: «Wenn man zu charakterisieren versucht, was man ringsum erlebt, fallen einem ganze altmodische Worte ein wie ‹Hoffnungsschimmer›, ‹Morgenröte›, ‹Schaffensfreude›, ‹Glücksrausch› und ‹Lebensmut›. Der Magen knurrt, doch die Augen blitzen.»

Nach und nach traten nun auch deutsche Zeitungen an die Stelle der von der Militärregierung herausgegebenen Blätter, als Lizenzblätter kontrolliert zwar von den Alliierten, doch freien Blicks und bald freier im Auftritt, als den Besatzungsbehörden zuweilen lieb war: die «Rhein-Neckar-Zeitung» (Lizenzträger Theodor Heuß), die «Frankfurter Rundschau», «Der Tagesspiegel» im US-Sektor Berlins, die «Stuttgarter Zeitung», in München die «Süddeutsche Zeitung». «Die Neue Zeitung» («Eine amerikanische Zeitung für die deutsche Bevölkerung»), die in München von Hans Habe, Hans Wallenberg und Stephan Heym redigiert wurde, spielte eine intellektuell außergewöhnlich befruchtende Rolle; sie praktizierte *reeducation* – Umerziehung der Deutschen – auf höchstem journalistischen Niveau.

Bei der *Süddeutschen Zeitung* wurde am 6. Oktober in einer feierlichen Zeremonie der Bleisatz von Hitlers «Mein Kampf» eingeschmolzen; daraus entstanden die Druckplatten für die erste Ausgabe. In einem Geleitwort von «Schriftleitung und Verlag» hieß es schlicht, aber ermutigend: «Wir beginnen auf schmaler Plattform und spiegeln damit die allgemeine Lage. Wir glauben, daß wir in nicht allzu ferner Zeit auch den allmählichen Aufstieg spiegeln werden.»

246

September 1945: Es gibt wieder Kino; Berliner stehen Schlange vor der «Film-Bühne Wien», um Karten für den Film «Die große Freiheit» mit Hans Albers zu bekommen, der 1943 verboten worden war.

Aus diesem Geist der Zukunftsgewissheit selbst unter den kärglichsten Umständen ist Deutschland wiedererstanden – und dies gilt für den Osten genauso wie für den Westen des Landes. Johannes R. Bechers Hymne «Auferstanden aus Ruinen und der Zukunft zugewandt» atmet denselben Geist. Dass daraus am Ende zwei völlig verschiedene Gemeinwesen entstehen sollten, für vierzig lange Jahre jedenfalls, spricht nicht gegen den entschlossenen Willen der Menschen damals, sich aus den sichtbaren und aus den unsichtbaren Trümmern des Dritten Reiches mit Anstand herauszuarbeiten.

Den Österreichern erging es in vieler Hinsicht genau so wie den Deutschen. In den letzten Märztagen rückten von allen Seiten die Truppen der Alliierten ins Land: die Russen von Osten, die Amerikaner von Westen, die Briten aus dem Süden. Wien, das Mitte April erobert wurde, stand in Flammen, im ganzen Land herrschten Hunger und Chaos.

John Dos Passos hat beschrieben, wie es in der verwüsteten Donaumetropole damals aussah: «Wien bricht einem das Herz. Die Stadt ist stückchenweise gestorben, seit der Kollaps des Habsburger Systems im Ersten Weltkrieg sie zu einer Hauptstadt ohne Reich machte. Und dennoch: Selbst nach den Jahrzehnten von langsamer Strangulation, von Nazimassakern, alliierten Bomben und Grausamkeiten der russischen Armee ist hier und da etwas Würde und Glanz einer Metropole zurückgeblieben. Wien ist wie eine alte Operndiva, die im Armenhaus zugrunde geht; aber wenn der Arzt seine Runde auf dem Hof macht, verzieht sie ihre vertrockneten Lippen noch immer zum selbstbewußten Lächeln einer Frau, die weiß, daß viele Männer sie geliebt haben ... Das schlotternde Elend der Leute auf der Straße, das brandgeschwärzte Filigran des Stephandoms, die zertrümmerten Barockfassaden, die zugenagelten Läden, die Ruinen, in denen Gras wächst, all das berührt einen hier mehr als in den Städten des eigentlichen Deutschland ... Parks und Plätze sind umgegraben worden, um Luftschutzunterstände zu errichten. Auf jedem Grasfleck sprießen die weißen Kreuze der Gräber der russischen Soldaten, die bei der Einnahme der Stadt ums Leben kamen. Die beiden Boulevards des Rings mit ihren Baumreihen wirken leer und desolat. All die Plätze, Museen und Gebäude der alten k.u.k.-Administration stehen leer, ausgebrannt, ausgebombt. Das einzige, was noch an die Habsburger erinnert, sind ihre Denkmäler.»[8]

In einer Hinsicht jedoch hatte Österreich es besser als Deutschland. Hitler hatte sein Heimatland im März 1938 dem Deutschen Reich einverleibt, im März und April 1945 wurde es «befreit». Dass sechshunderttausend «Ostmärker» der Nazi-Partei angehört und Österreicher im Herrschafts- und Terrorapparat des Hakenkreuz-Regimes eine maßgebliche Rolle gespielt hatten, geriet darüber bald in Vergessenheit. Das Land galt als erstes Opfer von Hitlers Expansionspolitik. Die Alliierten besetzten Österreich nicht, sie befreiten es – dies wurde zum Gründungsmythos der Zweiten Republik. Es ergaben sich daraus sehr praktische Folgen.

248

Schon am 27. März 1945, als in manchen Gegenden noch gekämpft wurde, bildete Karl Renner eine provisorische Regierung. Sie wurde im Oktober von den vier Besatzungsmächten anerkannt. Die ersten Parlamentswahlen konnten bereits am 25. Oktober 1945 abgehalten werden. Sie brachten der Österreichischen Volkspartei (ÖVP) 85, den Sozialdemokraten 76 und den Kommunisten vier Mandate; eine schwarz-rote Koalitionsregierung war das Ergebnis. Österreich blieb zwar bis zum Abschluß des Staatsvertrages 1955 besetzt, Wien in vier Sektoren mit einer internationalen Zone in der Innenstadt eingeteilt. Doch war das Besatzungsregime weit milder als in Deutschland. Schon nach zehn Jahren verließ der letzte fremde Soldat österreichischen Boden.

Wenn es den Deutschen nach einigen bitteren Jahren ebenfalls gelang, aus der Misere herauszukommen, so ist dies ohne Zweifel im Westen den Amerikanern und den Briten zu danken. Sie haben mit Strenge auf Entmilitarisierung und Entnazifizierung geachtet. Zugleich haben sie verhindert, dass die Besiegten von Seuchen dahingerafft wurden oder verhungerten. Uneigennützig und großzügig gewährten sie den Unterlegenen Hilfe. Von Juli 1945 an lieferten sie in großem Umfang Weizen nach Deutschland. Im Sommer 1946 führten die Briten Brotkarten ein, die sie den ganzen Krieg über nicht gekannt hatten, um ihre Zone vor dem Verhungern zu bewahren. General Clay rechnete den Ministerpräsidenten der Trizone 1948 vor, seit Kriegsende hätten die Vereinigten Staaten mehr als vier Milliarden Mark in die deutsche Produktion gesteckt – das Zehnfache des Werts der bereits durchgeführten und noch geplanten Demontagen. Die Franzosen leisteten ebenfalls ihren Beitrag zu Deutschlands Erholung und Wiederaufstieg, aber erst viel später, als sie von ihren Zerstückelungsplänen abrückten und Männer wie Jean Monnet und Robert Schuman darangingen, der jungen Bundesrepublik unter dem Dach der europäischen Integration einen ehrenvollen Platz einzuräumen.

Letztlich wäre Deutschlands Wiederauferstehung jedoch nicht ohne deutsche Politiker möglich gewesen, die sich mit nüchternem Verstand und zielbewusstem Elan daranmachten, ihr geschlagenes, zerschlagenes Land wieder aufzurichten. Ein Mitglied der Alliierten Kontrollkommission stellte damals die bange Frage, ob sich wohl genug aufrechte Leute finden würden, «die nicht lediglich Antinazis waren, sondern sich auch dem Westen so weit verwandt fühlten, daß sie über der Sentimentalität, dem Selbstmitleid, der Selbstsucht und dem Mangel an Objektivität standen, zu denen eine geschlagene Nation neigt». Konkret: «Konnte man sie dazu bringen, im öffentlichen Leben zu wirken? Würden sie sich dort bewähren?»[9] Zum Glück für Deutschland fanden sie sich. Man konnte sie auch dazu bringen, in die Politik zu gehen. Und sie bewährten sich dort.

So Wilhelm Kaisen in Bremen («Wir müssen uns nach diesem Kriege eingestehen, daß wir allesamt in Gefahr sind, mit unserem Volke von der Bühne der Weltgeschichte abzutreten»); so Hinrich Kopf in Niedersachsen («Flüchtlinge, Evakuierte, Ausgebombte! Dank der verantwortungslosen Politik der Nationalsozialisten habt Ihr Haus und Hof, Herd und Heimat verloren. Zunächst will ich versuchen, Euch wenigstens das Gefühl eines eigenen Heims wiederzugeben»); so aber auch der eindrucksvolle Reinhold Maier in Stuttgart («Was auf Deutschland herunterrollt, ist unaussprechlich. Doch es ist klar: all dies muß abrollen. Zu wehleidigen Gefühlen ist kein Anlaß»). Und es gab viele andere, die ebenso beherzt mit anpackten. Theodor Steltzer in Schleswig-Holstein, Carl Petersen und bald Max Brauer in Hamburg, in Nordrhein-Westfalen Robert Lehr und Rudolf Amelunxen, in Bayern Fritz Schäffer und Wilhelm Hoegner und Ludwig Erhard, in Hannover Kurt Schumacher, der erste Vorsitzende der Nachkriegs-SPD – sie sind nur einige wenige derer, mit denen man rechnen musste und auf die man zählen konnte.

Sie alle aber überragte Konrad Adenauer. Die U.S. Army hatte den früheren Kölner Oberbürgermeister gleich im Mai wieder in sein altes Amt eingesetzt. Mitte Juni wurden die Amerikaner von den Briten abgelöst, die mit dem eigenwilligen Neunundsechzigjährigen bald über Kreuz gerieten. Seine Gesuche um mehr Kohlen und mehr Baustoffe empfanden sie als schroff, seine Weigerung, zu Heizzwecken die Bäume in dem von ihm in den zwanziger Jahren angelegten Grüngürtel der Domstadt fällen zu lassen, als bockig. Überhaupt zeigte er ihnen zu viel Selbstbewusstsein. Am 6. Oktober berief ihn der zuständige Brigadier John Barraclough in sein Büro und entließ ihn Knall auf Fall. Er habe, so begründete der General den Rausschmiss, es verabsäumt, seine amtlichen Obliegenheiten und seine Verpflichtungen gegenüber der Kölner Bevölkerung zu erfüllen; so habe er die Trümmerbeseitigung der zu sechzig Prozent zerstörten Stadt sträflich schleifen lassen.

«Es war mir klar», rechtfertigte sich der biedere Brigadier zehn Jahre später, «daß irgend etwas geschehen mußte. Die Verantwortung für die Wiederherstellung und den Wiederaufbau der Stadt lag weithin bei der Militärregierung, und daher bei mir. Der oberste deutsche Beamte war Dr. A., und er war nicht darauf aus, mir zu helfen ... Das Chaos war nahezu unbeschreiblich. Der öffentliche Nahverkehr existierte nicht; die Versorgung mit Strom und Gas war zusammengebrochen; der Rhein war total blockiert durch zerstörte Brücken und anderen Schutt; die Kanalisation lag offen zutage; Tausende Deutscher hungerten; Hunderttausende von Flüchtlingen bewegten sich auf den Straßen, einige in östlicher Richtung, andere in westlicher Richtung; und so weiter. Und inmitten dieser Situation hatten wir einen leitenden Beamten in einer der wichtigsten Städte Deutschlands, der mit dem Kopf in den Wolken steckte ... Statt sich mit den lebenswichtigen Problemen zu befassen, verschwendete er seine Gedanken und Energien an grandiose Pläne, aus denen allenfalls in nebelhafter und ferner Zukunft etwas werden konnte.»[10]

Einige Monate darauf sagte ein Mitglied der politischen Abteilung in der britischen Militärregierung zu Barraclough: «Wissen Sie eigentlich, daß Sie die wichtigste politische Persönlichkeit in Westdeutschland, vielleicht sogar in Westeuropa geschaßt haben?» Er wusste es nicht. «Heute», schrieb er 1955 in einem privaten Memorandum, «ist Dr. A. ein großer Politiker und Staatsmann, aber er wurde entlassen, nicht, weil er als Politiker gescheitert wäre, sondern weil er als bezahlter Verwaltungsbediensteter gescheitert war.» Barraclough tröstete sich mit einem Gedanken, den Adenauer selber mehrfach geäußert hat: Wäre er nicht entlassen worden, so wäre er wohl nie Bundeskanzler geworden. Die Entlassung gab ihm die Chance, jene Hausmacht zu bilden, die ihn 1949 ins Palais Schaumburg trug.[11] «Ich bin 'ne alte Mann», sagte Adenauer damals zu dem englischen Verbindungsoffizier Michael Thomas. «Ich habe ja keine politische Ehrjeiz mehr.» Thomas war noch Jahre danach stolz auf seine Antwort: «Herr Dr. Adenauer, das kaufe ich Ihnen nicht ab!» Er war vom ersten Augenblick an vom Gegenteil überzeugt: «Ich spürte nicht nur eine Bereitschaft, sondern den Drang, eine Führungsrolle zu übernehmen.» Zu Barraclough, der im Dezember schon alle über den Entlassenen verhängten Strafmaßnahmen – Aufenthaltsverbot in Köln, Verbot politischer Betätigung – zurücknehmen musste, bemerkte der alte Fuchs nur: «Auch bei uns zeichnen sich ja Fallschirmjenerale nicht durch besondere Intellijenz aus.»[12]

Eine Woche ehe ihn der Brigadier Barraclough aus dem Kölner Oberbürgermeisteramt jagte, hatte Adenauer vor der Stadtverordnetenversammlung eine Rede gehalten, die das Fass wohl zum Überlaufen brachte. In ihr zeigte sich der ganze Adenauer, wie ihn die Deutschen später kennen lernten: nüchtern, immer zum Punkt, doch wenn es der Anlass erforderte, auch bewegt und bewegend. Seine Rede verriet, wes Geistes Kind er war: «Wenn man auf der rechten Rheinseite steht, mitten unter den Trümmern, unter Hunderten von Rückwanderern, die bleich, müde, abgehärmt ihre Habseligkeiten, das wenige, das sie noch besitzen, mit sich schleppen; wenn man dann vor sich im Strom die gespenstischen Trümmer unserer einst so schönen Brücken sieht, und drüben, drüben auf dem linken Rheinufer ein unendliches Meer von zerstörten Häusern, in denen einst glückliche Menschen gewohnt haben, von Gebäuden und Kirchen, die fast tausend Jahre gestanden haben; und wenn man über allem in einsamer Größe den Dom sieht, unseren Dom, auch geschändet und zum Teil zerstört – wem krampft sich da nicht das Herz zusammen? Wer von uns möchte dann nicht verzweifeln ob der Größe dieser Not! Und doch wollen wir nicht verzweifeln. Wir wollen arbeiten. Es ist ein harter und steiniger Weg, der vor uns liegt. Wir sehen nur seinen trümmerbedeckten Anfang. Wir sehen nicht sein Ende. Wir wollen diesen Weg gehen. Wir wollen ihn gehen mit aller Kraft, die uns noch verblieben ist. Wir wollen ihn gehen mit Geduld, die stärker ist als alles, mit hingebender Liebe zu unserem Volke und zu unserer Stadt. So wollen wir gemeinsam ans Werk gehen, gebeugt, tief gebeugt, aber – meine Damen und Herren – nicht gebrochen!»

Der gleiche Geist sprach aus dem Geleitwort, das der Philosoph Karl Jaspers der Zeitschrift «Die Wandlung» mit auf den Weg gab. «Haben wir wirklich alles verloren?», fragte er im Herbst 1945. «Nein», war seine Antwort, «wir Überlebenden sind noch da. Wohl haben wir keinen Besitz, auf dem wir ausruhen können (...), doch daß wir am Leben sind, soll einen Sinn haben.»[13]

Weihnachten 1945: Eine Frau serviert ihren Kindern das Mittagessen. Es gibt Kartoffelsuppe mit etwas Fleisch und ein Stück Brot.

Die erste Nachkriegsweihnacht

Weihnachten 1945? Für die meisten Deutschen war die erste Nachkriegsweihnacht der Tiefpunkt ihres ganzen Lebens.

Die Vergangenheit war dahin, Gott sei Dank: der Krieg und die trügerische Hoffnung auf Sieg, die Eisernen Kreuze auf den Uniformröcken und die auf den Todesanzeigen der Gefallenen, die hohlen Fanfarenstöße der Sondermeldungen im Großdeutschen Rundfunk und das Elend der Bombennächte. Die Zukunft aber erschien verhangen, verstellt von Ungewissheiten, Unwägbarkeiten, Unentrinnbarkeiten. Und die Gegenwart war unsägliche Last.

Die es miterlebt haben, müssen tief graben im Gedächtnis, um die Bilder vom ersten Heiligabend nach dem Krieg aus den Abgründen der Erinnerung zu heben.

Hatten sie einen Weihnachtsbaum? Mit Glück, ja. Viele zogen in den Wald, Axt und Säge in einen Kartoffelsack eingewickelt. Sie stapften durch den Schnee, Schlitten hinter sich herziehend, und schlugen eine Tanne, wobei ihnen das Herz so laut im Halse pochte, dass sie darüber ihre Axthiebe kaum hören konnten. Dann brachten sie ihre Beute auf Schleichwegen nach Hause. Christbaumschmuck, Kugeln und Lametta und bunte Schleifen besaßen nur jene, die noch im eigenen Heim, der eigenen Wohnung lebten. Aus Teelichtern – «Hindenburglichter» hießen sie damals – wurden Kerzen gegossen, Wollfäden mussten als Dochte herhalten. So brauchten sie ihr «O Tannenbaum» nicht in die Düsternis zu singen.

Hatten die Deutschen es warm an den Feiertagen? Nicht sehr. Mehr als ein Zimmer konnte niemand heizen. Man schlief kalt, hüllte sich in dicke selbst gestrickte Pullover, saß mitunter auch im umgefärbten Uniformmantel in der Wohnstube. Abends legte man sich heiße Backsteine ins Bett, eingewickelt in eine alte Decke.

Es mangelte an Kohle. Die meisten Gaswerke hatten schließen müssen. Wasserkraft gab nicht genug her. Ende Oktober ordneten die Amerikaner an, den Stromverbrauch um 30 Prozent zu drosseln. Zwischen 11 und 13 Uhr, dann wieder von 17 bis 21 Uhr wurde der Strom ganz abgeschaltet. Die Benutzung elektrischer Heizöfen blieb auch in der übrigen Zeit verboten. Elektrische Kochplatten waren ohnedies Mangelware auf dem schwarzen Markt. Viele Familien bauten sich eine «Kochkiste»: je 75 Zentimeter hoch, breit und tief, ausgeschlagen mit Holzwolle und Zeitungspapier, in der Mitte eine Höhle für den großen Suppentopf. Über das Ganze kam eine Wolldecke, darauf der Kistendeckel – danach ab unters Federbett. Die Speisen wurden nur angekocht und garten dann einige Stunden vor sich hin. Satt zu kriegen war man nicht, doch wenigstens konnte man sich vorübergehend den Magen füllen und das schlimmste Hungerknurren eine Zeit lang unterbinden.

Lange vor Weihnachten kam der erste Frost, es fiel der erste Schnee. In den Schulen, die mittlerweile ihre Pforten wiedereröffnet hatten, im Oktober die Volksschulen, im November die Oberschulen, saßen die Kinder mit blau gefrorenen Nasen. Sie mussten Holz oder Briketts mitbringen, damit das Schulgebäude wenigstens angewärmt werden konnte. In Heidelberg wurde die Jugend aufgefordert, sich zur Tanzstunde mit einem Brikett oder zwei Holzscheiten einzustellen. Viele Gemeinden ließen um diese Zeit Familien zum Holzeinschlag in die Wälder. Wer das Glück hatte, zu solch einer Brennholz-Expedition zugelassen zu werden, wurde auf Lastwagen verladen und in die nächsten Wälder verfrachtet, Äxte und Sägen musste man mitbringen. Dann ging es in der grimmigen Kälte ans Bäume-Fällen, Äste-Abschlagen, Stämme-Durchsägen. Die Städter ackerten und asteten, bis sie in der grimmigen Kälte völlig durchgeschwitzt waren. Jeder Familie wurden zwei Festmeter Holz zugebilligt. Die Aufsicht führenden Förster maßen mit Argus-Augen nach. Dann wurden die Laster beladen. Die Holzfäller aus der Stadt setzten sich obenauf und stemmten sich mit den Füßen in die Stämme, um von dem Geäst, das ihnen in die Gesichter schlug, nicht heruntergefegt zu werden. Es war eisig im Wald, noch eisiger auf der Fahrt. Aber Weihnachten hatten die Glücklichen es dank ihrer Anstrengung zu Hause wenigstens warm.

Vielleicht war es ihnen obendrein gelungen, auf den Bahngleisen ein paar heruntergefallene Briketts oder Steinkohlebrocken aufzusammeln oder – der Herrgott drücke ein Auge zu! – von lässlich be-

Frauen beim Fringsen: Aus einem haltenden Güterzug werfen sie Kohlen und anderes Brennmaterial herab. Ein Foto von Ende 1946.

wachten Waggons auf den Abstellgleisen der Reichsbahn zu stehlen. «Kohlenklau» – während des Krieges das Sinnbild für Verschwendung von Heizmaterial – bekam eine ganz neue Bedeutung. Bald bürgerte sich für diese Art tätiger Selbsthilfe der Ausdruck «fringsen» ein – nach Josef Kardinal Frings, der im zweiten Nachkriegswinter, als der Rhein zufror, in seiner Silvesterpredigt an die Kölner den Kohlendieben vorbeugende Absolution erteilte: «Wir leben in Zeiten, da in der Not auch der einzelne das wird nehmen dürfen, was er zur Erhaltung seines Lebens und seiner Gesundheit notwendig hat, wenn er es auf andere Weise, durch seine Arbeit oder durch Bitten nicht erlangen kann.» Auf den Kölner Güterbahnhöfen verschwanden in jenem Winter täglich neunhundert Tonnen Kohle, die eigentlich für das Ausland bestimmt waren. Manche Diebe sprangen von den Eisenbahnbrücken auf die Kohlewaggons, füllten die Säcke, mit denen sie sich ausgerüstet hatten, und warfen sie an passender Stelle ab. Zeitgenössische Fotos zeigen aber auch Rudel von Kohleplünderern, die mit Harken und Schaufeln das schwarze Gold von den langsam fahrenden Holzgaslastern kratzten. In Köln ist «fringsen» bis heute ein geflügeltes Wort.

Wer irgend konnte, besorgte sich ein Gartengrundstück und baute Gemüse, Salat, vor allen Dingen Kartoffeln an. Überall wurden die Parks in Gemüsegärten umgewandelt. Im Berliner Tiergarten, aber auch vor dem Reichstag wuchsen Gurken und Tomaten. Auf langen Waldwanderungen sammelten die Leute zentnerweise Pilze und trockneten sie. Sie lernten Wildgemüse pflücken und zubereiten: Hirtentäschel, Löwenzahn, Gänsemiere, Pimpernell, Brennnesseln. Haselwurz schroteten sie in der Kaffeemühle zu Pfeffer, gebrühte Eicheln zu Nussmehl, Gerste zu Grütze, geröstete Gerste zu Malzkaffee. Morgens um vier stellten sich die größeren Kinder vor der Freibank an, die um neun öffnete; später lösten die Mütter sie in der Schlange ab. Wenn man Glück hatte, bekam man einen Schweinskopf, ein paar Pferdekoteletts oder wenigstens eine Hand voll Suppenknochen. Die Menschen gingen Ährenlesen, für neun Pfund Ähren gab es ein Pfund Mehl; sammelte man mehr als neun

Pfund pro Person, wurde es von der Brotkarte abgezogen. Sie stoppelten Kartoffeln auf den abgeernteten Feldern. Im Herbst zogen sie mit Rüttelsieben und Rechen in die Buchenwälder und klaubten, ein Kissen unter den Knien, die vollen Bucheckern mit der Hand aus dem dürren Laub. Viereinhalb Kilo Bucheckern ergaben einen Liter ungereinigtes Öl. Die Flaschen mit dem Öl wurden zu einem Fünftel mit Salz gefüllt, dann in die Sonne auf die Fensterbank gestellt, bis sich nach vier oder sechs Wochen der Schmutz im Salz abgesetzt hatte. Und Hamstern entwickelte sich zum lebenserhaltenden Volkssport. Mit der Bahn fuhren die Hamsterer weit hinaus aufs Land, zwanzig, dreißig, fünfzig Kilometer, mit dem Fahrrad auch, solange sie genug heile Schläuche und Mäntel hatten, notfalls eben zu Fuß.

Die Behörden sahen den Bauern damals scharf auf die Finger, ob sie auch ihr Ablieferungssoll erfüllten. Dennoch gab der eine, wenn man seine wöchentliche Rundtour machte, jedes Mal einen Esslöffel Schmalz, der andere ein Ei, der Dritte einen Blumentopf voll Kartoffeln, der Vierte eine Tüte Mehl – es kam immer genug für ein oder zwei Mahlzeiten zusammen. Manchmal halfen die Städter dafür bei der Ernte mit; ein Laib Brot oder ein Sack Kartoffeln fiel dabei allemal ab. Bei anderen Bauern gab es freilich nichts ohne materielle Gegenleistung: einen halben Liter Milch für eine Tischdecke, ein Dutzend Eier für ein Dutzend Frotteehandtücher. Mancher Landmann brachte auf diese Weise die komplette Aussteuer für seine Töchter zusammen, Wäsche, Silber, alles. Zuweilen hatten die hungernden Städter den Eindruck, es fehle nur noch der Perserteppich im Kuhstall.

Gab es ein richtiges Weihnachtsessen? Gewiss. Wer konnte, hielt sich Kaninchen, Blaue Wiener oder Belgische Riesen zum Beispiel. Für sie rupfte man Löwenzahn, sichelte Wiesenränder ab und machte am Wegrain Heu. Die Küchenabfälle – sofern diese nicht noch der direkten menschlichen Verwendung zugeführt wurden – gehörten ihnen, nur die Hühner machten sie ihnen streitig. Anderthalb Hühner pro Kopf und Nase waren behördlich erlaubt. Zum Festdiner servierte die Mutter denn in manch einem Haushalt Salzkartoffeln und Kaninchenbraten. Als Nachtisch wurde Reismehlpudding mit selbst verfertigtem Backobst aufgetragen. Die Großen tranken Bier. Der Ausstoß lag seit Mitte Oktober schon wieder bei 65 Prozent des Vorjahres. Das Bier hatte freilich nur zwei Prozent Alkohol (statt sechs Prozent wie das Friedensbier; so ließ sich der Ausstoß verdreifachen). Die amerikanischen Besatzungssoldaten spotteten darüber: «achtundneunzig Prozent gelbes Wasser». Die kleineren Geschwister brachen in Tränen aus, als sie den Braten rochen: ihre Kaninchen! Aber was vermögen Anhänglichkeitsgefühle gegen das Hungergefühl auszurichten?

Dieses Hungergefühl war ja ewig da. Zu den Festtagen hatte es in der amerikanischen Zone Sonderzuteilungen gegeben: fünf Gramm Fett pro Tag; 400 Gramm Zucker (die allerdings von der Ration des nächsten Jahres abgezogen werden sollten); auf die Abschnitte K 27 und E 27 jeweils 500 Gramm Weißbrot oder 375 Gramm Kochmehl. Üppig war der Speiseplan nicht. Es gab eine Scheibe Brot morgens, eine abends. Meist verteilten die Mütter ihre Scheibe unter die Kinder. Mittags zauberten sie, oft verzweifelt, doch immer erfinderisch, einen Eintopf, einen Auflauf, einen «falschen Hasen» aus Pilzgehäcksel auf den Tisch. Die tägliche Ration des Normalverbrauchers belief sich auf 1200 Kalorien. Da war es schon ein Lichtblick, als der englische Oberbefehlshaber Montgomery zur «Schlacht gegen den Winter» aufrief. Noch mehr Eindruck machte die Ankündigung des amerikanischen Militärgouverneurs, General Lucius D. Clay, am 8. Dezember: «Vom 10. Januar an werden die Behörden eine Durchschnittsration von 1550 Kalorien zulassen.» Lebensmittellieferungen aus den Vereinigten Staaten sollten dies möglich machen. Clay wusste auch genau, warum er darauf drängte. Wenn die Deutschen vor der Wahl stünden, «bei täglich fünfzehnhundert Kalorien Kommunisten zu werden oder bei tausend Kalorien gläubige Demokraten», so kabelte er wenig später nach Washington, könne man sich leicht ausrechnen, wofür sie sich entscheiden würden.[1]

Clays Ankündigung ließ Hoffnung sprießen. Am 19. Dezember verkündete der württembergische Ministerpräsident Reinhold Maier: «Die Nahrung ist in der bisherigen Kalorienzahl gesichert. Der Hunger und der Hungertod sind gebannt.» Es war höchste Zeit. Die «Stuttgarter Zeitung» berichtete am 22. Dezember, dass im Kreis Göppingen drei Viertel der Menschen zwischen 20 und 65 Jahren fünf bis fünfzehn Kilogramm Untergewicht hätten. Anderswo sah es genauso aus. Waren die Menschen guten Mutes? Viele hatten keine Arbeit. Die paar tausend Mark auf dem Sparkonto waren bald aufgezehrt. Also schlug man sich durch: kaufte alte Bücher auf, mit denen damals ein schwunghafter Handel getrieben wurde, sägte in Heimarbeit Märchenfiguren aus Sperrholzplatten aus, arbeitete als Taglöhner am Bau oder reparierte Straßen und Siele. Manche vordem feine Dame ging putzen oder wusch und bügelte für die Besatzungssoldaten. Bei den Amerikanern war das Bügeln eine Schinderei. In die Hemden mussten vorn zwei Bügelfalten geplättet werden, hinten und in jeden Ärmel eine; das kostete Nerven. Dafür brachten die GIs aber so viel Ivory-Seife mit, dass es auch für die Schmutzwäsche der Familie reichte, und zuweilen gab es eine Büchse Spinat oder Erbsen, ab und zu eine Gallonen-Dose Ananas, dann und wann Schokoladenriegel (Hershey bars), eine Packung Zigaretten oder *K-Rations*, die eisernen Rationen der Amerikaner, Päckchen so groß wie ein Kleenex-Karton, eingehüllt in Wachspapier, darin immer auch ein Alu-Tütchen Nescafé. An guten Tagen schleppten die Soldaten ihre riesigen Kochtöpfe aus der Mannschaftsküche zum Schrubben an. Meistens befanden sich darin noch so viele Reste, dass es für eine oder zwei Mahlzeiten langte.

Die Mütter waren in jenen Zeiten die stillen Heldinnen: immer müde, immer zerschlagen, aber von ungeheurer Zähigkeit und Energie und Einfallskraft. Sie ließen nicht locker; sie strampelten sich ab; sie verausgabten sich. Wenn die Deutschen jene schlimmen Zeiten überlebt haben, so ist dies ihnen zu danken – ihnen fast allein.

Was man einander schenkte, damals unterm Weihnachtsbaum? Es ging bescheiden zu. Die Mädchen häkelten Topflappen. Die Mütter strickten den Kindern Pullover und kratzige lange Wollstrümpfe. Die Kinder legten einander selbst gebasteltes Holzspielzeug auf den kargen Gabentisch. Für die Väter gab es, wenn es ging, ein paar amerikanische Zigaretten, willkommene Abwechslung nach dem selbst gezogenen Tabakskraut (Marke «Siedlerstolz» oder auch «Balkonien»), bei dessen Rauchbarmachung die Männer beträchtliche Findigkeit entwickelten.

Jeder Erwachsene durfte ohne Versteuerung fünf Tabaksetzlinge anpflanzen, keinen einzigen mehr; das Finanzamt schickte immer wieder Kontrolleure, die in den Beeten die Pflanzen zählten. Die Tabakblätter wurden nach der Ernte getrocknet, dann fest zusammengerollt in Weckgläser gesteckt, sachte mit Zwetschgensaft beträufelt, zum Fermentieren eine Stunde lang gekocht, wieder glatt gestrichen, auf Zeitungspapier getrocknet, aufs Neue gerollt und schließlich ganz fein geschnitten. Mehr als qualmende, stinkende Machorka kam bei der Prozedur trotz des ganzen Aufwandes nicht heraus.

Und das Zeitungspapier war knapp, zumal es nicht nur fürs Tabaktrocknen oder zum Ausstopfen nassen Schuhwerks gebraucht wurde, sondern – in kleine Rechtecke zerschnitten und auf angespitzte Haken gespießt – auch das Klopapier ersetzen musste. Zum Beispiel wurden für die 150 000 Haushalte der nordwürttembergischen Region im Herbst 1945 nur 70 000 Exemplare der «Stuttgarter Zeitung» gedruckt; glücklich, wer da eines abbekam. Außerdem erschien das Blatt nur zweimal die Woche, und der Umfang war schmächtig: einmal vier Seiten, einmal acht Seiten. Jede Zeile wurde verschlungen.

Die Presse war wichtig. In der Zeitung wurden Sonderzuteilungen angekündigt. Bekanntmachungen regelten Arbeitseinsätze zur Trümmerbeseitigung; politisch Unbelastete konnten eine Ablösesumme bezahlen, für ehemalige Parteigenossen war der Einsatz Pflicht. Städte verkündeten Zuzugsverbote. Kulturveranstaltungen wurden angezeigt, Lehrgänge für Kriegsversehrte angeboten, die Rundfunkprogramme – täglich 11.45 bis 23.00 Uhr – veröffentlicht, Kurse für Pilzsucher angezeigt, Suchdienst-Möglichkeiten plakatiert.

Wichtig war die Aufklärung über das Gesetz Nr. 8, das Entnazifizierungsgesetz: «Wer wird nun entlassen?» Auch die Meldungen über die allmähliche Aufnahme des Post- und Bahnverkehrs. Oder Hinweise wie der vom 10. November, wonach das Tragen von Uniformen der Wehrmacht vom 1. Dezember an nicht mehr gestattet sein werde – sie sollten zumindest gefärbt sein, jedoch nicht schwarz, blau oder olivgrün. Diese Verfügung wurde am 8. Dezember wieder aufgehoben, denn es gab weder genug Färber noch genug Farbstoffe. Wichtig waren auch Aufrufe wie jener vom 21. November, erlassen auf Befehl der Militärregierung, zur Kleidersammlung für Ausländer. Jeder musste danach ein «Großstück (Mantel oder vollständiger Anzug)», ein «Mittelstück (Hose, Rock)» und eine Wolldecke abgeben, gegen Empfangsbescheinigung. Ein Zusatz lautete: «Von ehemaligen Parteimitgliedern wird freiwillige Mehrabgabe erwartet.» Und wichtig – in einer Zeit, da noch immer jeden Abend um halb elf die Ausgangssperre in Kraft trat – war auch die Mitteilung, dass die «Ausgehzeit» an Heiligabend bis drei Uhr morgens ausgedehnt werde: «Diese Erleichterung soll den Besuch der Mitternachtsmesse und anderer Gottesdienste ermöglichen.»

Die Presse spiegelte, in Leitartikeln und Leserbriefen, zugleich die Stimmung der Menschen wider. So schrieb der Kommentator der «Stuttgarter Zeitung» am 24. Oktober: «Wir Deutschen sind sehr krank. Manchmal scheint uns das Sterben viel näher als die Aussicht auf Genesung. Einer fressenden Fäulnis drohen wir zu erliegen. Die apokalyptischen Reiter waren über uns gekommen. Noch donnert uns der Hufschlag in den Ohren. Nun sind wir so müde, möchten Ruhe, Rast, Geborgenheit, Vergessen …»

Am 22. Dezember standen in der Lokalspitze eines süddeutschen Blattes unter der Überschrift «Flüchtlingsgedanken» die Sätze: «Im Sturme des Geschehens wird mein Leben fortgeblasen wie ein loses Blatt. Gestern daheim, heute in der Fremde, morgen wo? … Ich friere, wenn ich an die Leiden meiner Landsleute im Osten denke, die nicht wie ich Dach und Brot und Gewand haben, denen der Winter brutal ans Leben geht, den Frauen, Müttern, Kindern, Greisen, Gebrechlichen. Weihnachten, das Fest des Friedens für alle, die guten Willens sind! Mir würgt es im Halse ... Soll alles denn umsonst gewesen sein? Oder soll alles so weitergehen, Jahr um Jahr? Glaubt mir, mein Herz ist ausgeblutet, aber es schlüge wieder wärmer, wenn aus der furchtbaren Ernte dreier Jahrzehnte endlich ein neues Licht käme, das uns voranleuchtet in die Zukunft besseren Zusammenfindens.»

Ähnliche Düsternis sprach zwei Tage später aus dem Weihnachtsleitartikel der «Stuttgarter Zeitung». Sein Verfasser war Staatsrat Professor Dr. Karl Schmid. Damals kannte ihn niemand, ein Jahrzehnt später war er, inzwischen zu Carlo Schmid gemausert, einer der profiliertesten, populärsten und wortmächtigsten SPD-Politiker. Er machte aus seinem Herzen keine Mördergrube. Seinem Text stellte er den Vers eines französischen Hugenottenliedes voran: «Ihr Leben ist ein Wandern / Hin durch Winter und durch Nacht / Über ihrem Pfad ein Himmel / Den kein Leuchten helle macht.» Und dann beschrieb er, was alle empfanden: «Das deutsche Volk wird heuer das Weihnachtsfest in einer Freudlosigkeit feiern müssen, wie sie so dunkel und so allgemein noch nie in der Geschichte, die wir übersehen können, über die Lande ihrer Zunge eingebrochen ist: Hunderttausende werden hungern an diesem Tag; Hunderttausende werden frieren; Millionen wird der Gedanke an die Toten und Verschollenen benagen; Millionen werden in der Fremde eingepfercht des Hauses gedenken, das sie und ihre Kinder warm hegte und das nun wüst in Trümmern liegt; und dort im Osten werden sich die Millionen Ausgestoßener um die spärlichen Feuer drängen, an denen der Elendszug für eine Nacht haltmachen mag, und mit leer geweinten Augen zu einem Himmel starren, der nur wenigen Antwort geben wird; und uns, die wir noch eine Heimat haben, wird dieses Bild vor Augen treten, wenn immer uns am Baum im gesparten Schmuck vergangener Jahre vor der genügsamen Freude der Kinder ein leichteres Schwingen durch die Seele rieseln will.»

Unbefangene Freude vermochten an Weihnachten 1945 nur wenige zu empfinden. Mittlerweile machten sich die Deutschen keine falschen Vorstellungen mehr über die Ursache ihres Elends, auf die Carlo Schmid hingewiesen hatte: Hitlers verbrecherische Verstiegenheit. Sie kannten auch das Gefühl, das sich in seiner schönen Formulierung ausdrückte: «das ahnende Wissen um die eigene Schuld». Aber sein Vertrauen, dass es gelingen werde, «das Chaos, in dem wir hausen, ordnend zu überwinden», erschien den meisten wie Pfeifen im Dunkeln: Ausfluss der Angst eher als der Zuversicht.

Niederlage oder Befreiung? Den müßigen Streit, der die Deutschen ein halbes Jahrhundert nach der Kapitulation beschäftigte, hätten sie damals nicht begriffen. Wohl fühlten sie sich alle befreit: vom Krieg, von den alten Ängsten. Aber der Frieden barg seine eigenen Schrecken. Neue Ängste umkrallten ihre Seelen. «Alles ist aus, wir können anfangen» – heute klingt der Satz plausibel. Aber wer vermochte in der Wirrnis der Zeit wirklich schon die Chance des Neubeginns zu erkennen? Dem skeptischen Blick enthüllte sie sich erst nach und nach.

Schmids Weihnachtsleitartikel trug die Überschrift: «Steigender Stern in dunkler Nacht». Damals konnten viele diesen steigenden Stern nicht sehen. In ihrem Gemützustand spiegelte sich eher die totale Mondfinsternis vom 19. Dezember wider. Auch das Gedicht Friedrich Hebbels, «Die Weihe der Nacht», das die Stuttgarter Redakteure neben Schmids Leitartikel gesetzt hatten, konnte nicht viele überzeugen: «...Und von allen Sternen nieder / Strömt ein wunderbarer Segen / Daß die müden Kräfte wieder / Sich in neuer Frische regen. / Und aus seinen Finsternissen / Tritt der Herr, so weit er kann / Und die Fäden, die zerrissen / Knüpft er alle wieder an.»

Heute wissen wir: Hebbel hatte Recht, und Carlo Schmid hatte Recht. Die allgemeine Verzagtheit entsprach den Umständen, nicht den menschlichen Möglichkeiten. Und so war Weihnachten 1945 wirklich der tiefste Punkt im Dasein derer, die es erlebten.

Ausblick

Im Jahre 1945 endete die gewaltigste bewaffnete Auseinandersetzung, die Menschen je geführt hatten: der Zweite Weltkrieg. Doch hob nun keineswegs eine Epoche des Friedens an. In neuer Besetzung und veränderter Inszenierung ging die Rivalität der Mächte weiter. Es wechselten die Protagonisten, die Parolen, die Positionen. Immerhin gab es im Schatten der Atombombe einen weltpolitischen Temperaturumschwung. Aus dem heißen Schießkrieg wurde der Kalte Krieg – ein Krieg nicht der Waffen, sondern der starken Worte, der unverhüllten Drohungen, raketenstrotzender Militäraufmärsche auch, doch letztlich der gegenseitigen Abschreckung. Es herrschte immer Spannung, aber es kam nie zum Äußersten. Der Kalte Krieg bestimmte das nächste halbe Jahrhundert.

Die Bilanz des Zweiten Weltkrieges war schrecklich. Das gewaltige Ringen wurde in sechs der sieben Erdteile und auf allen Weltmeeren ausgetragen. Es kostete 55 Millionen Menschen das Leben, Unzählige ihre Gesundheit. Millionen verloren Hab und Gut, Haus und Heimat. In Europa verwüstete der Krieg die Herzländer der westlichen Zivilisation, in Asien brachte er die Pfeiler zweier uralter Kulturen zum Einsturz, der chinesischen und der japanischen. Riesige Heerscharen von Flüchtlingen, Verschleppten und Gefangenen bevölkerten in der größten Völkerwanderung der Neuzeit die Landstraßen, Besiegte wie Befreite. Im Wahn hatte der Krieg begonnen, im Chaos endete er.

Deutschland verlor durch die bedingungslose Kapitulation – ein beispielloser Vorgang in der modernen Geschichte – seine Staatlichkeit. In Japan blieb das staatliche Gehäuse der Nation intakt, der Tenno, wiewohl seiner Göttlichkeit entkleidet, durfte seinen Kaiserthron behalten. Hier wie dort jedoch lag die ganze Macht bei den Besatzungsmächten. Auf Gedeih und Verderb waren die Besiegten den Siegern ausgeliefert.

Doch auch die Sieger vermochten ihren Triumph nicht frohgemut auszukosten. Sie jubelten begeistert, als der Krieg zu Ende ging; wer mochte es ihnen verdenken. Aber schon in das Hochgefühl der Siegesfeiern mischten sich dunkle Vorahnungen. Neue Sturmwolken zogen auf. Die Kriegskoalition brach auseinander, der Eiserne Vorhang senkte sich in der Mitte Europas nieder; dem heißen Krieg folgte der Kalte Krieg. «Über ganz Europa hängen finstere Wolken», notierte Churchills Privatsekretär: «Europas Lage ist nicht leichter geworden, und seine Aussichten sind kaum besser als damals, bevor der erste Schuß fiel.»

Das Deutsche Reich war versunken, aber auch alle anderen europäischen Staaten waren abgekämpft, ausgeblutet, ausgepowert. Noch klammerten sich Frankreich, England, die Niederlande und Belgien an ihre Kolonialreiche, doch lange ließen sich diese nicht mehr halten. Die Entkolonialisierung war die ungewollte, doch unabwendbare Folge des Zweiten Weltkrieges.

Im Fernen Osten wurde Japans Niederlage das Sprungbrett zu Asiens Sieg. Indien und Pakistan ertrotzten sich schon 1947 die Unabhängigkeit; nach drei Jahrhunderten versank das britische Reich im Mahlstrom der neuen Zeit. In einem blutigen Krieg gegen Briten und Holländer erkämpften sich die Indonesier unter Sukarno ihre Freiheit; und 1952 musste Amerika die Philippinen in die Eigenstaatlichkeit entlassen. Unmittelbar nach Kriegsende trat Ho Tschi-minhs Vietcong zum Kampf gegen die französischen Kolonialherren an, die 1954 bei Dien Bien Phu elend untergingen – wie zwanzig Jahre später die Amerikaner in Saigon. Die Chinesen konnten als Verbündete im Krieg gegen Japan die letzten Überbleibsel westlicher Vorherrschaft abschütteln, allerdings tobte noch ein halbes Jahrzehnt lang der Bürgerkrieg zwischen dem Kuomintang-Autokraten Chiang Kai-shek und dem kommunistischen Diktator Mao Tse-tung.

Im Nahen und Mittleren Osten verloren Briten und Franzosen die Vormachtstellung, die sie seit dem Ersten Weltkrieg dort innegehabt hatten – die Nachwehen ihrer gescheiterten Politik plagen die Welt noch heute, in Palästina/Israel ebenso wie im Libanon, in Syrien und, vor allem, im Irak. Nur in Afrika konnte sich die Kolonialherrschaft noch eine Weile behaupten. In den sechziger Jahren jedoch gewann eine Kolonie nach der anderen ihre Unabhängigkeit, vom Kongo und Nigeria über Ghana bis hin nach Tunesien, Marokko und Algerien, das Frankreich in einem bitteren Befreiungskrieg von der FNL entrissen wurde.

Die Entkolonialisierung lag im Trend der Zeit. Die Selbstschwächung Europas in seinem vierzigjährigen Bruderkrieg beschleunigte indessen den letztlich unaufhaltsamen Prozess, indem sie allenthalben die Entschlossenheit und den Mut der Freiheitskämpfer beflügelte. Das Ende des Zweiten Weltkrieges markierte so zugleich das Ende jener fast fünfhundertjährigen Epoche, in der Europa der Welt seinen Stempel aufgedrückt hatte. Fortan war europäische Geschichte nicht mehr Weltgeschichte, sondern nur noch Regionalgeschichte. Erst sechzig Jahre später stellte sich angesichts der fortschreitenden Vertiefung und Erweiterung der Europäischen Union die Frage, ob dies wieder anders werden könne.

Im Wirrwarr des Jahres 1945 war eine zweite Folge des Krieges noch nicht klar ersichtlich: die Umwälzung der Weltpolitik durch die Erfindung der Atomwaffen.

«Mein Gott, was haben wir getan?», bemerkte der Kopilot der «Enola Gay» zu seinem Kommandanten, als der Bomber abdrehte, um dem Atompilz auszuweichen. «Wir wußten, daß die Welt nie wieder so sein würde wie früher», sagte Robert Oppenheimer, einer der Väter der Bombe. An der Yale University setzte sich, während die Trümmer in den Straßen von Hiroshima und Nagasaki noch nicht geräumt waren, ein zweiunddreißigjähriger Dozent namens Bernard Brodie hin und schrieb ein Buch: «Die absolute Waffe – Atommacht und Weltordnung». Seine Kernthese: «Bisher war es der Zweck unseres Militärwesens, Kriege zu gewinnen. Von jetzt an muß es ein Hauptzweck sein, Kriege zu verhindern.» Gerade weil es nun die absolute Waffe gebe, die ja auch nicht wieder abzuschaffen sei, müssten die Staaten hinfort ihre Aggressionsgelüste zügeln. Sobald sich die Sowjetunion ebenfalls Atomwaffen verschafft hatte, galt in der Tat unverändert durch die Jahrzehnte die Maxime: Wer zuerst schießt, stirbt als Zweiter. Die Frage ist freilich, ob diese Art atomarer Logik noch funktioniert, wenn erst einmal Fanatiker mit selbstmörderischer Märtyrer-Mentalität in den Besitz von Atomwaffen gelangen. Im Jahre 2005 gibt es nicht nur die fünf Atommächte der nuklearen Frühzeit: Amerika, Russland, England, Frankreich und China. Inzwischen sind Israel, Indien und Pakistan, möglicherweise auch Nordkorea im Besitz der Atombombe. Südafrika und Libyen haben ihre Atomwaffenentwicklung wieder eingestellt. Iran wird neuerdings atomarer Ehrgeiz nachgesagt. Die Proliferation – die Weiterverbreitung von Kernwaffen – ist zum akuten Problem der Weltpolitik geworden, seitdem als erwiesen gelten darf, dass ein eigenes Atomarsenal den Staaten dieser Welt – auch den so genannten Schurkenstaaten – am ehesten Sicherheit vor politischem Druck, militärischer Intervention oder massiver Aggression verbürgt. Auf welche Art von zivilisatorischer Katastrophe aber müsste man sich einstellen, falls ein «Kampf der Kulturen» zwischen atombewehrten muslimischen Radikalfundamentalisten und dem Westen ausbräche? Wenn eine der neueren Nuklearmächte oder, wie wir es in Pakistan erlebt haben, ein raffgieriger Atomphysiker Kernwaffen an Terroristen vom Schlage der al-Qaida verkaufte?

Zum Erbe des Jahres 1945 gehören auch die Vereinten Nationen. Sie waren im Juni in San Francisco aus der Taufe gehoben worden, primär als Fortsetzung der Kriegsallianz gegen die Achsenmächte Deutschland, Japan und Italien. Fünfzig Nationen unterzeichneten die Gründungsurkunde, zu denen auf sowjetisches Verlangen Weißrussland und die Ukraine als eigenständige Mitglieder gehörten – damals ein unziemliches, von Stalin erzwungenes Zugeständnis, im Lichte der späteren Entwicklung ein Vorgriff auf die Unabhängigkcit, die beide Staaten über cin halbes Jahrhundert später erlangten. Aus den fünfzig Mitgliedern des Anfangs sind mittlerweile über einhundertundneunzig geworden. Ihrem Zweck, «künftige Generationen vor der Geißel des Krieges zu bewahren», ist die Weltorganisation indessen trotz aller hehren Worte ihrer Satzung kaum näher gekommen. Dasselbe gilt für die Durchsetzung der Menschenrechte und der

270

Grundfreiheiten in allen Teilen der Welt, den Abbau der Rüstungs-
arsenale, schließlich den Interessenausgleich zwischen den Industrie-
staaten und den Entwicklungsländern.

Zu einer eigenständigen Größe sind die Vereinten Nationen bis
heute nicht geworden, sieht man von dem moralischen Gewicht ab,
das einzelne ihrer Generalsekretäre im Laufe der vergangenen sechzig Jahre auf die Waagschale der Weltpolitik bringen konnten. Im
Kalten Krieg wie in der Phase danach ist das Weltforum ein Spielball
seiner stärksten Mitglieder geblieben, umgangen oder beiseitegescho-
ben, wenn es ihnen unbequem wurde, benutzt oder vorgeschoben,
wenn es ihnen zweckdienlich erschien. Den Gegebenheiten der heutigen Welt entspricht das UN-System schon seit langem nicht mehr.
In ihm sind die Machtverhältnisse des Jahres 1945 verfestigt. Aber
auch eine noch so gründliche Reform wird wenig daran ändern, dass
auf der Weltbühne die großen Mächte das letzte Wort haben, nicht
die Vereinten Nationen. Sie bleiben die Geisel ihrer Mitglieder, durch
deren robust verfochtene Interessenpolitik jederzeit lahm zu legen
und selbst im besten Falle angewiesen auf deren Unterstützung. Die
Vereinten Nationen als handlungsfähige Weltorganisation, die das
Gemeinwohl der Menschheit über alles stellt – dies ist heute, nicht
anders als vor sechs Jahrzehnten, ein wohlfeiles Postulat, eine ewig
unerfüllte und unerfüllbare Hoffnung, ein Wunschbild ohne Wirk-
lichkeitsgehalt.

Den Deutschen hat das blutige, wirre, entsetzliche Jahr 1945 eine ganz
spezielle Hypothek hinterlassen. Entwurzelt, wie sie waren, umher-
gewirbelt, ortlos und in die Ungewissheit gestoßen, hatten sie keinen
sehnlicheren Wunsch, als wieder Wurzeln zu schlagen, inmitten der
Trümmer eine feste Bleibe zu finden, am liebsten ein Haus zu bauen.
Auf Sicherheit war ihr Verlangen gerichtet nach all der Unsicherheit,
auf Ordnung nach all der Unordnung, auf Ruhe nach so viel Unruhe.
Leistung bot ihnen die einzige Chance, wieder auf die Füße zu kommen; daher war sie nicht verpönt. In dieser Hinsicht hat jene heillose
Zeit der deutschen Psyche eine Prägung aufgedrückt, die bis heute

nachwirkt, wo Flexibilität, Mobilität, Risikofreude die neuen Schibboleths sind.

Die Nachgeborenen – die Achtundsechziger wie die Spaß-gesellschaft der Neunziger – haben der Generation der Eltern und Großeltern immer wieder einmal ihr Sicherheitsbedürfnis vorgeworfen, ihre Sehnsucht nach Ruhe, ihren Drang nach Wohlstand, ihre Angst vor Experimenten, ihre Unbeweglichkeit. Wer sich freilich das Chaos des Jahres 1945 vergegenwärtigt, als ganze Landschaften von Bomben umgepflügt wurden, uralte Siedlungsmuster sich auflösten und kaum eine Biographie ohne scharfen Bruch blieb, dem sollte es eigentlich nicht schwer fallen, Verständnis für jene aufzubringen, die all dies durchleben mussten. Ihr «Niemals wieder» bezog sich nicht nur auf Angriffskrieg und Auschwitz, es schloss auch Unruhe und Unordnung, irrlichterndes Straßenkämpfertum und zivilen Aufruhr jeglicher Art ein. Ihre Haltung entsprang nicht der Trägheit oder Temperamentlosigkeit, sie wurde geboren aus leidvoller Erfahrung. Sechzig Jahre danach ist es an der Zeit, der Generation der Großeltern Dank dafür zu zollen, dass sie ausgehalten und durchgehalten hat.

Anmerkungen

Auftakt in der Kälte

1 Speer, Albert, Erinnerungen, Berlin 1969, S. 426
2 Ibid, S. 476
3 Zitiert nach Fest, Joachim, Der Untergang, Berlin 1999
4 Speer, S. 426
5 Gozttony, Peter (Hrsg.), Der Kampf um Berlin 1945 in Augenzeugenberichten, Düsseldorf 1970, S. 29
6 Djilas, Milovan, Gespräche mit Stalin, Frankfurt a. M. 1962, S. 100 ff.
7 In: Gosztony (Hrsg.), S. 33 f.
8 New York Times, 2. 1. 1945
9 Posener, Alan, Franklin Delano Roosevelt, Reinbek 1999, S. 12
10 Ibid.
11 Klemperer, Victor, Ich will Zeugnis ablegen bis zum letzten (Tagebücher 1942–1945), Berlin 1995, S. 634
12 Fest, Joachim, Hitler. Eine Biographie, Berlin 1973, S. 94
13 «Völkischer Beobachter», 2. Januar 1945
14 Speer, Erinnerungen, S. 426

Die Schlinge zieht sich zu

1 Keegan, John, Der Zweite Weltkrieg, Berlin 2004, S. 755
2 Churchill, Der Zweite Weltkrieg, S. 950–957
3 Steinbacher, Sybille, Auschwitz. Geschichte und Nachgeschichte, München 2004, S. 97–101
4 Keegan, Zweiter Weltkrieg; S. 759
5 Dönhoff, Marion Gräfin, Namen, die keiner mehr nennt, Düsseldorf/Köln 1962, S. 26 f.
6 Zitiert bei Keegan, S. 760 f.
7 Dokumentation zur Vertreibung der Deutschen aus Ost-Mitteleuropa, hrsg. v. Bundesministerium für Vertriebene, Bonn 1954, Bd. I/1, S. 22 ff.
8 Ibid., S. 55 ff.
9 Zitiert nach Hillmann, Jörg, und John Zimmermann (Hrsg.), Kriegsende 1945 in Deutschland., S. 63
10 Hitchcock, William I., The Struggle for Europe, New York 2004, S. 14
11 Erickson, zitiert bei Keegan, S. 755
12 In: Die Vertreibung der Deutschen aus den Gebieten östlich der Oder-

Neiße, hrsg. v. Bundesministerium für Vertriebene, Bonn 1954 ff., Bd. I/1, S. 80 ff.

13 siehe zuletzt: Schaarschmidt, Wolfgang, Dresden 1945, München 2005, und Taylor, Frederick, Dresden, Dienstag, 13. Februar 1945, München 2004

14 Zitat in Rhodes, Richard, The Making of the Atomic Bomb, New York 1988, S. 592

15 Mann, Golo, Deutschland in Flammen. Warum Dresden zur Frontstadt werden mußte, in: FAZ Nr. 41/18. 2. 2005, S. 37

16 Beck, Birgit, «Massenvergewaltigung als Kriegsverbrechen», in: Wolfram Wette, Kriegsverbrechen im 20. Jahrhundert, Darmstadt 2001

17 Churchill, Winston, Der Zweite Weltkrieg, Bern 1995, S. 1060

18 Zitiert nach Foerster, Roland G. (Hrsg.), Seelower Höhen 1945, Hamburg 1998, S. 75

Der Untergang

1 Junge, Traudl, Bis zur letzten Stunde, S. 174.

2 Fest, Hitler, S. 1002 f., Toland, John, Adolf Hitler, Bergisch Gladbach 1977, S. 1180 f.

3 Fest, Hitler, S. 1008

4 Zitate und die folgende Schilderung nach Fest, Joachim, Der Untergang, Berlin 2002, S. 60 ff.

5 Thamer, Hans-Ulrich, Verführung und Gewalt. Deutschland 1933–1945, Berlin 1986, S. 999

6 Kershaw, Ian, Hitler, 1936–1945, Frankfurt 2001, S. 970

7 Speer, Erinnerungen, S. 482 ff.

8 Ibid.

9 Junge, S. 195 f.

10 Fest, Untergang, S. 69 ff.

11 Speer, S. 481 ff.

12 Ibid.

13 Fest, Untergang, S. 169

14 Hillmann/Zimmermann, S. 11 ff.

15 Ibid., S. 92

16 Mann, Erika, Blitze überm Ozean, Reinbek 2001, S. 34 ff.

17 Stürmer, Michael, u. a., Mitten in Europa, Berlin 1984, S. 365.

Japan kämpft weiter

1 Zitiert bei Rhodes, Richard, The Making of the Atomic Bomb, New York 1988, S. 595. – Für den Krieg im Pazifik siehe im Übrigen Churchill, Keegan und vor allem Gerhard Krebs, «Der Krieg im Pazifik 1943 bis 1945», in: Militärgeschichtliches Forschungsamt (Hrsg.), Das Deutsche Reich und der Zweite Weltkrieg, Stuttgart/München 2001, Bd. 7, S. 643–765

Wehe den Besiegten

1 Keegan, S. 784
2 Thamer, S. 764 ff.
3 Balfour, Michael, Vier-Mächte-Kontrolle in Deutschland 1945–1946, Düsseldorf 1959, S. 175
4 Steinhoff, Johannes (Hrsg.), Deutsche im Zweiten Weltkrieg, München 1989, S. 708
5 Ibid., S. 695
6 Dokumentation zur Vertreibung der Deutschen, Bd. II/349
7 Ibid., S. 326
8 Ibid., S. 101 f.
9 Balfour, S. 184
10 Zitate nach Kleßmann, Christoph, Die deutsche Gesellschaft im Zusammenbruch 1945, in: Foerster, Roland G. (Hrsg.), Seelower Höhen 1945, Hamburg 1998
11 Mann, Erika, S. 324
12 Weizsäcker, Richard von, Der 8. Mai 1945. Ansprache bei einer Gedenkstunde im Plenarsaal des Deutschen Bundestages. In: Richard von Weizsäcker, Reden und Interviews (I). Hrsg. vom Presse- und Informationsamt der Bundesregierung, Bonn 1986, S. 279–295
13 Mann, Erika, S. 249
14 Thamer, S. 768 f.
15 Meldungen aus dem Reich, 1938–1945, hrsg. von Boberach, Heinz, Herrsching 1984, Bd. 14, S. 6738

Blaupausen für Klein-Deutschland

1 Churchill, Der Zweite Weltkrieg, S. 841
2 Ibid., S. 858
3 Welles, Sumner, The Time for Decision, New York 1944, S. 336 ff.
4 August 1944, nach: Rust, Christian, Deutschland und die Nachkriegsordnung, Dissertation, Berlin 2001, S. 590
5 Ibid., S. 59 f.

Nach der Katastrophe

1 Stern, James, Die unsichtbaren Trümmer. Eine Reise im besetzten Deutschland 1945, Berlin 2004, S. 39
2 Zitiert bei Beck, Rainer (Hrsg.), Deutschland. Ein historisches Lesebuch, München 1990, S. 382
3 Stern, S. 398
4 Steinhoff, Johannes (Hrsg.), Deutsche im Zweiten Weltkrieg, München 1989, S. 676 f.
5 Ibid., S. 641
6 Raddatz, Fritz J., Gottfried Benn, Berlin 2001, S. 209
7 Nitze, Paul H., From Hiroshima to Glasnost, New York 1989, S. 34
8 Mann, Erika, S. 331 f.
9 Heym, Stefan, Nachruf, München 1988, S. 374
10 Stern, S. 49 f.
11 Steinhoff (Hrsg.), S. 625
12 Stern, S. 104
13 Mann, Klaus, Auf verlorenem Posten, Reinbek 1994, S. 216 f.
14 Heym, S. 135 f.
15 Martha Gellhorn zitiert von Kleßmann in: Foerster, Seelower Höhen 1945, S. 169
16 Zitiert bei Beck (Hrsg.), S. 390
17 Klemperer, S. 768 f.
18 Stern, S. 84 f.
19 Mann, Klaus, S. 227
20 Dos Passos, John, Das Land des Fragebogens, Reinbek 1999, S. 8
21 Spender, Stephen, Deutschland in Ruinen, Heidelberg 1995, S. 26–27
22 Thomas, Michael, Deutschland, England über alles, Berlin 1984, S. 122 ff.
23 Jungk, Robert, Trotzdem, München 1993, S. 212

Staatsbegräbnis für das Deutsche Reich

1 Churchill, S. 1044
2 Ibid., S. 989
3 Ibid., S. 1051
4 Ibid., S. 1025
5 Ibid., S. 1035
6 Ibid., S. 1055 ff.
7 Ibid., S. 1079, 1059
8 Ibid.
9 Mann, Klaus, S. 264
10 Mee, Charles, Die Potsdamer Konferenz 1945, München 1985, S. 84
11 Ibid., S. 136
12 Ibid. Die folgenden Gesprächsauszüge nach Mee, S. 151 ff.
13 Churchill, S. 1097

Die Bombe und der Tenno

1 Churchill, S. 1089 f.
2 Ibid., S. 1090
3 Togo, Shigenori, The Cause of Japan, New York 1956, S. 309 ff.
4 Zitiert nach Rhodes, S. 693; vgl. auch Shigemitsu, S. 379 f.
5 Rhodes, S. 696
6 Katos Bericht in: DIE ZEIT, Nr. 32, 4. 8. 1995
7 Togo, S. 297
8 Ibid., S. 308
9 Ibid., S. 300
10 Cartier, Raymond, Der Zweite Weltkrieg, Bd II: 1942–1945, München 1977, S. 1054 f.
11 Zitiert nach Rhodes, S. 744
12 Togo, S. 334
13 Zitiert nach Rhodes, S. 742
14 Togo, S. 330 ff., hier S. 334
15 Rhodes, S. 745
16 Shigemitsu, S. 388 ff.
17 Ibid., S. 319

Der Anfang nach dem Ende

1 Eschenburg, Theodor, Jahre der Besatzung 1945–1949, Stuttgart/Wiesbaden, 1983, S. 62
2 Zitiert bei Sternm, S. 399
3 Flanner, Janet, Paris, Germany …: Reportagen aus Europa 1931–1950, München 1992, S. 98

Neues Leben blüht aus den Ruinen

1 Zitiert bei Balfour, S. 121
2 Balfour, S. 122
3 Ibid., S. 23
4 Ibid., S. 156
5 Flanner, S. 116
6 Eschenburg, S. 59
7 Kielmansegg, Peter Graf, Nach der Katastrophe. Eine Geschichte des geteilten Deutschland, Berlin 2000, S. 55
8 Dos Passos, S. 56 ff.
9 Balfour, S. 991
10 Barraclough, John, Unveröffentlichtes Privatmemorandum, 29. Juni 1955
11 Ibid.
12 Thomas, S. 138f.
13 Jaspers, Karl, Lebensfragen der deutschen Politik, München 1963, S. 23

Die erste Nachkriegsweihnacht

1 Siehe Clays Kabel zur Versorgungslage in Deutschland an das War Department, 27. März 1946

Literaturverzeichnis

Andreas-Friedrich, Ruth: *Schauplatz Berlin.* Ein Tagebuch, aufgezeichnet 1938–1945, Reinbek 1964.

Anonyma: *Eine Frau in Berlin.* Tagebuchaufzeichnungen vom 20. April bis 22. Juni 1945, Frankfurt a. M. 2003.

Antonow-Owssejenko, Anton: *Stalin.* Porträt einer Tyrannei, Frankfurt a. M. 1986.

Balfour, Michael: *Vier-Mächte-Kontrolle in Deutschland 1945–1946,* Düsseldorf 1959.

Ball, George W.: *The Past Has Another Pattern,* New York 1982.

Beck, Birgit: *Massenvergewaltigung als Kriegsverbrechen.* In: Wette, Wolfgang (Hrsg.): Kriegsverbrechen im 20. Jahrhundert, Darmstadt 2001.

Beck, Rainer (Hrsg.): *Deutschland.* Ein historisches Lesebuch, München 1990.

Blum, Morton John: *Deutschland, ein Ackerland?* Morgenthau und die amerikanische Kriegspolitik 1941–1945. Aus den Morgenthau-Tagebüchern, Düsseldorf 1968.

Bögeholz, Hartwig: Die Deutschen nach dem Krieg. Eine Chronik, Reinbek 1995.

Borchert, Wolfgang: *Das Gesamtwerk,* Reinbek 1988.

Boveri, Margret: *Tage des Überlebens.* Berlin 1945, München 1968.

Cartier, Raymond: *Der Zweite Weltkrieg.* Bd. II: 1942–1945, München 1977.

Churchill, Winston S.: *Der Zweite Weltkrieg,* Bern 1995.

Ders.: *The War Speeches.* Hrsg. v. Eade, Charles, Bd. III, London 1952.

Coulmas, Florian: *Hiroshima.* Geschichte und Nachgeschichte, München 2005.

Colville, John: *Downing Street.* Tagebücher 1939–1945, Berlin 1988.

Czech, Danuta, u.a.: *Auschwitz 1940–1945.* Studien zur Geschichte des Konzentrations- und Vernichtungslagers Auschwitz, Bd. V: Epilog, Auschwitz 1999.

Department of State (Hrsg.): *Die Konferenzen von Malta und Jalta.* Dokumente vom 17. Juli 1944 bis 3. Juni 1945, Düsseldorf 1956.

Djilas, Milovan: *Gespräche mit Stalin,* Frankfurt a. M. 1962.

Dönhoff, Marion Gräfin: *Namen, die keiner mehr nennt:* Ostpreußen – Menschen und Geschichte, München 1998 (29. Aufl.).

Dos Passos, John: *Das Land des Fragebogens. 1945:* Reportagen aus dem besiegten Deutschland, Reinbek 1999.

Dokumentation zur Vertreibung der Deutschen aus Ost-Mitteleuropa, hrsg. v. Bundesministerium für Vertriebene, Bonn 1954ff.

Eisenhower, David: *Eisenhower at War. 1943–1945,* New York 1986.

Eschenburg, Theodor: *Jahre der Besatzung. 1945–1949,* Stuttgart 1983.

Feis, Herbert: *Japan Subdued:* The Atomic Bomb and the End of the War in the Pacific, Princeton 1961.

Fest, Joachim: *Der Untergang.* Hitler und das Ende des Dritten Reiches. Eine historische Skizze, Reinbek 2003.

Ders.: *Hitler.* Eine Biographie, Berlin 1973.

Flanner, Janet: *Paris, Germany …:* Reportagen aus Europa 1931–1950, München 1992.

Foerster, Roland G. (Hrsg.): *Seelower Höhen 1945,* Hamburg 1998.

Friedrich, Jörg: *Der Brand.* Deutschland im Bombenkrieg 1940–1945, München 2003 (12. Aufl.).

Friedrich, Thomas (Hrsg.): *1945: Wie der Krieg zu Ende ging.* Ein Lesebuch, Berlin 1980.

Goebbels, Joseph: *Die Tagebücher.* Hrsg. v. Fröhlich, Elke, Teil II, Diktate 1941–1945, Bd. XV, Januar–April 1945, München 1995.

Gosztony, Peter (Hrsg.): *Der Kampf um Berlin 1945 in Augenzeugenberichten,* Düsseldorf 1970.

Grosser, Alfred: *Geschichte Deutschlands seit 1945,* München 1974.

Hahn, Otto: *Erlebnisse und Erkenntnisse,* Düsseldorf 1975.

Harts, Liddell: *Geschichte des Zweiten Weltkrieges.* Bd. II, Düsseldorf 1970.

Heym, Stefan: Nachruf, München 1988.

Hillmann, Jörg; Zimmermann, John (Hrsg.): *Kriegsende in Deutschland,* München 2002.

Hitchcock, William I.: *The Struggle for Europe:* The Turbulent History of a Divided Continent. 1945 to the Present, New York 2004.

Horstmann, Lally: *Kein Grund für Tränen:* Aufzeichnungen aus dem Untergang. Berlin 1943–1946, Berlin 1995.

Isaacson, Walter; Thomas, Evan: *The Wise Men:* Six Friends and the World They Made, New York 1988.

Junge, Traudl: *Bis zur letzten Stunde.* Hitlers Sekretärin erzählt ihr Leben, München 2002.

Jungk, Robert: *Heller als tausend Sonnen:* Das Schicksal der Atomforscher, München 1994 (4. Aufl.).

Keegan, John: *Der Zweite Weltkrieg,* Berlin 2004.

Kershaw, Ian: *Hitler.* Bd. II, 1936–1945, Stuttgart 2000.

Kielmansegg, Peter: *Nach der Katastrophe:* eine Geschichte des geteilten Deutschland, Berlin 2000.

Klemperer, Victor: *Ich will Zeugnis ablegen bis zum letzten:* Tagebücher (1942–1945), Berlin 1995.

Kriesten, Edmund von: *Das Jahr 1945.* Zwölf Monate – zwölf Geschichten, München 1997.

Mann, Erika: *Blitze überm Ozean*. Aufsätze, Reden, Reportagen. Hrsg. v. Irmela von der Lühe, Reinbek 2001.

Mann, Klaus: *Auf verlorenem Posten*. Aufsätze, Reden, Kritiken 1942–1949. Hrsg. v. Uwe Naumann, Michael Töteberg, Reinbek 1994.

Mee, Charles L.: *Die Potsdamer Konferenz 1945:* Die Teilung der Beute, München 1985.

Meldungen aus dem Reich 1938–1945. Die geheimen Lageberichte des Sicherheitsdienstes der SS, hrsg. v. Heinz Boberach, Herrsching 1984.

Naumann, Klaus: *Der Krieg als Text.* Das Jahr 1945 im kulturellen Gedächtnis der Presse, Hamburg 1998.

Nitze, Paul H.: *From Hiroshima to Glasnost.* At the Center of Decision, New York 1989.

«Das Oberkommando der Wehrmacht gibt bekannt ...» Der deutsche Wehrmachtbericht. Hrsg. v. Günter Wegmann, Bd. 3, 1944–45, Osnabrück 1982.

Padover, Saul K.: *Lügendetektor.* Vernehmungen im besiegten Deutschland 1944/45, Frankfurt a. M. 1999.

Posener, Alan: *Franklin Delano Roosevelt,* Reinbek 1999.

Raddatz, Fritz J.: *Gottfried Benn:* Leben – niederer Wahn. Eine Biographie, Berlin 2001.

Roy, Jean; Cotet, Pierre: *Deutsche erleben ihre Zeit 1942–1962.* Literatur und Dokumente, Paris 1963.

Rhodes, Richard: *The Making of the Atomic Bomb,* New York 1988.

Rust, Christian: *Deutschland und die Nachkriegsordnung.* Großbritannien, die Vereinigten Staaten und die Grundlagen einer Friedensregelung mit Deutschland in Paris 1919 und Jalta/Potsdam 1945, Diss., Berlin 2001.

Schaarschmidt, Wolfgang: *Dresden 1945,* München 2005.

Schwarz, Hans-Peter: *Vom Reich zur Bundesrepublik.* Deutschland im Widerstreit der außenpolitischen Konzeptionen in den Jahren der Besatzungsherrschaft 1945–1949, Neuwied 1966.

Sherwood, Robert Emmet: *Roosevelt und Hopkins,* Hamburg 1950.

Shigemitsu, Mamoru: *Die Schicksalsjahre Japans.* Vom Ersten bis zum Ende des Zweiten Weltkrieges 1920–1945, Frankfurt a. M. 1959.

Smyser, William R.: *From Yalta to Berlin.* The Cold War Struggle Over Germany, London 1999.

Später, Jörg: *Vansittart:* Britische Debatten über Deutsche und Nazis 1902–1945, Göttingen 2003.

Speer, Albert: *Erinnerungen,* Berlin 1969 (4. Aufl.).

Spender, Stephen: *Deutschland in Ruinen:* ein Bericht, Heidelberg 1995.

Steinbacher, Sybille: *Auschwitz.* Geschichte und Nachgeschichte, München 2004.

Steinhoff, Johannes, u. a. (Hrsg.): *Deutsche im Zweiten Weltkrieg*, München 1989.

Stern, James: *Die unsichtbaren Trümmer*. Eine Reise im besetzten Deutschland 1945, Berlin 2004.

Stürmer, Michael, u. a.: *Mitten in Europa*. Deutsche Geschichte, Berlin 1987.

Sulzberger, Cyrus L.: *The American Heritage Picture History of World War II*, New York 1966.

Surminski, Arno, u. a.: *Flucht und Vertreibung*. Europa zwischen 1939 und 1948, Hamburg 2004.

Taylor, Frederick: *Dresden, Dienstag, 13. Februar 1945*, München 2004.

Thamer, Hans-Ulrich: *Verführung und Gewalt*. Deutschland 1933–1945, Berlin 1986.

Thomas, Michael: *Deutschland, England über alles*, Berlin 1984.

Togo Shigenori: *The Cause of Japan*, New York 1956.

Toland, John: *Adolf Hitler*, Bergisch Gladbach 1977.

Ursachen und Folgen. Vom deutschen Zusammenbruch 1918 und 1945 bis zur staatlichen Neuordnung Deutschlands in der Gegenwart, hrsg. v. Herbert Michaelisund Ernst Schraepler, Bd. XXII: Das Dritte Reich. Der Angriff auf die deutschen Grenzen, Berlin 1959.

Volkmann, Hans-Erich (Hrsg.): *Ende des Dritten Reiches – Ende des Zweiten Weltkriegs*, München 1995.

Warburg, Eric M.: *Zeiten und Gezeiten:* Erinnerungen, Hamburg 1982.

Welles, Sumner: *The Time for Decision*, New York 1944.

Wheeler-Bennett, John; Nicholls, Anthony: *The Semblance of Peace*. The Political Settlement After the Second World War, London 1972.

White, William (Ed.): *By-Line: Ernest Hemingway*. Selected Articles and Dispatches of Four Decades, New York 1967.

Wolkogonow, Dimitri: *Stalin. Triumph und Tragödie*, Düsseldorf 1989.

Zayas, Alfred-Maurice de: *A Terrible Revenge: the Ethnic Cleansing of the East European Germans 1944–1950*, New York 1994.

Bild- und Quellennachweis

Dank

Vielen schulde ich Dank für Zuspruch und Ermunterung während der Arbeit an diesem Buch. Yves Clairmont war mir beim Aufspüren von Spezialliteratur und bei der Verifizierung von Fakten und Daten eine große Hilfe. Angela Holz hat meine Handschrift geduldig und verlässlich in leserliche Computertype übertragen, Frank Strickstrock lektorierte den Text abermals so einfühlsam und kompetent, wie ich das bei unserer früheren Zusammenarbeit zu schätzen gelernt hatte. Schließlich gilt mein Dank meiner Familie für die liebevolle Nachsicht, die sie monatelang gegenüber dem ganz auf das Jahr 1945 konzentrierten Schreibtischtäter geübt hat.   Th.S.